本书为国家社科基金一般项目《简帛文献与诸子时代文学思想研究》（11BZW003）的研究成果，江苏高校优势学科建设工程资助项目（PAPD）的研究成果。

简帛文献与诸子时代
文学思想研究

杨 隽◎著

中国社会科学出版社

图书在版编目(CIP)数据

简帛文献与诸子时代文学思想研究/杨隽著.—北京：中国社会科学出版社，2018.1
ISBN 978-7-5203-1453-4

Ⅰ.①简… Ⅱ.①杨… Ⅲ.①帛书—古文献学—研究—中国—先秦时代②文学思想史—中国—先秦时代 Ⅳ.①G256.22②I209.2

中国版本图书馆 CIP 数据核字（2017）第 279239 号

出 版 人	赵剑英
责任编辑	慈明亮
责任校对	朱妍洁
责任印制	戴　宽

出　　版	中国社会科学出版社
社　　址	北京鼓楼西大街甲 158 号
邮　　编	100720
网　　址	http://www.csspw.cn
发 行 部	010-84083685
门 市 部	010-84029450
经　　销	新华书店及其他书店
印　　刷	北京明恒达印务有限公司
装　　订	廊坊市广阳区广增装订厂
版　　次	2018 年 1 月第 1 版
印　　次	2018 年 1 月第 1 次印刷

开　　本	710×1000 1/16
印　　张	17.75
插　　页	2
字　　数	257 千字
定　　价	78.00 元

凡购买中国社会科学出版社图书，如有质量问题请与本社营销中心联系调换
电话：010-84083683
版权所有　侵权必究

目 录

前言 …………………………………………………………… (1)

第一章 "君子知乐"与周代贵族的艺术修养 …………… (14)

第二章 "象其文":"文言"与"意象"的理论联系 ……… (33)
  第一节 "文生于礼":"文言"与"意象"的实践空间 ……… (35)
  第二节 "饰伪成美":祭祀"演诗"流程的虚构艺术 ………… (49)
  第三节 诸子"立言"与"言—象—意"话语方式的形成 ……… (75)

第三章 "乐则有德":诸子时代"乐德"观综论 …………… (103)
  第一节 "卫国以德":"演诗"与"立德" …………………… (103)
  第二节 "中和祗庸孝友":"乐德"教化的话语内涵 ………… (124)
  第三节 "形于内谓之德之行":"演诗"与"演德" …………… (137)

第四章 "乐言情"与"诗言志"的理论意义 ………………… (157)
  第一节 "性情论"与"乐情论" ………………………………… (158)
  第二节 "世亡隐德"与"诗亡隐志" …………………………… (170)
  第三节 论《老子》对"三不朽"思想的解构 ………………… (192)

第五章 "备物致用"：论诸子时代"经世致用"文艺观的
　　　　形成 ·· (209)
　第一节 "制器尚象"："金奏"的"祗庸"话语象征 ············ (210)
　第二节 "中"的元象与"致用"艺术观的形成 ················ (231)
　第三节 "六经"确立与"经世致用"诗学精神的成熟 ········ (249)

参考文献 ·· (265)

后记 ·· (279)

前　　言

本书界定的"诸子时代"①是指始自春秋末年的老子生活时期，终于吕不韦离世的战国末年，时间上限是在公元前6世纪初，止于公元前3世纪后期，是乐官、史官、行人、"诸子"等文化群体共同创造的文化黄金时代。但是这一时期的传世文献有限，而且往往又被冠以伪书之名。自宋代以来直到20世纪上半叶的这一时期，在疑古思潮的影响下，对经、史、子、集等传统文献的怀疑与否定不绝于耳，这对诸子时代文学思想研究极为不利，阻碍了相关的研究。

20世纪下半叶以来，出土了大量简帛文献，改变了这一局面。这些文献主要包括阜阳汉简、马王堆帛书、郭店楚简、上博简、清华简等。这些简帛文献大多数是儒家文献，文献中不乏对"六经"思想的总结以及具体问题的讨论。此外，还有道家学派的思想著述，例如郭店简《老子》是迄今为止所见最早的《老子》版本，马王堆汉墓帛书《老子》也有两个版本。诸子时代文化阶层关心政治、家国命运、注重品格养成，因此著述中较多涉及这类话题。与此同时，在这些论述和对话中往往会谈及礼乐、《诗》、"立言""文言"及意象等中国古代文论的核心命题。由于诸子时代文学思想研究一直以来因为材料的匮乏和零散而难以进行系统研究，而这部分新材料的发现无疑对中国古代文论早期思想体系的研究极为有利。例如"文言"理论、意象理论的研究得益于马王堆帛书《周易经传》的发现，拨开

---

① 张群《诸子时代与诸子文学》（齐鲁书社2008年版）一书也曾结合诸子时代研究诸子文学。

了一直以来围绕《易传》的质疑、争论，确定了孔子与《易传》的紧密联系，这不仅对"立言"思想、"文言"理论、意象理论的研究是难得的契机，而且三个命题之间的理论联系也因为新材料的加入而能够更为明晰地呈现出来。又如郭店简《性自命出》的发现，利于厘清性与情的本质差异，这对于比较分析"乐言情""诗言志"这两个重要的文艺理论命题在理论生成、理论意义上的相通性以及各自的理论侧重点也是有益的。总之，数次出土的简帛文献涉及诸子时代的一些文学文本和大量思想专篇，有些之前未见于传统文献，例如郭店简《性自命出》《尊德义》《五行》等，上博简《诗论》《恒先》等，清华简《保训》《耆夜》等。此外，马王堆汉墓发现了《黄帝四经》，失传两千年的《黄帝四经》重见天日，阜阳双古堆汉墓出土了《庄子》的《则阳》《外物》《让王》的竹简残篇，湖北张家山汉墓出土了竹简《盗跖》的残篇，证实《庄子》确为先秦古书。大量简帛文献的发现为诸子时代文学思想研究提供了更为丰富的实证材料，有利于开拓诸子时代文学思想研究的视野和深度，对于纠正、补充以往诸子时代文学思想研究中的褊狭与不足也大有裨益。对此傅道彬说道："地下文献之于经典传世文献是丰富而不是颠覆，是补充而不是超越，地下文献的研究还是应当结合传世文献的研究。"[①]因此本书主要统合传统文献与上博简、清华简、郭店简、阜阳汉简、马王堆汉墓帛书等出土文献，集中探讨诸子时代文学思想的核心命题以及彼此之间的理论联系，力图客观呈现诸子时代文学思想体系的基本架构。

诸子时代，诸侯争锋，百家竞跃，经典辈出，经典中记载着文化阶层对政治、文化、人生、人性等根本问题展开的多角度的反思和讨论，其间主要是儒、道文化群体提出了许多重要的文学理论命题、美学命题，对中国古典文学的创作实践、对古典文论体系以及古典美学思想体系的建构影响深远。在此需要着重说明的是，诸子时代文化阶层在"立言"不朽思想的倡导下积极著述立言，孔子也积极提倡"文言"实践，但是在"经世致用"文学精神的激励下，儒家群体传

[①] 傅道彬：《孔子诗论与春秋时代的用诗风气》，《文艺研究》2002年第1期。

承、整理、创作的文献和著述大都是传承西周礼乐文化精神的经典，如《诗》《书》《周易》《春秋》《论语》《孟子》《荀子》"三礼"等，在他们对礼乐精神、时事政治、君子人格等问题专注而热烈的讨论中经常简短、片语式地闪现出对文学、对艺术的独特认识和深刻见解，陆续提出"乐言情""诗言志""立言""文言""文质彬彬""立德""立象以尽意""备物致用"等文学思想命题。与此同时，透过《老子》和《庄子》的论述，不难看出道家对"立言"不朽思想的抵触，《老子》和《庄子》相续完成了对王权话语体系的全面解构，这意味着道家的这两部代表性著述首先是政治哲学著作，"无言""不言""得意而忘象""玄览""凝神""无用"等文学观念、审美理念实质上是在对时代政治的考量、反思中提出的，因此涉及文学思想、美学思想的讨论也难免简短，并没有形成专篇。

总之，通过检视诸子时代的文献典籍，不难发现这一时期并没形成一部系统完整的文艺理论专著，这一时期的文学思想研究也因此很容易被忽视，不少学者认为诸子时代文史哲不分，文体观念模糊不清，文学思想不成体系，笔者认为上述论断并不完全符合实际情况。冯友兰曾在《中国哲学史新编》"绪论"中谈道："一个哲学家如果是对于某一问题，得了一个结论，他必然是经过一段理论思维。他可能没有把这过程说出来。但是，没有说出来，并不等于没有这个过程。"[①] 赵逵夫也曾指出："理论著作是理论研究是否深入、是否成熟的、是否形成体系的标志。但毕竟它只是标志，并不是理论本身，尚不能完全说明理论上达到的高度。因为理论的深刻与否关键看是否提出了具有重大意义的问题，是否对该领域一些关键性问题做出了正确的回答。"[②] 所以即便西周时期至诸子时代的文学思想、审美观念的提出和阐述是零碎的、简短的，表面上不成系统，但实际上这些命题之间的联系是内在的而且是紧密的，是自成体系的。作为新时代的学者恰恰应该努力将这种内在的隐形联系系统完整地显现出来，就好比

---

① 冯友兰：《三松堂全集》第 8 卷，河南人民出版社 2000 年版，第 42 页。
② 赵逵夫：《先秦文论·前言》，人民文学出版社 2010 年版，第 16 页。

"我们只看到'得数'而看不到'演算过程'。今天，我们应该由此'得数'去探求它的'演算过程'，认识当时思维的细密深刻和理论的健全，而不能轻易地认为当时人们竟是混沌无知"。① 这也成为本书的写作初衷，即从简短、片语式的文学观念、文学思想命题出发推演其思维过程，探求不同命题之间的内在文化关联与理论联系，这显然对诸子时代文学思想研究是有益的。

诸子时代既是中国哲学的发生期，也是黄金期，对历代政治思想以及文化阶层的精神世界都有深远影响，历史上曾有无数学者积极投入经学、诸子学等具体内容的相关研究中，这些研究不仅是为了传承，而且也为新时代反思传统文化提供了参照，毕竟反思理应建立在对传统思想文化尽可能客观认识的基础上，否则严重脱离传统文化实际情形的反思，又或者是批评，就会有明显的对不上话头的感觉，这就很难让人信服，其价值和意义也将大打折扣。文学思想的研究也是如此，结合简帛文献的诸子时代文学思想研究不仅是为了文学思想、文学精神的传承，而且为传统文学思想的现代反思创造更具体、切实的思想语境，在此基础上的反思想必更有针对性，也会更有召唤的力量吧！

由于诸子时代文学思想体系的建构与西周礼乐文化有着密切的内在联系，礼乐"演诗"② 流程是诸子时代文学理论核心命题生成的元初艺术空间，为此本书充分关注礼乐精神对诸子时代文化阶层的直接而深刻的影响，力图通过微观还原礼乐演诗艺术流程，系统阐释"文言""意象""乐言情""诗言志""经世致用""乐德"观等诗学命题意义生成的文化语境、文学实践形态以及诸命题之间的内在思想关联、理论侧重点，弥合、联结、统合表面上只言片语式、不成系统的文学观念表述，力图系统呈现诸子时代儒家文学思想体系。与此同时，本书也适当兼顾道家文艺思想、美学思想的研究，力图呈现中国古代文论的整体架构。现将本书的主要内容略作陈述。

---

① 赵逵夫：《先秦文论·前言》，人民文学出版社2010年版，第16页。
② 笔者将礼仪流程中诗乐舞统合的艺术表演称为"演诗"。

一 "君子知乐"：周代贵族的艺术修养

"君子"是诸子时代文化阶层的代表人物，他们普遍接受过严格的礼乐教化。即使在礼崩乐坏之世，他们在成长阶段也普遍深受《诗》《书》《礼》《乐》《易》《春秋》的影响。例如，据《史记》载，老子是"周守藏室之史"，而且孔子也曾向老子问礼，这说明老子深谙礼乐教化的具体路径以及核心思想理念，对王权话语体系了如指掌。正因为如此《老子》对君子成德、立功、立言价值的批判句句入骨，如此的文化反思才是有力量的，才能在后世文化阶层心中种下永恒的思想根苗。另外，墨子作《非乐》，荀子为此作《乐论》，《庄子》论"道"时偏屡屡让孔子发问。这充分说明在诸子时代文化阶层中间，礼乐精神、礼乐教化理念无论是得到继承、维护，抑或是受到质疑和批判，实质上都是在以不同方式证实：诸子时代是文化阶层积极接受、传承、反思礼乐文化精神的时代。

"君子"是有周一代重要的文化群体，他们多出身王族贵胄，是"国子"[①] 中的佼佼者，他们不仅对室家、宗族负有责任，而且还将承担治国、平成天下的政治使命。国子自幼就进入"国学"相续完成小学和大学教育，接受严格的专门的礼乐教化，并且定期参加祭祀、燕飨、乐射等大型礼乐政治活动。由于国子长期、不间断地接受礼乐艺术精神的濡染、浸润，他们的礼乐技艺水准、情感境界、精神品格都堪当时代的典范。首先，鉴于君子在室家、宗族、邦国政治中的重要角色，他们在日常生活中的举手投足以及在朝堂问政、礼乐活动期间的攻守进退、辞令应对、仪容仪节等方面的表现都应无可挑剔才能不辱使命，因此接受严谨有序的礼仪训练必不可少。与此同时，君子高尚的情感境界、杰出的政治才华以及深刻理性的思考力无疑需要完美的有意味的形式才能得以赋形，因此周代贵族极为注重礼乐技艺的修为，这是塑造文质彬彬的君子风范的基础课程。其次，君子在长期的技艺训练中，礼仪修养和艺术水准不断提高，而且他们也经常

[①]《周礼注疏》，《十三经注疏》，中华书局1980年版，第787页。

通过参加礼乐活动积累实践经验,并且参与六大舞的艺术表演,"国子"无时无刻不身在"乐"中,沉浸在礼的净化、淘洗之中。君子在礼乐文明之光的照耀下,疏解哀怨忧伤,平抑愤怒怨怼,规范情感走向,用心灵真切感受着情感的温度和深厚,不断提升情感境界。"乐"成就了他们情礼相融的生命形态,《诗》的境界造就了他们以天下为己任的胸怀和眼界,他们的礼乐人生见证了"乐言情"与"诗言志"内在的思想文化联系,促进了"诗言志"思想的体系化、理论化。最后,君子的气度风范是其精神世界向外投射的生命形态,因此成就君子人格气度本质上是心灵净化、精神成长的生命历程。郭店简《五行》在专门探讨五行"仁义礼智圣"时曾谓:"五行皆形于内而时行之,谓之君子。……不形不安,不安不乐,不乐亡德。"①君子必须具备的"五行"是思想理念、精神品格由内而外的显现,缺了赋形的实践过程意味着难以发挥君子人格精神的政治示范作用,进而安定天下、制礼作乐都将化成虚妄,更难以言及"成德"教化,可见礼乐教化是外化的,但根本上是由内而外的艺术修养过程。

在礼乐精神的引领下,周代贵族习艺、知乐、成德,他们阵前威武鹰扬,朝堂上睿智雍容,庙堂上庄敬中和,飨燕间温暖亲和,出使时从容机敏,"君子"的称谓是对他们的全面褒奖,如《孟子·万章》谓:"孔子之谓集大成,集大成也者,金声玉振之也。"郭店简《五行》亦云:"君子集大成,能进之为君子。"②礼乐艺术修养赋予他们这份有担当、有智慧、有温度、有厚度的君子人格力量,对华夏民族的文明进程具有重大的促进意义。受其影响,叔孙豹倡导"三不朽"③,实际上是倡导王权话语体系的建立,"立言"不朽成为文化阶层普遍的、重要的人生目标之一,而"立言"必以"立德""立功"为先,决定了孔子主张的"文言"实践是人格修养、经世致用为绝对前提的文学实践活动,这奠定了文质彬彬的君子人格标准向文学审

---

① 李零:《郭店楚简校读记》,北京大学出版社2002年版,第78页。
② 同上书,第80页。
③ 《春秋左传正义》,《十三经注疏》,中华书局1980年版,第1979页。

美标准转化的思想基础,并促进了"经世致用"文学精神的成熟。综上,礼乐艺术修养不仅成就了君子,也成就了以君子为代表的文化阶层的形成,文化阶层又作为传承、反思礼乐文化的重要群体积极著述立言,阐发思想,特别是"诸子"积极展开"文言"实践,他们论乐、论诗、论文言、论意象,促进了诸子时代文学思想的体系化成熟。

二 "象其文":"文言"与"意象"的理论联系。

诸子时代是理性精神生长的黄金时代,智者、圣人竞相争鸣,这客观上要求语言以一种与哲学思考、理性反思相互契合的言说方式表述思想成果。为此,孔子提倡"文以足言"①,提出"言之无文,行而不远"②"文亡隐言"③等文学主张,意谓未经文饰的语言难以流传广远,唯"文言"可以充分传达思想,可以跨越千年、历久弥新。《诗》《书》《礼》《乐》《易》《春秋》被文化阶层,特别是儒家群体奉为"文言"典范,"六经"成为文化阶层主要的学习内容,这促进了文化阶层思想境界的提升,深深滋润了他们的理性精神世界。与此同时,"六经"也在诸子时代文化阶层的积极阐释和反思中而成为传承不绝的经典,这决定了"六经"所凝聚的中国传统文化精神对后世文化阶层的深远影响,如顾炎武就曾明确提出"立言不为一时"④,其云:"天下之事,有言在一时,而其效见于数十百年之后者。"⑤ 总之,诸子时代文化阶层积极从事的"文言"实践、孔子"文言"思想的体系化以及"文言"经典都在向我们证实"文言"理论的成熟。

不仅如此,孔子一面提出"文以足言",一面结合大量"文言"

---

① 《春秋左传正义》,《十三经注疏》,中华书局1980年版,第1985页。
② 同上。
③ 马承源:《上海博物馆藏战国楚竹书》(一),上海古籍出版社2001年版,第123页。
④ (明)顾炎武著,(清)黄汝成集释:《日知录集释》,浙江古籍出版社2013年版,第1102页。
⑤ 同上。

实践总结出了具体有效的艺术路径："立象以尽意"①，意谓语辞通过"立象"可以大大拓展表意空间，引导后学遵循"象—意"路径体察圣人的精神内涵。这意味着在思想传达阶段，语言可以在主观意志的支配下通过艺术象征发出隐喻式的意义暗示，由此达成"尽意"的目的，即"象"是意之"象"，故谓之"意象"。由于"象"是隐喻，是象征，是文化暗示，语言通过有意味的形式——"象"而不断建构意义，进而解决"不尽言""不尽意"的语言问题，哲学言说、文学表达的深度、厚度必将得到提升。由是观之，在"言—象—意"的结构中，"意"是"象"的向导，是语言的目的，"尽意"的主观需求直接构成了想象的动力，决定了艺术象征的指向，主宰着"文言"实践的话语内涵，决定了"立言"活动的思想走向和终极意义，可见"意"是"言"和"象"的灵魂。

综上表明，诸子时代文化阶层日益深刻丰厚的精神世界在客观上对语言的形式和内容提出了更高的要求，即诸子时代文化阶层共同的"立言"追求促进了"文言"实践"深于取象"话语特征的形成，促进了中国古典哲学、文学"言—象—意"话语方式的形成，这应是"文言"与"意象"的理论联系。可见，中国文学、哲学对"意象"创造的偏爱源于"意象"思维的成熟和"言—象—意"话语方式的定型，而且显然这些在诸子时代已经完成。

三 "乐则有德"：诸子时代"乐德"观考论

西周礼乐文化的根本宗旨是借助综合演诗仪式完成"乐德"思想教化，因此以"中和祗庸孝友"为具体内涵的"乐德"精神是西周政治思想体系核心理念的集中体现，对有周一代的文化阶层的影响是直接而深刻的，如郭店简《尊德义》谓："民可道也，不可强也。"②又谓："德者，且莫大乎礼乐。"③《左传·襄公二十四年》载叔孙豹

---

① 《周易正义》，《十三经注疏》，中华书局1980年版，第82页。
② 李零：《郭店楚简校读记》，北京大学出版社2002年版，第140页。
③ 同上书，第139页。

提倡的"三不朽"思想，以及孔子对言德一致的倡导，充分说明"乐德"教化传统在诸子时代得到了继承，特别是以孔子为代表的儒家群体不断以成就"君子"人格标准激励文化阶层，这都客观说明"立德—立功—立言"的人生目标始终深深吸引着诸子时代的文化阶层，而且儒家的人生哲学与政治思想在诸子时代始终拥有主流话语地位。如郭店简《五行》认为"德之行五和谓之德"①，又云："五行皆形于内而时行之，谓之君（子）。"②虽然老子、庄子对此并不认同，甚至质疑代表王权意志"乐德"精神，对儒家所谓"君子集大成"的主张也明确予以驳斥，但是《老子》还是积极倡导"真德"的养成，显然"成德"无疑是诸子时代文化阶层普遍的精神追求，这足以证实"成德"传统与"乐德"教化之间的某种联系。

"乐德"教化是礼乐实践活动的宗旨，因此诗歌、音乐、舞蹈统合的礼乐仪式也是"乐德"教化的流程。相比于乐器演奏、舞蹈表演，歌诗凭借明确的表意功能成为礼乐仪式表演的中心，并且承担着更为重要的"乐德"教化使命，这客观上决定了以《诗》为中心的礼乐仪式表演必然与"乐德"精神保持密切的统一。因此礼乐演诗仪式不仅含纳了祈福神鬼、朝觐君主、慰劳将士、尊老序齿等具体的社会政治目的，同时伴随着以"中和祗庸孝友"为精神内涵的"乐德"教化使命。"德辉动于内，而民莫不承听"③，礼乐演诗流程全方位地承载"乐德"精神、传达"乐德"思想、致力于"乐德"养成，礼乐演诗仪式即"形于内"的"乐德"教化流程，以"中和祗庸孝友"内涵的"乐德"精神成为演诗仪式的思想纲领，由此形成"演诗"与"演德"如影随形的礼乐文化景观，因此郭店简《五行》谓："乐则有德"④"不乐亡德"⑤，诸子时代"乐德观"的形成促进了中国古典文论始终以"言志"为主导的思想体系的建构。

---

① 李零：《郭店楚简校读记》，北京大学出版社2002年版，第78页。
② 同上。
③ 《礼记正义》，《十三经注疏》，中华书局1980年版，第1544页。
④ 李零：《郭店楚简校读记》，北京大学出版社2002年版，第79页。
⑤ 同上。

与儒家思想不同，《老子》主张"尊道贵德"，提倡"真德"的养成，批判"乐德"精神、"立德"思想；提倡"无为"政治观，否定以"有为""立功"为目标的政治"致用"精神；又以"知者弗言"否定"立言"实践对文化教育、文化传承的指导意义，指出"乐德"精神、"君子"人格理想、儒家经典不过是文化阶层臣服于王权政治的体现，以及它们服务于、附属于王权意志的本质属性，进而根本否定了"三不朽"思想的普世价值、现实意义，《老子》认为"成德"过程应该是"真德"的养成。因为唯其如此，才有可能真正疏解文化阶层的精神枷锁、政治苦闷，才能吸引文化阶层走向田园小径，走进山川云海，自此他们在行走徜徉之间，在唇齿吟唱之时，多了一处超脱旷达、自适自在的精神归宿；也唯其如此，才能真正促进文化阶层精神价值体系的再建和完善，"无为""不言""不成"的境界焕发出独特的审美价值和意义，极大地促进了中国古典文艺观、审美观向多元化转变。《老子》《庄子》为中国古典艺术精神丰富、成熟提供了可贵的思想源泉，为中国古典美学思想建构提供了重要的哲学基础。

四 "乐言情"与"诗言志"的理论意义

西周政治集团深刻认识到乐与诗的"缘情""言情""言志"特征，并充分利用这一特征，将歌诗、音乐、舞蹈统合为一，展开礼乐演诗流程，实现情理融通的"乐德"思想教化。诸子时代文化阶层深受礼乐文化影响，他们对于文学、艺术的认识以及思想论述中仍然回荡着礼乐精神的旋律，特别是以孔子为代表的儒家文化群体始终高扬礼乐精神，致力于礼乐文化传承，"乐言情"与"诗言志"也成为儒家文化群体热衷于讨论的话题，这在传世文献中多有体现，如《礼记·乐记》谓："情动于中，故形于声。"又云："唯乐不可以为伪。"又如《尚书·舜典》明确提出："诗言志"，《礼记·乐记》谓："诗言其志也"，《左传·襄公二十七年》谓："诗以言志"等。此外，近年出土的简帛文献中也不乏相关的论述，其中有些讨论比传统文献更见精辟，如郭店简《性自命出》谓："礼作于情，或兴之也。"① 又谓："凡声其出于情也信，然后其入拨人之心也够。"② 上博简《诗论》亦云："诗亡隐志，乐亡隐情"③，意谓诗乐合一的礼仪演诗流程是情深不伪、言志立德的礼乐教化流程。孔子结合礼乐仪式体系化呈现"乐"与《诗》在礼仪教化流程中各自所肩负的"言情""言志"的职能分工，充分说明礼乐教化传统不仅构成了"乐言情"与"诗言志"两个文学思想命题之间的内在文化关联，促进了中国古典诗论体系基本架构的形成，而且奠定了"缘情""言志"命题在中国古典诗论体系中的重要地位。

众所周知，"诗言志"是中国古典文论的开山纲领，研究者甚多，但是往往忽略了"诗言志"思想生成的礼仪实践空间，致使对"诗言志"理论意义的阐释简单化、表面化，而且也较少有学者注重将"乐言情"与"诗言志"这两个紧密关联的理论命题联系起来予以具体系统的考察，而这种状况显然对"诗缘情""诗言志"等传统诗歌理论的研究是不利的。因此统合传统文献和简帛文献，充分结合礼乐仪式流程，具体呈现"乐言情"与"诗言志"的艺术实践过程，展现"乐"与《诗》的礼仪表演形态，印证"乐"与《诗》话语内涵的内在统一性，显然有利于深度揭示礼乐精神对"乐"、对《诗》的全面制约，由此为切入点的关于"乐言情""诗言志"理论命题的研究无疑是更客观的研究。

五 论诸子时代"经世致用"文学精神的成熟

进入诸子时代，王权旁落，加速了礼乐崩坏的进程，但是这并不影响凝聚着礼乐精神的经典《诗》《书》《礼》《乐》《易》《春秋》仍不断引起各文化群体的关注与阐释。如郭店简《语丛》（一）谓："《诗》，所以会古今之志也。《书》……者也。《礼》，交之行序也。

---

① 李零：《郭店楚简校读记》，北京大学出版社2002年版，第35页。
② 同上。
③ 马承源：《上海博物馆藏战国楚竹书》（一），上海古籍出版社2001年版，第123页。

《乐》，或生或教者也。《易》，所以会天道人道也。《春秋》，所以会古今之事也。"① 又如《庄子·天运》云："丘治《诗》、《书》、《礼》、《乐》、《易》、《春秋》六经，自以为久矣。"《庄子·齐物论》亦云："《春秋》经世，先王之志。"另《周易·系辞上》谓："备物致用，立成器以为天下利，莫大乎圣人。"上述文献多处《诗》《书》《礼》《乐》《易》《春秋》并举，《庄子》明确称为"六经"，且特别提到《春秋》的"经世"意义，《春秋》为"六经"之一，被先王当作能够成就"经世"志向的经典，圣人又以"备物致用""化成天下"自我勉励。综上不难看出，诸子时代不仅是"六经"确立的"经典时代"②，而且还是"经世"与"致用"文学思想成熟、统一的文化黄金时代。郭店简《尊德义》谓："教以礼，则民果以劲。教以乐，则民淑德清壮。"③《荀子·乐论》云："乐和同，礼别异。礼乐之统，管乎人心矣。"礼乐教化不仅是对行为的规范，也是对人心的深度干预，进而实现品德养成，实现揖让之间而天下安和的治世理想，正如《礼记·祭义》谓："天下之礼，致反始也，致鬼神也，致和用也，致义也，致让也。致反始，以厚其本也。致鬼神，以尊上也。致物用，以立民纪也。致义，则上下不悖逆矣。致让，以去争也。合此五者以治天下之礼也。"诸子时代文化群体基于政治、思想教化视角考量文学、音乐的艺术观念鲜明地映现出这一时代"经世致用"文学精神的话语力量。

　　诸子时代文化斐然，经典意蕴深微，一部书、一项研究实难兼顾方方面面，故而本书侧重结合近年发布的简帛文献新材料提供的思想线索，密切结合诸子时代文学理论命题的原生文化语境——礼乐文化，密切结合礼乐"演诗"艺术实践，对"文言""意象""文质""饰伪成美""乐言情""诗言志""中和""经世致用""乐德"观这些较有核心价值的儒家文艺理论命题做了重点分析和阐释。此外，本

---

① 刘钊：《郭店楚简校释》，福建人民出版社2005年版，第181页。
② 即傅道彬在《百家腾跃，终入环内》（《光明日报》2015年10月29日）一文所言的"经典时代"。
③ 刘钊：《郭店楚简校释》，福建人民出版社2005年版，第124页。

书也结合简帛文献的新发现对道家文艺观、美学思想做了选择性研究，涉及了"真德""无为""不言""大巧若拙""得意忘言""天地大美"等问题，但是并不系统，这是因为本书侧重通过简帛文献与传世文献对读，从中找寻它们对文学、对艺术、对审美的普遍认识以及独特见解，加深对诸子时代文学思想的研究。而显然，简帛文献中主要以儒家文献为主，其中以孔子的文学理论成就最为突出，对中国古典文论体系建构的影响最为直接而深远。道家文献主要有《老子》《太一生水》等，数量有限，特别是简帛本的《老子》与传世本《老子》虽有一定差异，但是提供的新信息有限，因此本书主要以儒家文艺思想研究为重点，也适当兼顾了道家文艺理论命题、美学思想的研究，这一研究重点的确定也符合诸子时代文艺思想发展的客观实际情况，毕竟中国古代文论是以儒家文艺思想为主体的理论体系。

  本书呈现的研究得益于历代学者的大量研究发现，特别是近年的简帛文献研究成果为本书提供了严谨准确的释读材料，史学研究者们提供了大量可靠翔实的历史资料，历代的礼学研究成果也给予本书丰厚深沉的思想给养。此外，传世经典和古典文学理论的研究成果极大地启发了笔者的研究思路，为本书的研究奠定了坚实的思想基础。对于上述研究成果，笔者或以注释方式注明，或在参考文献中列出。

第一章 "君子知乐"与周代贵族的艺术修养

按照周礼制度的规定，周代贵族阶层中的"王大子、王子、群后之大子，卿大夫、元士之適子"①，即"国子"自幼就进入"国学"相续完成小学和大学教育，接受严格、专门的礼乐教化，并且定期参加祭祀、燕飨、乐射等大型礼乐政治活动。由于"国子"长期、不间断地受到礼乐艺术精神的濡染、浸润，他们的礼乐技艺水准、情感境界、精神品格都堪当时代的典范，如《礼记·乐记》谓："知声而不知音者，禽兽是也。知音而不知乐者，众庶是也。唯君子为能知乐。"禽兽知声，众庶知音，唯有君子知乐，君子是周代贵族阶层的杰出代表，是"国子"中的佼佼者，他们是果敢睿智、温厚宽和、诗酒风雅的政治栋梁，是德艺俱佳、含英咀华、弦歌不绝的艺术家，是奔走列国、著述立言、文质彬彬的智者、圣人。礼乐艺术修养赋予他们这份有担当、有智慧、有温度、有厚度的君子人格力量，对华夏民族的文明进程具有重大的促进意义。

一 "形见于乐"与君子礼乐技艺的养成

君子不仅是由阶层决定的，也是礼乐教育塑造而成的，成就君子人格首先需要经历严格有序的礼乐技艺训练。君子的出身多为王族贵胄，他们不仅对室家、宗族负有责任，而且还将承担治国、平成天下的政治使命，因内政外交事务经常参加礼乐政治活动。鉴于君子在室

---

① 《礼记正义》，《十三经注疏》，中华书局1980年版，第1342页。

家、宗族、邦国政治中的重要角色，他们在日常生活中的举手投足以及在朝堂问政、礼乐活动期间的攻守进退、辞令应对、仪容仪节等方面的表现都应无可挑剔才能不辱使命，因此接受严谨有序的礼仪训练必不可少。与此同时，君子高尚的情感境界、杰出的政治才华以及理性的思考力无疑需要完美的有意味的形式才能得以赋形，如《礼记·乐记》谓："使亲疏、贵贱、长幼、男女之理，皆形见于乐。"因此周代贵族极为注重礼乐技艺的修为，这是君子艺术修养的基础内容。

由于"礼乐"流程是"君子"威仪气度显现的艺术实践空间，为此"君子"必须首先接受专门的礼仪训练，唯此君子才能从容不迫、游刃有余地参加各类礼乐政治活动。周代礼乐活动是综合性的艺术表演活动，祭祀礼、大飨礼、大射礼等仪式隆重盛大、庄肃严整，礼仪规程冗长繁复、尊卑有序，不允许有丝毫差池。具体而言，参礼者在礼仪流程中的俯仰屈伸、进退疾徐等动作，以及站位、移位、迎宾、送宾的规则，甚至表情的细微变化都有既定的设计与节度。如《礼记·冠义》谓："礼义之始，在于正容体，齐颜色，顺辞令。容体正，颜色齐，辞令顺，而后礼义备。以正君臣，亲父子，和长幼。"周代礼仪流程对参礼者的规范不仅严格而且具体，从容体、表情到辞令交接，参礼者的细枝末节都在礼仪的规定之下。因为端正的容貌体态、庄敬的表情、顺畅的辞令是礼仪完备的象征，是申明君臣大义、父慈子孝、长幼和亲的礼义思想的话语方式之一，所以礼仪训练成为贵族阶层彬彬风雅的形神气质养成的基础课程。《左传·僖公二十三年》曾记载晋公子重耳逃亡至楚国，楚成王特设飨宴招待，飨宴期间成王两次明确提示重耳将来"何以报我？"面对如此尴尬的局面，重耳婉转应对，最终许诺成王"退避三舍"。成王虽没有得到满意的回报，但是重耳有礼有节的辞令、礼仪修养仍得到成王的赞许："晋公子广而俭，文而有礼。其从者肃而宽，忠而能力。"重耳虽身在逃亡，但是由于接受过专门的礼乐艺术教育，因此凭借机敏睿智、豁达谦逊、彬彬有礼的君子气度获得了应有的尊重和信任，而庄肃宽和、忠诚有力的随从更衬托出重耳的王者风范。诚如所见，君子的礼仪风范是周代贵族从事政治外交活动的必备艺术修养。

与此同时，失仪违礼之举也时有发生。由于礼乐仪式的规程秩序严苛又繁复，规格、次序是政治秩序的象征，如有错谬就意味着对既定政治秩序的违背，被视为僭越、失仪，不仅有损国家形象，而且会造成严重的政治失误，失礼、失节的行为也通常被视为国家衰亡的预兆。如《左传·昭公十六年》就详细记载了"孔张失礼"事件，由于遭到了晋国宾客的耻笑。事后郑大夫富子进谏子产道："夫大国之人，不可不慎也，几为之笑，而不陵我。我皆有礼，夫犹鄙我。国而无礼，何以求荣？孔张失位，吾子之耻也。"郑大夫富子认为次序错位是有辱国家威严的政治失误，甚至关系到国家政治的兴衰得失。这是因为周代礼乐仪式是重要的政治外交活动，仪式流程应郑重庄肃，仪式期间的赋诗、飨宴环节是商讨局势、解决争端、弥合嫌隙的绝好契机。如果肩负政治使命的使者在仪式期间出现了违背礼节的行为，其结果可想而知。由此可见，礼仪修养对周代贵族的重要意义。

君子的礼仪容止不仅要严谨有度、准确无误，还应是优美和谐的。《礼记·少仪》谓："言语之美，穆穆皇皇。朝廷之美，济济翔翔。祭祀之美，齐齐皇皇，车马之美，匪匪翼翼。鸾和之美，肃肃雍雍。"君子言语时静肃和美，朝礼时稳重宽舒，祭祀时中正平和，车马行止严整有度，鸾铃之声庄敬雍和，君子每时每刻、一举一动都应保持娴熟自如、雍容文雅的礼仪风范。为此，周代贵族自幼就接受细腻入微的"六仪"教习，如《周礼·地官》载："乃教国子六仪：一曰祭祀之容，二曰宾客之容，三曰朝廷之容，四曰丧纪之容，五曰军旅之容，六曰车马之容。""国子"是周代贵族阶层的代表，他们既是礼乐文化的主要受益者，又是礼乐文化的践行者、承传者，因此也是最有必要、最有可能塑造为"君子"的固定群体，未来的他们无论是在祭祀鬼神、燕飨宾客、上朝理政时，还是在吊丧慰问、军旅狩猎等活动中，都要严格遵循礼仪规范，而且祭祀、燕飨期间必有礼乐仪式表演，出师、献捷和车马行进都有具体的乐仪规定。显而易见，礼乐仪式是周代贵族展现"君子"风范的艺术实践空间，礼仪训练是极具针对性和实用性的礼乐技艺教育。

相比于礼仪训练，"六艺"的教习一方面偏重于艺术技能的训练，另一方面注重艺术品位的熏陶,是提高君子艺术修养的重要课程,如《礼记·学记》谓:"不兴其艺,不能乐学。"意谓专业的技艺训练能够引导"国子"萌发对礼乐文化的由衷热爱,因此"六艺"应是"国子"入门级的重要艺术修养课程。而且据《周礼·地官》载,"六艺"的教习专门由保氏执掌:"保氏……养国子以道,乃教之六艺,一曰五礼,二曰六乐,三曰五射,四月五驭,五曰六书,六曰九数。""五礼"是吉礼、凶礼、宾礼、军礼、嘉礼的统称;"六乐"谓《云门》《大咸》《大磬》《大夏》《大濩》《大武》六代大乐,是古乐的代表;"五射"是指白矢、参连、剡注、襄尺、井仪五种射礼技艺,"五驭"谓鸣和鸾、逐水曲、过君表、舞交衢、逐禽左五种驾驭车马的技艺,要求驭者根据车马行进场地和用途娴熟掌握轻重缓急,其中"鸣和鸾"和"舞交衢"对驭者的乐感、节奏感要求尤高。《礼记·经解》谓:"行步则有环佩之声,升车则有鸾和之音。居处有礼,进退有度,百官得其宜,万事得其序。"行步、升车、日常起居、进退等一切行为举止都如此优雅从容、进退有度、雍和有礼,这是君子应有的仪度气质。综上,"六艺"是以"礼乐"技艺培养为主的初级课程,"国子"作为特权阶层,自小学开始就接受专门的礼乐技艺训练,因此是否具有较高的礼乐技艺水平也成为衡量君子风范不可或缺的重要标准。

鉴于此,"国子"在大学阶段还将进一步学习礼乐技艺,在不间断的技艺训练中陶冶艺术情操,不断提升艺术修养。"大学"是君子风范养成的重要学习阶段,"国子"在乐官体系的严格管理下继续礼乐技艺的修为,据《周礼》记载,"国子"大舞、小舞、乐射等技艺的训练主要由大司乐、乐师、大胥等乐官承担。如《周礼·春官》谓:"大司乐掌成均之法,以治建国之学政,而合国之子弟焉。……以乐舞教国子:舞《云门》《大卷》《大咸》《大磬》《大夏》《大濩》《大武》。……帅国子而舞。……昭诸侯以弓矢舞。"大司乐不仅负责传授六代大舞的表演技艺,还负责统领"国子"在祭祀等大型礼乐活动中表演乐舞以及昭告诸侯乐射的舞节。乐师主要负责"国子"六小舞外、乐射舞节、迎宾舞节的教习,如《周礼·春官》谓:"乐师掌国学之政，以教国子小舞。凡舞，有帗舞，有羽舞，有皇舞，有旄舞，有干舞，有人舞。教乐仪，行以《肆夏》，趋以《采荠》，车亦如之，环拜以钟鼓为节。凡射，王以《驺虞》为节，诸侯以《貍首》为节，大夫以《采蘋》为节，士以《采蘩》为节。……燕射，帅射夫以弓矢舞。"乐师除了负责具体教授"国子"六小舞外，还要训练"国子"步迎宾客时如何与行步、趋步、登车、旋拜的舞节协调配合以及乐射的礼节，此谓"饰之以礼乐"①。由于在燕射礼环节，君王、诸侯、大夫、士都要按照各自的乐节规格参加乐射仪式，天子、诸侯、卿大夫、士分别以《驺虞》《貍首》《采蘋》《采蘩》作为乐节，而且根据《周礼·地官》的记载，乡射礼也必须遵循"一曰和，二曰容，三曰主皮，四曰和容，五曰兴舞"的礼仪环节，这说明无论是贵族参加的燕射礼还是乡党间举行的乡射礼，射者必须始终保持优雅的仪态体貌、和谐的仪容，还要配和射礼乐节的韵律起舞，射中目标并不是取胜的唯一决定因素，主皮只不过是胜负评判的标准之一。这意味着射礼不是单纯的竞技比赛，而是"被改造成彬彬有礼的象征性仪式，尚武的风俗越来越象征化仪式化"，②射乐礼节更像是优雅温文、从容娴熟的舞蹈表演，孔子云："其争也君子。"③孔子对君子彬彬之风的赞美无疑是以礼乐、以艺术向野蛮、向粗鄙告别，君子带领华夏民族从此行进在"文而化之"的路上。

总之，针对"国子"的礼乐技艺训练是专门的、有序的、长期的、渐进的教育过程，如《周礼》有载："大胥掌学士之版，以待致诸子。春入学，舍采，合舞。秋颁学，合声。"④大胥在春季入学时教"国子"合舞，在秋季教授合声。春秋代序，四季更迭，寓教于乐，礼乐之文赋予"国子"温文敦厚、宽和从容、持守如一的风雅气度，郭店简《五行》谓："'淑人君子，其仪一也。'能为一，然后

---

① 《礼记正义》，《十三经注疏》，中华书局1980年版，第1687页。
② 傅道彬：《殷周革命的历史反思与礼乐文化建设》，《大庆师范学院学报》2011年第1期。
③ 《礼记正义》，《十三经注疏》，中华书局1980年版，第1689页。
④ 同上书，第794—795页。

能为君子。"① 在合舞、合声的陶冶下，"国子"的提升不但是礼仪、技艺层面的，还是艺术境界上的；周代礼乐教育针对"国子"的艺术修养不但是由外而内的，还是由内而外的，"国子"身心合一，不断向君子走近。

二 "唯乐不伪"与君子情感境界的提升

《乐记》谓："情动于中，故形于声。"又云："声成文，谓之音。"可见"声"缘情而发，"声"是天然情感的自然流露，"音"由清浊杂比之声构成，反映了喜怒哀乐等复杂多变的情感，也是各种纠缠交织的内心欲求的显现，因此听音可知乱世、治世，还可预见亡国之危，此谓"声音之道，与政通矣"。② 但是显然"声"与"音"不同。"声"源自生命原始力量的冲动，"音"是复杂无序又丰富动人的人类情感自然外化的结果，因此禽兽"知声而不知音"，"知音"是划分人类与禽兽的重要标志。"乐者，音之所由生也。"乐由音而生，意味着"音"和"乐"都由人心而出，但"乐者，与音相近而不同"③，"乐"是"礼乐"，"乐由中出，礼自外作"。④ "礼乐"是贵族阶层的特权，礼乐教育是专门针对贵族阶层的教育，因此众庶"知音而不知乐"，唯君子知乐，更因为"知乐，则几近于礼矣"。⑤ "礼"代表了周礼制度规定下礼仪规范和礼义思想体系，唯君子"知乐"亦"知礼"，由此严格界定了众庶与"君子"之间的根本差异，而且这之间的差异不仅是政治上的、文化上的，更显现为情感境界的高下。因为"乐"乃"情之不可变者也"⑥，君子"知乐"是基于人之常情的艺术修养过程。《乐记》谓："情深而文明，气盛而化神……唯乐不可以为伪。""不伪"的"礼乐"是君子日益向缘情至

---

① 李零：《郭店楚简校读记》，北京大学出版社2002年版，第79页。
② 《礼记正义》，《十三经注疏》，中华书局1980年版，第1527页。
③ 同上书，第1540页。
④ 同上书，第1529页。
⑤ 同上书，第1528页。
⑥ 同上书，第1537页。

诚、情深文明、气盛化神的情感境界升华的阶梯。

周礼制度是为维护宗法政治秩序而建立的。《周礼·天官》载："惟王建国，体国经野，设官分职，以为民极。""极"是"中"的意思，"中"的建立预示着以王权为中心的政治制度的成熟完备，也意味着在周礼制度规定下的政治秩序的建立。由于"礼"是制度、是秩序、是规范，"礼"的实施客观上必然具有强制性，因此周礼制度在具体实行过程中主要面临这两个问题：如何最大限度上获得认同？如何将外部强制转化为主观自觉？为此周代统治集团充分利用宗法亲情作为礼制体系建立的基础。例如，周部族以血缘为纽带形成大小不同的宗族组织，周王就是周部族的宗主，周王按照与自身的血缘亲疏分封不同等第的诸侯。因此，实际上，在严苛明确、不容僭越的礼制层面之下流淌着的是割不断的亲情和友爱，保有这份血缘亲情不仅利于化解政治矛盾，而且能够成为凝聚人心的纽带。而"乐"的发生源自情感的触动，音乐与情感的这种天然联系意味着"乐"对人的情感世界的影响是深切的、永恒的，政治集团正是借助了"乐"的感化人心的力量，一面维护"礼"所建立的伦理秩序、政治差等，一面弥合礼制所造成的人心疏离以及情感不睦；由此既可以维护既定的政治、伦理秩序，又便于在君臣之间、夫妇、父子、长幼之间保持稳固持续的情感沟通，消解社会各阶层之间的隔膜。因此礼乐教化虽本质上不可能完全消解"礼"的强制性，但"乐"的加入能够大大改善这一情形是不争的事实，这决定了周代礼乐教化必须通过礼乐艺术流程有效引导喜、怒、哀、乐、爱、恶、惧等情绪、情感的处理方式，节制不良情绪，从而实现教化目的。周代贵族长期接受礼乐教化，不仅情感表达方式得到严格规范，其情感境界也在不断提升。如《周南·关雎》就勉励君子与淑女将源于天然的、琴瑟和谐的两性之爱提升为"合两姓之好"[1]、相敬如宾的室家典范，故上博简《诗论》

---

[1] 《礼记正义》，《十三经注疏》，中华书局1980年版，第1680页。

谓:"《关雎》以色喻于礼。"①

君子是邦国领袖、政治栋梁的预备人选,因此塑造君子也是塑造邦国领袖、政治栋梁,这意味着君子的命运将不可避免地与政治风云、时事变迁紧紧联系在一起,因此庄肃谨敬、深沉宽厚的情感熏陶对君子而言极为必要。祭祀仪式是贵族阶层必须参加的重大礼乐活动,统称为"吉礼"。礼仪期间,君王主祭,百官助祭,祭祀颂乐平和伸舒、庄敬肃穆,君王和百官共同表达对天神、地祇、人鬼的祇敬以及对先祖的深切思念,而他们正是君子阶层的重要组成人群。对此《周礼》有这样的记载:

> 大宗伯之职,掌建邦之天神、人鬼、地示之礼,以佐王建保邦国。以吉礼事邦国之鬼神,以禋祀祀昊天上帝,以实柴祀日、月、星、辰,以槱祀司中、司命、飌师、雨师,以血祭祭社稷、五祀、五岳,以貍沈祭山林川瀆泽,以疈祭四方百物。以肆献祼享先王,以馈食享先王,以祠春享先王,以禴夏享先王,以尝秋享先王,以烝冬享先王。

吉礼用于侍奉邦国之鬼神,包括祀天神、地祇和祭人鬼的仪式。祭祀天神、地祇的仪式流程谨敬庄严,昊天上帝、日、月、星、辰,风、雨、雷、电、社稷、山林川泽、天地四方百物这些神明无不得到周人的尊崇敬奉,这既反映了周人对自然力量的敬畏,也展露了周人对自然的原生依恋之情。相比于敬奉天神地祇的祭祀礼,人鬼祭礼的体系更为庞大,共有六礼,也称六享,分为三级。在太祖庙合祭先祖的仪式三年举行一次,最为隆重。《周颂·清庙》就曾这样描写祭祀文王的宏大场景:"于穆清庙,肃雍显相。济济多士,秉文之德,对越在天。"祭祀仪式肃穆庄敬,君王、诸侯、百官济济一堂,向文王在天之灵立下宏愿,秉承文王之德,中正平和、祇敬恭顺的情感氛围

---

① 李学勤:《〈诗论〉的体裁和作者》,《上博馆藏战国楚竹书研究》,上海书店出版社 2002 年版,第 58 页。

深深感动着君子的情怀。次之是馈食先王的禘礼，再次是春夏秋冬四季的小祭。可见祭祀人鬼的仪式是孝子缅怀思念先祖、恪尽孝道的重要礼乐活动，以血缘为纽带的亲情是举行人鬼之礼的最初的也是最重要的原因。《礼记·祭义》有载："齐之日：思其居处，思其笑语，思其志意，思其所乐，思其所嗜。齐三日，乃见其所为齐者。"这是针对主祭者提出的"五思"：在祭祀前三天，主祭斋戒静思，回忆先祖生前日常起居的情境，回忆中先祖的音容笑貌如在目前、栩栩如生，先祖的志向情意、喜爱嗜好也都记忆犹新，目的就是为祭祖仪式的正式举行酝酿诚挚、深沉的凄怆之心和怵惕之情，这是因为周人相信"事死如事生"的深情与精诚可以感召人鬼的神灵，求得先祖的福佑。郭店简《性自命出》谓："凡至乐必悲，哭亦悲，皆至其情也。"①精诚所至，金石为开，真诚不伪是对心灵、对生命的守护，"诚者，自成也"。②"乐"给予的这份缘情立诚的坚持，犹如温暖和煦的阳光照亮了"君子"的生命历程。

　　郭店简《性自命出》谓："凡人情为可悦也。苟以其情，虽过不恶。不以其情，虽难不贵。苟有其情，虽未之为，斯人信之矣。未言而信。"③诚如所言，"乐"是真诚情感的流露，也是动人心扉的艺术，乐与情交融的礼乐表演不愧为"未言而信""乐亡隐情"④的艺术。"大合乐"是周代吉礼的综合艺术表演，金奏、歌《颂》、合舞，一气呵成，代表了礼乐艺术表演的最高规格和水准，也是提升"君子"情感境界的至关重要的艺术实践流程。《周礼·春官》载："以六律、六同、五声、八音、六舞大合乐。以致鬼、神、祇，以和邦国，以谐万民，以安宾客，以说远人，以作动物。……凡六乐者，文之以五声，播之以八音。"祭祀人鬼、天神、地祇的吉礼仪式是由六律、六同、五声、八音、六舞共同演绎而成的"大合乐"，以此和合

---

① 李零：《郭店楚简校读记》，北京大学出版社2002年版，第106页。
② 《礼记正义》，《十三经注疏》，中华书局1980年版，第1633页。
③ 李零：《郭店楚简校读记》，北京大学出版社2002年版，第107页。
④ 马承源：《上海博物馆藏战国楚竹书》（一），上海古籍出版社2001年版，第123页。

邦国、和谐万民、慰劳宾客、取悦远方、仁及动物。在"大合乐"的仪式中，八音乐器俱备，它们不仅凭借乐音艺术为仪式营造情感氛围，而且作为重要的礼器传达既定的礼乐象征意义，实现潜移默化的"不言之教"[①]。周代乐器主要有八类，分别由金、石、土、木、丝、竹、匏、革八种材质制造，统称为"八音"。由于"八音"乐器必须严格按照周礼规定用于不同的礼乐仪式，而且乐器规格、演奏方式都有严格规定，久而久之每种乐器及其使用规格与某一情感意味或意义指向建立的固定联系在特定的群体内部得到认同，而且得益于王权的话语力量，这种联系能在贵族阶层内部达到思想上、情感上的共识，从而使乐器在礼乐仪式空间作为具有象征意味的特殊话语符号展露政治情怀。如《礼记·乐记》谓：

> 钟声铿，铿以立号，号以立横，横以立武。君子听钟声，则思武臣。石声磬，磬以立辨，辨以致死。君子听磬声，则思死封疆之臣。丝声哀，哀以立廉，廉以立志。君子听琴瑟之声，则思志义之臣。竹声滥，滥以立会，会以聚众。君子听竽笙箫管之声，则思畜聚之臣。鼓鼙之声讙，讙以立动，动以进众。君子听鼓鼙之声，则思将帅之臣。君子之听音，非听其铿锵而已也，彼亦有所合也。

金钟之声铿铿然，号令一出，横气充满，象征君子勇武鹰扬的气度，因此君子听到喤喤钟乐就思念勇武之臣；磬音清越，辨别分明，象征为国守节者、为国赴难者中正刚毅的品格，因此君子听磬乐就想起为保卫疆土而牺牲的忠臣。丝声哀怨，象征君子恪守本分、树立廉洁之志的品格，因此君子听琴瑟之音就联想到胸怀志向与正义的臣子。管吹乐器和谐悠扬，其合会之音象征臣子会聚一堂，因此听到竽笙、箫管合奏就想起百官俱备、济济一堂。鼓鼙之声能鼓舞士卒士气，象征将帅的威武雄姿，因此君子听震撼人心的鼓声就思慕将帅之

[①] 李零：《郭店楚简校读记》，北京大学出版社2002年版，第5页。

臣。由此足见，君子不只是关注"乐"的铿锵旋律，八音乐器不是话语但胜似话语，郭店简《性自命出》谓："未言而信，有美情者也。"① 君子谙熟"乐"的特定情感内涵，沉浸其中涵养情志，是故唯君子知乐，唯君子美情。周代礼乐文化赋予八音乐器鲜明的礼乐象征意义，乐器音声各异，伴随在各类礼乐活动中，沉潜为独特的话语，无论在宗庙、在乡里、在宗族、在室家，都萦回着、氤氲着相敬相亲、和顺和谐的温情："乐在宗庙之中，君臣上下同听之，则莫不和敬；在族长乡里之中，长幼同听之，则莫不和顺；在闺门之内，父子兄弟同听之，则莫不和亲。""乐"缘情而发，由情而入，"真正的音乐是从生命的根本之处流淌出来的，而礼仪规范是人的外在约束形态，因此感人心志，移风易俗，就必须建立以诗乐教化为基础的君子人格体系"。② 君子在和敬、和顺、和亲的氛围中情动而至深，"乐"感动心灵的力量成就了君子谨敬雍容、温厚宽和的情感境界。

情感是生命的需要，也是生命的显现，"由礼知乐，由乐知哀"。③ 因此礼乐教化是结合情感体验的生命教育。《论语·先进》篇中曾描述孔子启发弟子抒怀言志的情境。当子路、冉有、公西华纷纷阐发志向时，唯有曾皙在旁鼓瑟，默默无言，当孔夫子特别问到他时，曾皙言道："莫春者，春服既成，冠者五六人，童子六七人，浴乎沂，风乎舞雩，咏而归。"在暮春时节，褪去笨重的冬衣，换上轻暖的春服，与五六冠者、六七童子相偕嬉戏，在沂水洗去尘埃，在祈雨的舞台沐浴东风，然后唱着歌悠然而归。曾皙言语间充满对这种人生境界的热爱与憧憬，这种与自然、与音乐、与知己融通合一的境界深深打动了孔子，孔子禁不住发出"吾与点"的赞美。郭店简《性自命出》谓："听琴瑟之声，则悸如也斯叹。"④ 孔子一生弦歌不绝，与曾皙的鼓瑟之音汇合交融，这犹如东鲁春风的琴瑟之音拨动了君子的心弦，奏响了君子的生命乐章。

---

① 李零：《郭店楚简校读记》，北京大学出版社2002年版，第107页。
② 傅道彬：《诗可以观：礼乐文化与周代诗学精神》，中华书局2010年版，第235页。
③ 李零：《郭店楚简校读记》，北京大学出版社2002年版，第139页。
④ 同上书，第106页。

《礼记·乐记》谓："礼乐之情同，故明王以相沿也。"周代礼乐相沿、相成，显现了情感与理性融通合一的艺术特征，目的在于引导君子不仅成为人，而且成为治世栋梁，成为道德典范。《周礼·春官》载："以饮食之礼，亲宗族兄弟；以婚冠之礼，亲成男女；以宾射之礼，亲故旧朋友；以飨燕之礼，亲四方之宾客；以脤膰之礼，亲兄弟之国；以贺庆之礼，亲异姓之国。"兄弟友爱、夫妇和美、主宾和乐、友邦亲和、邻国友好，政治舞台上演的不仅是利益争夺、军事角逐，邦国间还流动着温暖的同情与淳厚的友谊，更何况在室家、在宗族、在乡党。君子无时无刻不身在"乐"中，用心灵真切感受着情感的温度和深厚，沉浸在礼的净化、淘洗之中。君子在礼乐文明之光的照耀下，疏解哀怨忧伤，平抑愤怒怨怼，规范情感走向，提升情感境界，"乐而不淫，哀而不伤"。[①] 在"礼"的引领下，在"乐"的完满、丰实中，君子完成了正直真诚、纯厚平易的人的塑造，《礼记·冠义》谓："孝弟忠顺之行立，而后可以为人，而后可以治人也。"因为唯有成为成熟的、完整的、真正的人才担得起齐家、治国、平成天下的伟大使命。

三 "奋至德之光"与君子人格气度的塑造

《乐记》谓："乐也者……其感人深，其移风易俗，故先王著其教焉。"由于"乐"由情而入，化人速，感人深，因此先王积极倡导以乐教的方式实践礼教。《礼记·乐记》谓："发以声音，而文以琴瑟，动以干戚，饰以羽旄，从以箫管。奋至德之光，动四气之和，以著万物之理。""乐"调动声音、琴瑟、干戚、羽毛、箫管等艺术元素，将宗法政治秩序、政治理念、伦理观念仪式化、艺术化，以敦厚温文的姿态诉诸行为规范、思想教化，致力于君子人格的养成，彰显王德的光辉，维护室家、宗族内部的和谐，实现和合天下的政治理想。正如郭店简《五行》谓："乐则有德，有德则邦家兴。"[②] 为此，

---

① 《论语注疏》，《十三经注疏》，中华书局1980年版，第2466页。
② 李零：《郭店楚简校读记》，北京大学出版社2002年版，第79页。

周代政治集团充分利用诗乐合流的艺术形式在庙堂、在乡党有序频繁地展开祭祀、宴飨、燕射等礼乐活动，这些礼乐活动不仅含纳了祈福神鬼、朝觐君主、慰劳将士、尊老序齿等多种具体的政治目的，同时伴随着以"中和祗庸孝友"①为精神内涵的"乐德"教化，实现君子人格的塑造。郭店简《尊德义》谓："德者，且莫大乎礼乐焉。"② 礼乐活动不仅是艺术活动，还是礼乐思想教化活动。随着礼乐艺术活动频繁有序地展开，中正严威、诚敬恭和、孝顺友爱的精神理念不断得到高扬，"中和祗庸孝友"体系化为有周一代思想道德建设的整体目标，深刻影响了君子理性精神气质的养成。

君子是肩负家国重任的政治栋梁，因此君子必须具有超凡的理性和自觉的坚强的意志品质。郭店简《五行》谓："君子集大成，能进之为君子。"③"集大成"是君子养成的最高境界，这一境界的达成需要经过循序渐进的长期的礼仪训练、艺术熏陶和思想教化。而且诚如孔子所言："兴于诗，立于礼，成于乐。"④"集大成"的君子养成过程，是由诗教、礼教、乐教相续协同完成的。周代贵族阶层自幼习《诗》，长而通"礼"，标志着仁而有礼的真正的"人"的确立，而"成于乐"意谓贵族阶层在礼乐艺术的长期浸润下，实现君子人格、精神气度的全面养成，可见礼乐艺术修养对君子养成的重要意义。郭店简《尊德义》云："有知礼而不知乐者，无知乐而不知礼者。"⑤ 君子知乐必知礼，"礼"是西周宗法政治制度的集中体现，"乐"是"礼"具体呈现的艺术形式。"礼"有周礼、礼义、礼仪三个层面的意义："周礼"是建立在西周宗法制度基础上的官制，百官俱备、分工明确、人数众多、体系庞大，这决定了"礼义"必然地建构成为维护王权的宗法政治思想体系。"礼仪"是君王、百官群体参与的政

---

① 郑玄注云："中，犹忠也。和，刚柔适也。祗，敬。庸，有常也。善父母曰孝，善兄弟曰友。"参见贾公彦《周礼注疏》，《十三经注疏》，中华书局1980年版，第787页。
② 《礼记正义》，《十三经注疏》，中华书局1980年版，第1544页。
③ 李零：《郭店楚简校读记》，北京大学出版社2002年版，第80页。
④ 《论语注疏》，《十三经注疏》，中华书局1980年版，第2487页。
⑤ 李零：《郭店楚简校读记》，北京大学出版社2002年版，第139页。

治教化的仪式流程，也是"乐"的表演空间，礼乐相成的仪式本质上是由周官、礼义思想体系全面主宰的流程。因此，虽然由血缘联系在一起的宗族亲情决定了"礼生于情"[①]的特征，但显然这里所谓"情"是特指"礼"所认同的宗法伦理亲情，如《乐记》谓："哀乐之分，皆以礼终。"而天然情感更接近于"性之欲"，如《乐记》云："感于物而动，性之欲也。"礼之情与人的天性、欲望不同，天性需要礼乐教育的引导、修正，由天性而生的欲望是礼乐教育努力戒除的，也是君子必须摒弃的，即君子在礼乐相成的教化流程中接受的是以"礼"为尺度、以"乐"为教育实践方式的技艺训练、情感教育和思想教化，"故君子曰'礼乐不可须臾去身'"[②]。由于"乐"始终在"礼"的全面制约下，君子身在"礼乐"之中，排遣不良情绪，陶冶艺术情操，接受以"中和祗庸孝友"为核心内涵的"乐德"理念的教化、淘洗。由此不难发现，礼乐文化在制度、在思想、在仪式层面全面呈现鲜明的理性思想特质，这无疑利于君子理性精神的成长。

君子的气度风范是其精神世界向外投射的生命形态，因此成就君子人格气度本质上是心灵净化、精神成长的生命历程。郭店简《五行》在专门探讨五行"仁义礼智圣"时曾谓："五行皆形于内而时行之，谓之君子。……不形不安，不安不乐，不乐亡德。"[③]君子必须具备的五行是思想理念、精神品格由内而外的显现，缺了赋形的实践过程意味着难以发挥君子人格精神的政治示范作用，进而安定天下、制礼作乐都将化成虚妄，更难以言及"成德"教化，可见礼乐教化是外化的，但根本上是由内而外的艺术修养过程。另郭店简《性自命出》亦谓："教所以生德于中者也。"[④]品格是由内而外的生发，因此以"中和祗庸孝友"为内涵的"乐德"思想教化是君子人格养成的关键。"中和祗庸孝友"六德即六种政治理念，构成了紧密联系的完

[①] 李零：《郭店楚简校读记》，北京大学出版社2002年版，第169页。
[②] 《礼记正义》，《十三经注疏》，中华书局1980年版，第1543页。
[③] 李零：《郭店楚简校读记》，北京大学出版社2002年版，第78页。
[④] 同上书，第106页。

整的礼乐政治思想体系，如郑玄注云："中，犹忠也。和，刚柔适也。祗，敬。庸，有常也。善父母曰孝，善兄弟曰友。"① 周部族统治者在经年的部族斗争中清楚认识到王权稳固必须依赖秩序、制度的强制手段，但由温情入手的理想展望又能够提供更为深层永恒的精神支撑，所以周代"乐德"教化致力于成就的君子精神品格中既高扬中正、祗敬、孝敬等品质以彰显王权尊者的庄严肃穆、不容僭越，而后则以成就刚柔相适、平和雍容的精神气度与和谐友爱的情感境界作为政治理念推广的润滑剂，如《尚书·舜典》谓："直而温，宽而栗，简而无傲，刚而无虐"，这其中投射出的睿智理性的"中和"精神元素始终都在锻造着君子的精神世界。

毋庸置疑，"中和"是"乐德"思想体系的核心理念，也是君子人格精神的灵魂。《大武》舞是周王祭祀仪式的舞蹈表演，舞蹈模拟式呈现了武王率领精锐之师战胜殷商政权的辉煌历史，是对武王功烈精神的着力赞颂。喷薄着恢宏气象的《大武》舞表演是西周政权初步建立的标志，极具震撼力地照亮了那个丰碑式的历史时刻。《大武》舞剧围绕伐商立周的历史展开主要情节，以牧野之战为舞剧表演的高潮，以周武王为主角，辅以太公望、周公、召公等配角，武王极天蟠地的"中和"精神风范在舞剧艺术表演中得到极力渲染。《乐记》有这样的描述：

> 宾牟贾侍坐于孔子，孔子与之言，及乐，曰："夫《武》之备戒之已久，何也？"对曰："病不得其众也。""咏叹之、淫液之，何也？"对曰："恐不逮事也。""早，何也"。对曰："及时事也。"……夫乐者，象成者也。总干而山立，武王之事也。发扬蹈厉，大公之志也。《武》乱皆坐，周、召之治也。且夫《武》，始而北出，再成而灭商，三成而南，四成而南国是疆，五成而分周公左、召公右，六成复缀以崇。天子夹振之而驷伐，盛

---

① 《周礼注疏》，《十三经注疏》，中华书局1980年版，第787页。

威于中国也。分夹而进,事蚤济也。久立于缀,以待诸侯之至也。①

《大武》舞剧通过六场舞蹈表演、四种主要舞蹈动作重现了武王灭商这一重大历史事件的基本轮廓,有"始而北出"的发兵场景,有"灭商"的战斗高潮,有"而南""南国是疆"的乘胜追击,有"周公左,召公右"的战事尾声,《大武》舞表演按照固定的起承转合式的情节设计舞蹈队列的形态与动作,模拟式呈现战争场景,并在每场用歌诗表演加强思想意蕴的传达,武王伐商的政治功绩与伟岸的精神人格自始至终都是彰显发扬的重心。舞剧为了突出武王的英武果敢与雄才伟略,特别设计了以"武王"为中心的舞阵表演,象征诸侯、百官、民众被武王伟大的功烈精神所征服,团结一致环绕在武王周围,武王的指令有如天意,诸侯、百官、民众无一不发扬蹈厉、同仇敌忾,甲子日一举灭商,又四次向南出击,可谓战果辉煌。舞剧六场循序渐进地围绕武王的"中和"精神人格展开宏大叙事,闪耀着"至德之光"的《大武》舞剧的艺术表演充分显现了"中和"精神的感染力量。《周颂·桓》云:"桓桓武王,保有厥士。于以四方,克定厥家。"武王在对商战斗中尤为重视集结诸侯军事力量、协和人心,这是周部族占据中原、平定四方、巩固天下具有决定意义的政治策略,因此武王一举取得胜利本身正是对"中和"政治精神实践意义的有力证明。"为政以德,譬如北辰,居其所,而众星共之。"② 在周族王室历经长期艰苦的政治实践之后,"中和"除了仍具有王权象征的意义之外,更重要的是代表了周族王室夺取天下、保有四方所必备的政治精神,是"君子"必备的至为重要的精神品格。

"中和"精神理念对周代贵族阶层政治文化生活的影响可谓随处可见。周代统治者热衷于将先祖塑造为部族英雄,擅长借助英雄先祖

---

① 《礼记正义》,《十三经注疏》,中华书局1980年版,第1542页。
② 同上书,第2451页。

的人格力量获取精神支撑与政治威信，因此"祖述尧舜，宪章文武"①实际是一种强大的文化惯性，尧、舜、文王、武王无不是拥有"中正"之位的部族英雄，他们在政治大业中表现出的威武鹰扬、文德韬略的英雄气度而为后人所崇拜、敬奉，如孔子云："舜其大孝也与？德为圣人，尊为天子，富有四海之内，宗庙飨之，子孙保之。故大德必得其位，必得其禄，必得其名，必得其寿。"②孔子对舜的评价不乏溢美之词，言辞中不难见出时空迁转间被神化的氏族英雄形象，因此"尧舜文武"在后代周王那里更多地显现为精神人格的力量，这意味着"尧舜文武"的"中和"的人格风范对贵族阶层具有重要的示范意义。随着王权正宗地位的确立，宗法政治色彩浓重的"中和"理念在周代政治思想体系中愈来愈发挥着重要支撑作用，君王对臣下"中和"品格的持续强调就很能说明问题，据郑玄注云："中，犹忠也。"③这里"中"与"忠"的对等表明为周王培养中正之臣是周代"乐德"教化的根本目标。伴随着明堂庙宇的仪式颂赞、乡党室家的和乐觥酬，礼乐之光辉映下的"中和"理念对贵族阶层的人生追求与精神品格都产生了持续深刻的影响。

　　孔子一生致力于周礼的恢复，在"礼崩乐坏"的春秋时代，孔子依然坚持为复兴礼乐精神而奔走，如《论语·为政》载："道之以德，齐之以礼，有耻且格。"④孔子主张通过礼乐教化成就君子人格操守，而且教学中一面反复强调"中和"品格的养成持守，一面注重塑造"庸和"的气度风范。孔子认为成就"中庸"品格首先源始于心灵、精神的"中和"持守，而后外显于"庸和"的仪容气度，这种内外兼修的品格养成路径显现了其"中庸"哲学对"乐德"教化核心理念的继承。《中庸》谓："君子和而不流，强哉矫；中立而不倚，强哉矫；国有道，不变塞焉，强哉矫；国无道，至死不变，强

---

① 《礼记正义》，《十三经注疏》，中华书局1980年版，第1634页。
② 同上书，第1435页。
③ 同上书，第787页。
④ 同上书，第2461页。

哉矫。"① 孔子认为，作为君子应该坚定守持精神信念的"中和"，性情和合而不流移，中正独立而不偏倚，国有道胸怀中正不变之道，国无道亦恪守中正之德至死不变。因此孔子所谓的"中庸"是指以"中和"理念为思想基础，历经长期的礼乐陶染而形成的常态化的君子行为风范。又如，《中庸》载孔子云："君子之道，辟如行远必自迩，辟如登高必自卑。《诗》曰：'妻子好合，如鼓琴瑟。兄弟既翕，和乐且耽。宜尔室家，乐尔妻孥。'"② 孔子以由近及远、登高由底的生活常识比喻成就高尚的"中和"品德要从日常行为规范做起，勉励君子心怀"中和"要从与兄弟手足、室家妻儿的和睦融洽做起，即通过日常生活细节的历练实现"中和"精神人格的常态化，劝谏君子不能忽视和合妻子、友善兄弟、和顺父母的室家、宗族之道，这是和合天下的根本，尚武威仪消融于"和乐且耽"的琴瑟弦歌，营造出中正庸和的理想人格境界。

不仅如此，孔子所谓"中庸"之道还提出了具体的君子人格标准："聪明睿智，足以有临也。宽裕温柔，足以有容也。发强刚毅，足以有执也。齐庄中正，足以有敬也。文理密宗，足以有别也。"③ 孔子认为君子理应具备聪明睿智的韬略、宽裕温柔的胸怀、奋发刚毅的精神、齐庄中正的威仪、文理密察的谋略，孔子所谓"君子"品格无一不辉映着礼乐文化的"乐德"精神理念，标志着以"乐德"精神为核心的君子人格标准的全面建立。然而成就君子品格是难而又难的，孔子云："天下国家可均也，爵禄可辞也，白刃可蹈也，中庸不可能也。"④ 孔子认为，不独霸天下、不贪恋功名、舍身于锋刃虽难，犹可做到，但是即便能实践惊天动地的伟绩也并不意味着君子人格境界的达成。因为在孔子看来，成就君子人格不仅仅是为了平成天下、获取功名，君子的人生历程不应只是勇武的华丽模式，而应是对心灵的、思想的深情驻守，也必将面临生命历程的终极挑战，实质上

---

① 《礼记正义》，《十三经注疏》，中华书局1980年版，第1626页。
② 同上书，第1627页。
③ 同上书，第1634页。
④ 同上书，第1626页。

通常是付诸日常化的始终如一的温厚而朴素的人生，因为看似庸常的点点滴滴的"小善"才是对君子人格操守的根本考验。

时至今日，虽不能说礼乐文化全面代表中国传统文化，但礼乐艺术精神、君子人格境界对历代文化阶层的精神追求所产生的深刻影响是无可辩驳的。在礼乐精神的引领下，周代贵族习艺、知乐、成德，他们阵前威武鹰扬，朝堂上睿智雍容，庙堂上庄敬中和，飨燕间温暖亲和，出使时从容机敏，"君子"的称谓是对他们的全面褒奖。《乐记》谓："大乐与天地同和，大礼与天地同节。"周代礼乐教化赋予君子与天地同和、同节的精神气韵，他们善于自省自励、严谨守节，始终怀揣着对时代政治、民族兴亡、文化传承的责任感与使命感，钟情于用辞章、用音乐、用歌声表露人生志向、抒发政治情怀，成就了西周礼乐文化盛世。进入春秋时代，西周礼乐盛世不再，但是文化阶层仍然坚信唯有真挚深厚的情感与"礼乐"教化的融通合一，才能完成君子人格的塑造，才能实现家国安和的政治理想。与西周时期不同的是，君子的贵族标签在一定程度上淡化，在文化上的、在人格精神上的典范意义却日渐鲜明突出，君子成为文化阶层中的道德典范。即使在诸侯争锋愈发激烈的战国时代，"君子"人格精神对文化阶层仍具有强大的感召力。君子奔走于列国、讲学授业、著书立言，在西周礼乐盛世之后铸就了诸子腾跃、百家争鸣的文化黄金时代——"诸子时代"。诸子时代经典辈出，乐官、行人、智者、圣人睿智博观、诗酒风雅、弦歌不辍、挥洒自如，他们的精神气度深深影响了时代风气和后世文化阶层，当曹丕发出"盖文章，经国之大业、不朽之盛事"[1]的感叹时，后世文化阶层对君子精神品格、政治智慧、文化力量的由衷赞美跃然纸上，这不正说明君子人格精神汇入华夏文明的长河，生生不息，绵延不衰！

---

[1] （梁）萧统：《文选》，中华书局1977年版，第720页。

第二章 "象其文"："文言"与"意象"的理论联系

文学是伴随人类的精神成长而日益发展、成熟起来的，因此文学获得独立的地位和价值本质上依赖于人对社会、对人性、对人生认识的加深，各民族的早期文学作为先民心灵世界的写照尤其显现出与早期人类文明密切相关的历史特定性。中国早期文学的艺术样态、文学思想体系的建构深受西周礼乐文化的影响，西周礼乐仪式是《诗》的礼仪形态——演诗艺术生长、成熟的实践流程，因此《诗》的话语形态和话语内涵无一例外地限定在礼乐文化语境中，上博简《诗论》云："诗亡隐志，乐亡隐情，文亡隐言。"[①] 意谓礼乐演诗仪式不仅是"乐言情""诗言志"的艺术表演流程，也是展开"文亡隐言"的话语活动的实践空间，即西周礼乐演诗仪式是《诗》的"文言"经典地位确立的实践空间，西周礼乐文化是"文言"理论命题孕育、生长的原生文化土壤。

通过简帛文献与传世文献的对读，不难发现诸子时代文化阶层热衷于讨论语言问题，他们曾提出"立言""贵言""重言"等主张，如《左传·襄公二十四年》叔孙豹明确倡导"立言"不朽，而且主张"立言"必以"立德""立功"为先，郭店简《老子（丙组）》亦谓："信不足焉有不信，犹乎其贵言也。"[②] 另帛书《缪和》记载孔子

[①] 马承源：《上海博物馆藏战国楚竹书》（一），上海古籍出版社2001年版，第123页。

[②] 李零：《郭店楚简校读记》，北京大学出版社2002年版，第26页。

诠释《困》卦"又言不信"时说道:"此圣人之所重言也。"① 虽然《老子》中所谓"贵言"和孔子提出的"重言"都是在讨论如何取信于人时涉及语言问题,但仍说明文化阶层对语言的要求已经不仅仅停留在日常化的沟通、交流层面,而是明确要求发挥、提升语言对思想的深度阐释功能,而且儒家群体还将"建言修辞"作为传达政治理念、阐述哲学思想时必须注重的基本语言技巧。据《左传·襄公二十五年》记载,孔子在明确提出"文言"命题时这样说道:"言以足志,文以足言。"亦云:"言之无文,行而不远。"② 孔子还在上博简《诗论》中赞美《国风》:"其言文,其声善。"③ 在孔子看来,唯"文言"能够表达深沉的、厚重的情感内涵,而且能够充分地、深刻地诠释人的理性精神世界,这意味着"文言"经典具有与人的精神世界全面融通的特质,具有移性动情、启迪心智、发人深思的文化力量。因此《诗》《书》《礼》《乐》《易》《春秋》被儒家群体奉为经典,如《礼记·经解》谓:"其为人也温柔敦厚而不愚,则深于《诗》者也。疏通知远而不诬,则深于《书》者也。广博易良而不奢,则深于《乐》者也。洁静精微而不贼,则深于《易》者也。恭俭庄敬而不烦,则深于《礼》者也。属辞比事而不乱,则深于《春秋》者也。"深刻理解"六经"的思想内涵,必造就温文敦厚而不愚钝、疏朗融通而不虚妄、广博简易良善而不奢靡、洁静严正精微穷理而不贼害、恭俭庄敬而不烦苛、擅长外交辞令而且精于褒贬战争的"君子"。由是观之,"文言"经典是关于心灵成长历程、文化思想发展进程的真实而生动的记录,"文言"思想强调通过对语言的修饰、美化,进而达到思想传播、品格教化、文化传承的目的,这促进了"文言"理论的成熟。

通过对上述的文献梳理,不难看出诸子时代文化群体不仅不约而同地关心立言、建言的问题,而且力图解决"不尽言""不尽意"的

---

① 裘锡圭:《长沙马王堆汉墓简帛集成》(三),中华书局2014年版,第123页。
② 《春秋左传正义》,《十三经注疏》,中华书局1980年版影印本,第1985页。
③ 马承源:《上海博物馆藏战国楚竹书》(一),上海古籍出版社2001年版,第129页。

缺憾，《周易·系辞》曾记载孔子的一段相关论述，其云："书不尽言，言不尽意，然则圣人之意，其不可见乎？"为了引导后学体察圣人的精神理念，孔子专为《乾》《坤》两卦作《文言》，为天下文章立范，在《周易·系辞》专门讨论言意之间的矛盾，并提出解决的路径，孔子提出："圣人立象以尽意，设卦以尽情伪，系辞焉以尽其言，变而通之以尽利。"立象尽意、卦象尽情、系辞尽言、变通尽利，"象"成为传达思想、抒发情感的中介，思辨性的语词将意义建构在"立象"基础上进而实现了"尽言"的表达，这意味着哲学家、文学家、诗人通过"象"完成了对既成的语言逻辑、语言结构的超越，消解了既成的语言系统对传输理性精神、深沉情感的阻碍，而且孔子认为将"立象""卦象""系辞"这些话语方式统合、变通完全能够有效解决语言对情感、思想的钳制，但显然孔子认为"立象"是根本解决言意矛盾的最重要的话语方式。就言、象、意三者而言，"意象"路径在哲学、文学、艺术领域尤其得到充分发挥。

总之，诸子哲学和西周礼乐演诗无不"立象以尽意"，而且传世本、简本、帛书《老子》都提倡"不言之教"，《庄子·外物》提出"得意忘言"的观点，都表现出"重意"倾向，客观上表明诸子时代文化阶层在不断理性思考的过程中普遍感到思想受到了语言的限制而不约而同地提倡从既成语言传统中突围，纷纷倡导以"不言""立象""忘言"对抗语言对思维的限制，显现了文化阶层对自身理性精神成长的珍视。这些生活在春秋末年至战国末年的文化群体纷纷著述立说、竞相争鸣，造就了百家腾跃、智圣争锋的文化黄金时代——诸子时代，这些为思想、为文化而活着的圣人、智者共同促进了"文言"实践"意象"话语方式的形成，促进了"文言"思想的体系化。

第一节 "文生于礼"："文言"与"意象"的实践空间

"文言"一词由孔子首先提出，但"文言"实践的展开显然要早于孔子。钱基博曾云："孔子以前有言有文。直言者谓之言，修辞者谓之文。"① 如钱先生所言,"直言"经过自觉的修辞而成"文言",这说明孔子之前就"直言"与"文言"并存。据《左传·襄公二十五年》记载,赵文子曾主张通过"道之以文辞"弭兵、靖诸侯,孔子亦谓:"非文辞不为功。"可见"文辞"是卿大夫、士履行政治、外交职责时经常使用的言辞方式,并且在长期的政治实践活动,文辞的技巧也必然日臻成熟,因此孔子的"文言"主张是对前期"文言"实践的总结。而且孔子在倡导"文言"实践的同时,还不忘为文化阶层树立"文言"的创作典范,如上博简《诗论》赞美《诗》是"文亡隐言"的艺术典范,又谓《国风》"其言文"。显然,在孔子看来,《诗》是重要的"文言"经典,而诗乐舞统合的礼乐演诗流程则是诗体"文言"经典——《诗》生长成熟的艺术实践空间。既是如此,演诗艺术以及诗论命题的研究就不可避免地关注以下三点:第一,演诗是《诗》的礼仪形态,是礼乐流程的诗体话语,是礼乐精神的诗性言说,礼仪赋予《诗》"文言善声"的审美特征,印证了孔子"文言"理论命题的实践意义。第二,"崇德"是礼乐教化的宗旨,是"文质彬彬"的君子人格标准向文学审美标准转向的桥梁。第三,"兴象"是"意象"的礼仪形态,动态呈现了礼乐文化"立象以尽意"的思想言说路径,是文学意象结构、意象理论建构的实践基础。总之,相比于乐器演奏、舞蹈表演,《诗》凭借明确的表意功能成为礼乐流程的表演中心,承担着重要的教化使命,这客观上决定了礼乐文化是演诗艺术、诸子时代文学思想体系化成熟的原生文化土壤,这决定了礼乐流程是中国早期诗歌、音乐、舞蹈的重要实践空间,因此中国早期诗论体系的建构、艺术观念的成熟都毫无悬念地与礼乐"演诗"艺术的生长、成熟密切相关。

一 "文生于礼":"文言"的艺术实践空间

郭店简《语丛二》亦谓:"文生于礼,博生于文。"② 进入诸子

---

① 钱基博:《中国文学史》,中华书局1993年版,第21页。
② 李零:《郭店楚简校读记》,北京大学出版社2002年版,第170页。

时代，儒家群体仍积极倡导通过学诗习礼成就博学多识、立功有为、文质彬彬的君子人格，这说明礼乐精神在诸子时代仍发挥着不可忽视的文化力量。《礼记·乐记》谓："屈伸俯仰，缀兆舒疾，乐之文也。……升降上下，周还裼袭，礼之文也。"贵族经常参加礼乐仪式活动，接受礼乐教化的濡染、陶冶，培养中正勇武、温文敦厚的政治品格，因此仪式流程中严整从容、和谐有序的歌诗、舞蹈表演和礼仪规程对贵族阶层而言无疑是"文而化之"的实践过程，在这一过程中不断褪去原生的野蛮暴虐、倨傲粗粝、蒙昧冲动，日渐生长、培育着温厚宽和、正直忠诚、孝敬友爱的精神气度。因此不得不说，是礼乐文化祛除了愚昧原始，昔日的小周部族在礼乐文明的照耀下广泛展开经常性的礼乐文化活动，贵族文化阶层不约而同地向礼乐精神靠近，随着礼乐精神的普及、深化，由文化阶层共同总结、创造的《诗》《书》《礼》《乐》《易》《春秋》等礼乐文化成果在诸子时代成熟、定型，并确立为文化阶层竞相学习、阐释的经典，这些史无前例的文化经典镌刻着政治的、历史的、哲学的、文学的、艺术的礼乐文明时代，归根结底成就了文化的诸子时代，这无疑意味着礼乐文化活动是"文"的原始力量，孕育了礼乐文明，促进了诗体"文言"典范——《诗》的成熟，礼乐文化是"文言"实践的原生文化空间。

西周时期，礼乐文化盛极一时，礼乐仪式空间活跃着歌、乐、舞统合的演诗艺术，演诗是礼仪流程的重要组成部分，演诗风格也伴随祭祀、燕飨、宾射等礼仪用途而呈现多样化的审美特征。"颂体诗篇基本上保留了青铜韵语的古奥庄重的特点，而风雅诗篇则带有灵动清新的艺术风格，其中《国风》与《小雅》的篇章尤其如此。"[①] 这种多样化的艺术特征在上博简《孔子诗论》中也曾论及，如简二、简三评价《周颂》《大雅》《小雅》《国风》的艺术风格分别为："平

---

① 傅道彬：《诗可以观：礼乐文化与周代诗学精神》，中华书局2010年版，第131页。

德"①"盛德"②"少矣"③"其言文,其声善"。《周颂》为周王祭祀歌诗曲目,类于青铜韵语,古奥庄重,整体风格肃庸平和,谓之"平德",《周颂·有瞽》云:"既备乃奏,箫管备举。喤喤厥声,肃庸和鸣。先祖是听。"祭祀仪式是弦歌、乐奏、大舞合一的演诗艺术表演,诗乐合流的祭祀流程既是以礼乐、以演诗完成的宏大祭祀活动,是传达孝道亲情、展现弘毅博大的政治志向的礼乐教化活动,也是最具艺术水准、文学性的"文言"实践活动。因此演诗本质上是礼乐教化的重要实践方式之一,这决定了诗体"文言"经典——《诗》的思想内涵、艺术表现路径以及审美标准的确立都受到礼乐教化直接而深刻的影响。此外,大飨礼、大射礼仪式的歌诗曲目主要选自《大雅》。为了配合大飨礼、大射礼的仪式规格和音乐风格,《大雅》的语言风格隆盛典雅、豪气高韵,《大雅·文王》有云:"文王在上,於昭于天。周虽旧邦,其命维新。"着力显现王者卓越伟大的政治精神风范,故谓之"盛德"。《小雅》与《国风》用于燕礼仪式和乡饮酒礼、乡射礼仪式,明显呈现和合自然、灵动明快的艺术风格。《小雅·棠棣》有云:"傧尔笾豆,饮酒之饫,兄弟既具,和乐且孺。妻子好合,如鼓琴瑟,兄弟既翕,和乐且湛。"诗中洋溢着兄弟友爱、夫妇静好的室家欢乐,相比于《大雅》的"盛德"之风,故谓之"少矣","少"即"小"。《国风》则善以口语入诗,更为清新,如《召南·摽有梅》:"摽有梅,其实七兮。求我庶士,迨其吉兮。摽有梅,其实三兮。求我庶士,迨其今兮。摽有梅,顷筐塈之,求我庶士,迨其谓之。"诗歌极为生动地描绘了清纯少女主动求偶的三个场景,随着三个场景的转换,情感的热烈程度渐次升温,少女完全没有采取欲诉还羞、忸怩作态式的暗送秋波,而是毫不矫情、羞涩地直接进入向适龄男子求婚的模式,从择吉期嫁娶至撞日出嫁,最终只需招呼一声,口语化的"迨其吉兮""迨其今兮""迨其谓之"三句生动

---

① 马承源:《上海博物馆藏战国楚竹书》(一),上海古籍出版社2001年版,第127页。
② 同上书,第128页。
③ 同上书,第129页。

呈现了少女的率真泼辣，诗歌可谓声情并茂地演绎了当时婚礼制度倡导的"男女及时"①的婚姻观念，可谓"言文声善"。

综上所述，《诗》所肩负的礼乐仪式职能决定了《诗》的体例结构以及语言风格的成熟定型，并赋予《诗》多样丰富的"文言"艺术风格和突出的"言志"功能，故孔子谓："言以足志，文以足言"，在上博简《诗论》中亦谓："诗亡隐志，文亡隐言。"由是观之，在礼乐文化空间生长成熟的演诗艺术即《诗》的礼仪形态，因此礼乐演诗艺术流程是前所未有的最大规模的"文言"艺术活动，大大促进了"文言"艺术实践的自觉与"文言"思想的成熟，这意味着《诗》必然成为孔子《文言》创作的重要范本。所不同的是，孔子独制《乾·文言》《坤·文言》，在语言表现形式上与礼仪形态根本脱离，这预示着真正文学意义的"文言"范本的确立，但仍不能否认礼仪演诗艺术对"文言"思想体系建构的实践意义。

由于礼乐演诗艺术是"文言"实践的原生艺术空间，由此决定礼乐演诗艺术实践对中国早期诗歌艺术形态研究以及古典诗论研究的重要价值。但近年研究的实际情况是，"文言"理论的研究出现了断裂，如南朝刘勰的一句感叹："言之文也，天地之心哉。"②很大程度上模糊了"文言"理论与礼仪之文的初始对应关系，致使"文言"在中国古典文论体系中的应有地位被"文心"取而代之。同时对传世《易传》的种种质疑，也导致鲜有学者注重"文言"思想的系统探究，这与"文言"思想的实际理论价值极不相称，对孔子文学思想研究、对诸子时代文学思想研究而言都是不小的缺憾。长沙马王堆汉墓帛书《周易经传》的出土一扫疑云，马王堆帛书《二三子问》云："至巧不能象其文"③，可见"文言"不是"至巧"能够达到的境界，而是以"象其文"作为艺术创造的路径才能完成的语言艺术，帛书《二三子问》一语道出"文言"理论与意象理论之间的原始关

---

① 《诗小序》云："男女及时也。"见《毛诗正义》，中华书局1980年版，第291页。
② 周振甫：《文心雕龙今译》，中华书局1986年版，第11页。
③ 裘锡圭：《长沙马王堆汉墓简帛集成》（三），中华书局2014年版，第41页。

联，即"象"是区别"直言"和"文言"的重要标志。唯有"拟诸其形容，象其物宜"①才是"文言"，才能达到这样的境界："《易》之事……其旨间，其辞文，其言曲而中，其事隐而单。"②这是对《周易》"文言"艺术特征的较为具体的描述，"辞文"即"文言"，语言委婉含蓄而发自肺腑，思想深邃而观点鲜明，叙事隐约而清晰，线索明暗交织，这难道不是在强调如何以语言实现对人性、对人生、对人世的审美把握和艺术显现吗？诚如所言，"文言"不是文学而是何！由此可见，统合简帛文献与传统文献，回溯"文言"的理论原点，与此同时充分关注礼乐之文对于"文言"理论的实践意义，以礼乐演诗仪式作为考察"文言"思想来源的艺术实践空间，才能真正从文学出发清晰透彻地厘清"文言"理论的思想脉络以及与意象理论的内在联系，进而能够重新评价孔子"文言"思想的文学价值与理论意义。

二 "崇德言志"：君子"文质"观的文学转向

西周礼乐文化的"崇德"思想特征在诸子时代仍有突出的体现，帛书《周易经传·系辞》载孔子云："《易》其至乎！夫《易》，圣人之所崇德而广业也，知崇礼卑，崇效天，卑法地。天地设位，《易》行乎其中。……圣人具以见天下之业，而拟诸其形容，以象其物宜，故谓之象。"③《系辞》认为"崇德广业"是《周易》的思想核心，圣人效法宇宙天地的运行秩序、模拟万物的形态姿容制定崇上卑下、贵贱有位的政治秩序、人伦法则，由于效法、模拟的"形容"贯注了圣人的意志，故而称为"象"，这无疑表明"象"这个概念最初就因为包含了"意"的部分才被赋予这个特定称谓。可见孔子认为，宇宙万物唯有作为传达圣人平成天下的政治理想以及政治法则的媒介，才统称为"象"。

---

① 《周易正义》，《十三经注疏》，中华书局1980年版，第83页。
② 裘锡圭：《长沙马王堆汉墓简帛集成》（三），中华书局2014年版，第106页。
③ 同上书，第65页。

礼乐教化流程正是"崇德""立象"的文化空间，如《礼记·乐记》云："大乐与天地同和，大礼与天地同节。"又云："乐者，天地之和也。礼者，天地之序也。"和合团结与辨异差等是礼乐政治制度的思想主旨，因此以和谐有序为理想的礼乐教化在实践过程中始终注重内外兼修，"乐由中出，礼自外作"①，表面看来礼乐制度是对人的外显行为的严格规定，即通过礼乐仪式反复训练、规范具体的政治、社会行为，但具体行为的规范只是礼乐教化的初级目标，其终极目标是将仪式化的行为转化为自觉的行为操守，而操守的养成是与精神境界的提升同步进行的，因此政治人格的养成才是礼乐教化的终极目标。如《周礼·春官》载："以乐德教国子：中和祗庸孝友。"② 中正敦厚、祗敬庸和、孝顺友爱的品格标准集中体现了礼乐政治精神的核心理念，而"乐语""乐舞"的教习是达成"乐德"目标的途径，"德辉动于内，而民莫不承听"③，郭店简《语丛三》亦云："乐，服德者之所乐也。"④ 显然"乐德"的养成本质上是人格境界的提升，而且精神境界的提升也终将在付诸具体的行为操守时，才真正体现"乐德"教化的价值。故而礼乐教化不仅着力以"中和祗庸孝友"的思想内涵影响周人的精神追求，并通过礼乐仪式引导、规范周人的日常行为、社会生活方式。

《礼记·乐记》集中体现了诸子时代文化阶层对礼乐文化传统的继承和总结，因此《乐记》既是回到礼乐文化原点不可多得的文献支撑，也是管窥诸子时代文学思想不可或缺的文献资料。《乐记》云：

> 听其《雅》《颂》之声，志意得广焉；执其干戚，习其俯仰诎伸，容貌得庄焉；行其缀兆，要其节奏，行列得正焉，进退得

---

① 《礼记正义》，《十三经注疏》，中华书局1980年版，第1529页。
② 《周礼注疏》，《十三经注疏》，中华书局1980年版，第787页。
③ 《礼记正义》，《十三经注疏》，中华书局1980年版，第1544页。
④ 李零：《郭店楚简校读记》，北京大学出版社2002年版，第149页。

齐焉。①

　　屈伸俯仰，缀兆舒疾，乐之文也。……升降上下，周还裼袭，礼之文也。②

　　中正无邪，礼之质也。③

　　礼乐仪式中，歌诗《雅》《颂》致力于思想、志向的提升，但在精神层面的提升之外，还要执干戚学习俯仰屈伸的节度威仪，做到容止庄重得体；音乐节奏配合武舞表演的舞位移动，行列必须端正，进退也整齐有礼。结合礼乐仪式的行为、节度的礼仪训练谓之"乐之文"和"礼之文"，而礼乐之文必须为"中正无邪"的礼乐核心精神所统摄，"中正无邪"的礼乐精神依赖"礼乐之文"化成行为操守，这才是礼乐教化具体实在的价值体现。总之，礼之质是礼乐之文的灵魂，而礼乐之文是礼之质得以显现的具体实践方式，即唯"文质"互依才是礼乐教化的终极目标。简言之，礼乐教化的仪式空间奠定了"文质"关系的原始形态，孔子的"文质"观正是受到礼乐道德精神的直接影响而提出的，如《论语·雍也》载："质胜文则野，文胜质则史，文质彬彬，然后君子。"④孔子所谓的文质统一论显然是就君子人格精神而言。

　　由于"文质"的礼仪形态直接决定了"文质彬彬"的君子人格标准的确立，因此源自礼乐文化的"文质"传统也为诸子时代文化阶层树立了"立言"不朽的"文质"标准，为"文质彬彬"君子人格标准转向文学审美标准奠定了思想基础。如《左传·襄公二十四年》载："太上有立德，其次有立功，其次有立言。"⑤叔孙豹认为不朽之言乃成德、建功之言，而立德、立功都指向政治权力的确立，如

---

① 《礼记正义》，《十三经注疏》，中华书局1980年版，第1545页。
② 同上书，第1530页。
③ 同上。
④ 《论语注疏》，《十三经注疏》，中华书局1980年版，第2479页。
⑤ 《春秋左传正义》，《十三经注疏》，中华书局1980年版，第1979页。

《乐记》云："礼乐皆得，谓之有德"①，又云："礼乐之道，举而错之天下，无难矣。"② 礼乐的执掌权是政治权力的象征，"立德"标志着王者功成天下、守成四方，因此"立德"即王德确立，那么叔孙豹所谓"立言"无疑是倡导以政治社稷、家国安康为主题的话语体系的建构。"三立"思想对诸子时代文化阶层的影响极为普遍，如简本《老子》也谈到"建德"③问题，并对此进行了具体讨论，云："修之身，其德乃真。修之家，其德有余。修之乡，其德乃长。修之邦，其德乃丰。修之天下，其德乃溥。"如果暂且搁置《老子》论"建德"的目的，至少这则文献客观表明当时普遍认同"建德"对于修身、齐家、治理乡里、邦国、天下的重要性。孔子也多次表达"立言"思想，主张继承"言德"传统，如孔子云："有德者必有言。"④ 但实际情况是，诸子时代，礼崩乐坏，争战频仍，"言德"合一的大一统局面日益瓦解，周王王权旁落，诸侯僭越时有发生，这必然导致政治话语权力与王德的错位，孔子出于尊尚古礼而发出"言德"统一的呼吁，同时感慨"言德"失位的政治现实，可见"言德"一致是孔子对文学的思想内容提出的具体要求。这里还需说明的是，在礼乐传统与"立言"思想的影响下，"言德"进一步向"言志"转化，如《左传·襄公二十五年》记载："《志》有之：'言以足志，文以足言。'"⑤ 相比出自《尚书》所描述的礼仪化的"诗言志"的艺术形态，"言以足志"明显脱掉了礼仪化的外衣，言语本身的缘情而言志的特质显现，"言志"的文学意味也鲜明起来。但这并不意味着"言"的礼乐精神的丧失，而是寓于所言之志中，以"志"涵容礼乐道德精神，即以礼乐道德精神统摄"志"的内容，礼乐精神仍是儒家群体"立言"实践的思想纲领，郭店简《五行》谓："士有志于君

---

① 《礼记正义》，《十三经注疏》，中华书局1980年版，第1528页。
② 同上书，第1544页。
③ 李零：《郭店楚简校读记》，北京大学出版社2002年版，第22页。
④ 《论语注疏》，《十三经注疏》，中华书局1980年版，第2510页。
⑤ 《春秋左传正义》，《十三经注疏》，中华书局1980年版，第1985页。

子道谓之志士。善弗为无近，德弗志不成，智弗思不得。"① 这句话明确指出"成德"与"立志"对于成就君子之道的重要意义，"言德"说与"言志"说充分反映出儒家群体对"立言"的礼乐精神理念的执着追求。

以德统志的"立言"标准不仅是对言语内涵的自觉规范，也规定了言语的艺术表达方式。据《左传·襄公二十五年》记载孔子曾云："《志》有之：'言以足志，文以足言。'不言，谁知其志？言之不文，行而不远。晋为伯，郑入陈，非文辞不为功。慎辞哉。"② 孔子认为，饱含道德精神内涵的"言"必须经过文饰、艺术化而成为"文言"才能充分传达思想意蕴并流传广远。因此"立言"实践的意义不仅在于言语内涵本身，还必须依赖"文言"实践过程，唯有"立言"实践与"文言"实践的统一，即完成"立言"至"文言"的实践过程，才是诸子之"言"的完美境界。孔子为乾、坤两卦所作《文言》，即"文质彬彬"的典范之作。《文言》语句典雅，音韵和谐，结构严谨，总分有序，语言富有文采，而且都是言德行的文字。如坤《文言》云："坤至柔而动也刚，至静而德方。后得主而有常，含万物而化光。坤道其顺乎！承天而时行。"③ 赞美柔顺之德是坤《文言》的主旨，柔顺之德涵纳万物、滋养万物，承顺天道运行，坤的柔顺使万物有主宰、运行有常态，这无疑是以大地的柔顺之德申明庸和有礼、孝顺友爱的道德精神。可见，"文言"实践的目的是通过对语言文饰技巧的锻炼实现礼乐道德精神的传播，因此《易传·文言》堪称礼乐文化的"文言"实践的典范成果，字里行间处处闪现着"乐德"精神的理性光辉，不愧为"文质彬彬"的文学经典。综上所述，礼乐文化的"崇德"思想特征奠定了礼仪形态的文质关系，即以道德精神为根本、为灵魂、为统摄，以屈伸俯仰、升降上下的仪式化行为实践礼乐道德精神，这深刻影响了以德统志的"立言"标准的建

---

① 李零：《郭店楚简校读记》，北京大学出版社2002年版，第78页。
② 《春秋左传正义》，《十三经注疏》，中华书局1980年版，第1985页。
③ 《周易正义》，《十三经注疏》，中华书局1980年版，第18页。

立，并由此严格规定了"文言"实践的内容与形式，预示着对"文质"关系的讨论转向语言本身的可能。由是观之，文质兼美的《文言》预示了"文质彬彬"的人格标准终向文学审美标准转化的必然趋势。

三 "兴必取象"："意象"思维的礼仪形态

《周易·系辞》云："吉凶也者，得失之象也；悔吝也者，忧虞之象也；变化也者，进退之象也；刚柔也者，昼夜之象也。……君子居则观其象而玩其辞，动则观其变而玩其占。"卦辞、爻辞所描绘的吉凶、悔吝、变化、刚柔之象预示着、对应着得失、忧虞、进退、昼夜等人类政治生活、社会生活中的具体状态和变化，分别为人类的实际行为提供具有象征意义的暗示，因此君子观象玩辞、观变玩占都是在观照自然的过程中琢磨、体会常象与变象之间蕴含的深刻意味。"仰以观于天文，俯以观于地理。"[①]"象"是汉字象形、文学抒写、艺术创造、哲学表述的重要桥梁，如《周易·系辞》云："立象以尽意"，对华夏民族而言，"象"的显现与创造一直以来都是线条、色彩、语言等符号的重要着力点。

对于"象"的艺术显现，王弼《周易略例·明象》篇曾就语言的"明象"功能做过这样的论述："象生于意，故寻象以观意，意以象尽，象以言著。"王弼认为"明象"是理解《周易》六十四卦的关键，而且在"言—象—意"关系的论述中明显突出"象"对超越"言不尽意"境况的重要性。但王弼认为语言符号的"明象"功能同样不容忽视，由于语言符号的实在性使"寻象以观意"变得可能，因此语言符号是"明象""观意"的唯一具体实在的依据。王弼在语言意义结构的分析中强调语言符号的"明象"功能，对中国文学鉴赏理论具有重要的启发意义。尤其经刘勰一句"窥意象而运斤"[②]的

[①] 裘锡圭：《长沙马王堆汉墓简帛集成》（三），中华书局2014年版，第63页。
[②] 刘勰：《文心雕龙·神思》。

总结，创造意象成为"驭文之首术，谋篇之大端"①，意象优劣也成为品评文学境界高下的重要尺度，但同时"意象"能够转化为文学命题的文化原因及其最初的艺术实践方式被忽视，意象的全景天地被部分遮蔽。意象理论研究的不完整使对于文学意象的理解变得逼仄狭隘，这是文学意象研究的严重不足，因此意象的原生形态考察成为目前意象理论研究的重要生长点。通过回望文化与文学交融生长的商、周时代可以清晰呈现意象思维的原初样态，通过原生文化语境中的意象形态分析才能补足意象理论研究中缺失的重要一环。因此笔者选择以"兴象"艺术作为联结意象思维与文学意象理论的契合点，客观呈现"兴象"在礼仪流程中"立象以尽意"的具体实践过程，揭示意象路径对"文言"实践的意义，将"文言"思想与意象命题的考察有机地联系在一起，这无疑有利于中国古代文论体系的建构。

自漫长的史前时代迈进商、周时代，"立象以尽意"就成为先民传情达意的基本途径，立象达意的言说方式不仅体现在文字、语言，甚而体现在一切艺术形态中、哲学思想表述中，或者说意象思维作为中华民族最具代表性的思维方式而显现于一切有关中华文明的文献记载中也不为过，因此意象命题的提出不是缘于文学批评的自觉这一点实在无须奇怪。而且实际的情况是：相较于意象命题本身，礼仪"兴象"更容易通向文学本身，这意味着礼仪"兴象"是发现意象命题文学意义的关键之一。"兴象"一词源于孔颖达"兴必取象"的论述，揭示了礼仪之"兴"抒情、表意的具体实践路径。《说文》谓："兴，起也。从舁从同，同力也。"后人多从，但并非"兴"的本义。"兴"的甲骨文是众人举物之象，所举之物为"同"，"同的一个意义就是祭祀用的爵，即酒杯"②，因此"兴"字的"元象"符号呈现的是众人共同举杯祝愿的画面，透露出其元初意义与宗教祭祀仪式的密切关联。另《礼记·祭统》云："夫祭之为物大矣，其兴物备矣"③，

---

① 刘勰：《文心雕龙·神思》。
② 傅道彬：《诗可以观——礼乐文化与周代诗学精神》，中华书局2010年版，第158页。
③ 《礼记正义》，《十三经注疏》，中华书局1980年版，第1604页。

郑玄注云："兴，谓荐百品。"上古祭祀仪式要事先按规定恭谨庄重地陈设各种荐品，包括模拟呈现先祖生前穿着使用的服饰用具，陈列祭祀仪式中必要的礼器，例如食器、乐器等，这些荐品统称"兴物"。不仅礼仪中的荐品百物称为"兴物"，仪式表演也称为"兴"，如《礼记·仲尼燕居》曾这样描述大飨礼的表演环节："两君相见，揖让而入门，入门而悬兴，揖让而升堂，升堂而乐阕，下管《象》《武》，《夏》籥序兴。入门而金作，示情也。升歌《清庙》，示德也。下而管《象》，示事也。"两君相见的大飨礼仪式的"兴象"艺术形式主要有悬兴、序兴两种，分别以乐奏之象、歌诗之象、大舞之象发挥着礼乐演诗仪式"示情"—"示德"—"示事"的功能，礼仪之"兴"皆以"象"达意传情，"兴象"在长期的群体参与的礼仪活动中所生成的固定的意义指向充当了语言的表意功能，这种隐喻、暗示的话语方式即"象征"的言说。

"兴象"的仪式形态强调了"象"在意义传达上的优势，其沟通交流的优势甚至超越了语言，但这并不意味着对语言的弃置，相反"兴象"的话语功能在《诗》中得到了充分展现。如《关雎》首句云："关关雎鸠，在河之洲。"以雎鸠发出求偶的鸣叫象征君子向淑女求爱乃天性使然，毛传云："兴也。"《鹊巢》首句云："维鹊有巢，维鸠居之。"以鹊巢鸠居之象暗示女子出嫁，毛传亦云："兴也。"《诗》之"兴"所呈现的意象路径标志着"兴象"由礼仪形态向文学形态的延伸，从而与《周易》的意象概念表现出更多相通之处。如《周易·系辞》云：

> 子曰："书不尽言，言不尽意。"然则圣人之意其不可见乎？子曰："圣人立象以尽意，设卦以尽情伪，系辞焉以尽其言，变而通之以尽利，鼓之舞之以尽神。"[①]

孔子认为弥补语言表意缺陷的有效方法不仅是"立象"，还可以

[①] 《周易正义》，《十三经注疏》，中华书局1980年版，第82页。

运用六十四种卦象符号模拟呈现丰富深厚的情感内涵,可以通过论述充分阐释《周易》经文的义理,以三百八十四爻象动态呈现万物更新的规律,这境界如同鼓舞娱神、神人以和的大乐之美。《尚氏学》亦云:"意之不能尽者,卦能尽之;言之不能尽者,象能显之。""卦"是尽意之卦,"象"为言之所立,尽意是语言的目标,可见"象"与"卦"皆为虚象,"意"才是主宰,人类利用言语符号以成象、以尽意,表明对自然的能动选择,如乾象天,坤象地,《周易》选择天地之象是以天高地卑的自然景观暗示君臣有位、尊卑有等、男女有分的政治和伦理秩序。又如,帛书《周易经传·衷》曾记载孔子对《坤》卦爻辞意义的阐释:"'含章可贞',言美情者也。………'龙战于野',文而能达也。"①《周易》以简短的歌谣描写秋天大地的壮丽景色,《坤》卦六三爻辞云"含章",呈现的是秋天田野的斑斓之象,孔子认为"含章"乃贞吉之象,是对秋天大地的赞美,即"美情"。"龙战于野,其血玄黄"是《坤》卦上六爻辞,这是"一个细节的刻画,两条蛇奈何不了乍到的寒冷而相互争斗相互盘绕,撕咬得鲜血淋漓的样子"。②故孔子赞叹道:"文而能达也。"意谓在斑斓色彩、龙蛇之斗装点下的大地之象淋漓尽致地传达了《坤》卦的义理,显然"文而能达"是对"言之无文,行而不远"的正面回答,与"文亡隐言"如出一辙,印证了诸子时代"文言"思想体系的建立和成熟。至于《坤》卦的义理思想,孔子在《二三子问》中做过更为具体、详细的阐释。

> "龙战于野"者言大人之广德而下接民也。"其血玄黄"者,见文也。圣人出法教以导民,亦犹龙之文也,可谓"玄黄"矣,故曰"龙"。③

---

① 裘锡圭:《长沙马王堆汉墓简帛集成》(三),中华书局2014年版,第99页。
② 傅道彬:《诗可以观:礼乐文化与周代诗学观念》,中华书局2010年版,第40页。
③ 裘锡圭:《长沙马王堆汉墓简帛集成》(三),中华书局2014年版,第43页。

秋天的大地之象，龙蛇之象、玄黄之象，通过连类而比，立象尽意，与王德教化的思想理念结合在一起，这充分说明"象"实质上是人类将自然主观化的结果，"观象"——"取象"——"成象"显现出的是严谨的逻辑思辨过程，语言是对这一重大精神成果的记录，唯其如此"象"才能"尽意"，才能弥合言意之间的隔膜，才能将抽象的义理转化为诗性的象征的言说而获得理解，也才有远播的可能，这充分说明以"立象尽意"为主要路径的演诗活动、"文言"实践和接受活动分别是自觉的艺术活动、文学活动、审美活动。

"意—象"是《易》之象与《诗》之兴共同遵循的实践路径，由此证明"文言"实践为人类情感发抒、思想传达积累了丰富的经验，"兴象"与意象会通交融的"文言"实践成就了中国文学热衷于意象创造的艺术特征，这一艺术特征深刻影响了中国古典诗词、歌赋、散文、小说的创作与鉴赏。虽然"文言"实践过程中展开的意象创造活动不是为了文学，但客观上促进了中国早期文学艺术技巧的成熟以及文学审美标准的建立，而且随着诸子时代"文言"实践的兴盛，文化阶层对文学经典"言—象—意"的文本结构的认识逐步加深，这为文学鉴赏理论的发展奠定了重要的实践基础。

第二节 "饰伪成美"：祭祀"演诗"流程的虚构艺术

《荀子·礼论》云："无伪则性不能自美"，道出了虚构、夸张对于艺术创造的重要意义，并且这一思想的提出显然源自对礼乐演诗艺术实践的总结，因此演诗艺术是中国早期艺术形态研究以及文学思想研究无法回避的课题。祭祀演诗仪式是礼乐活动中最具艺术表演特色的部分，艺术风格也至为隆盛，对于中国早期艺术形态研究具有特殊价值，因此在此以祭祀仪式为例呈现并分析演诗的艺术表演特征。

通神祈福是远古祭祀仪式的根本目的，因此"动天地，感鬼神"的神秘氛围的营造极为重要。"礼乐常常表达对神灵的崇敬与祭祀，而神灵本身是不可见的，隐匿于虚无状态的，这就使得礼仪的表现不得不寄托于摹拟的形式与象征的表现,通过象征与扮演的形式展现神的形象,因而围绕神灵祭祀形成了一套系统而完备的礼乐象征形式。"① 撼动天地的鼓乐、低回庸和的钟乐、清越通透的磬乐、流转悠扬的管乐、灵动善变的琴瑟之音,八音合奏,和谐而有序,营造神人交融相通的祭祀幻境。正如《尚书·舜典》谓:"诗言志,歌永言,声依永,律和声,八音克谐,毋相夺伦,神人以和。"在祭祀仪式的艺术幻境中,人类的无力、焦灼、悲伤、恐惧得到抚慰,人类在向神鬼的皈依之途中不断生长着自觉与自信。进入西周礼乐盛世,祭祀天神、地祇、人鬼的礼仪活动仍然是礼乐活动最重要的部分,周人仍然相信冥冥中的神力,相信天地、山川、四时、草木等自然万物与人类同样不仅具有生长繁殖的生物机能,而且还有喜怒哀乐的情感需求,以己观物的心理促使周人还是习惯将客观物象赋予特定的精神象征意义,"象"成为连接自然神力与人类心灵的桥梁,形成祭祀演诗仪式以象通神的艺术表征,努力营造神韵天成的虚构之境。《文心雕龙·神思》谓:"神用象通,情变所孕。物以貌求,心以理应。刻镂声律,萌芽比兴。"万千兴象构成的祭祀礼仪空间积聚了周人天赋的艺术灵感,以及将情性与理性融合而一的睿智构想。虽然诸子时代的文化景象与礼乐隆盛的西周不可同语,但是这个时代是最为怀恋礼乐精神的时代,也是最为注重礼乐文化传统的时代,这一时代诸子争鸣,典籍辈出,相比于礼乐盛世的西周,诸子时代的文化思想更为自觉、理性,是一个哲思活跃的时代,新近出土的战国竹简更坚实地印证了这一点。清华简《耆夜》《周公之琴舞》两篇对西周祭礼"演诗"仪式有比较详细的描述,是还原分析仪式演诗艺术特征不可多得的文献,同时充分显现出诸子时代文化阶层对礼乐文明的积极继承。

一 "饰伪成美":祭礼仪式的虚构艺术空间

周人"敬鬼神而远之"②,对于周人与鬼神既敬而远的复杂关系,

---

① 傅道彬:《诗可以观:礼乐文化与周代诗学精神》,中华书局2010年版,第63页。
② 《论语注疏》,《十三经注疏》,中华书局1980年版,第2479页。

固然可以借助史料来求证原委，但如果对"立象以尽意"的言说方式有足够的体会，就会发现"象"才是通向意义的捷径。"敬而远"正是以物理距离的"远"象传达出周人对鬼神的虔敬，如郭店简《五行》谓："远而庄之，敬也。"①与此同时不难发现，周人与鬼神之间建立的间隔空间如同他们精神生长的空间，即周人对世界的认识更为客观，周人正在逐步拥有更大的自觉活动空间，意味着他们可以想更多、做更多，这不仅宣告了蒙昧时代的离去，更预示着礼乐文明时代的来临，预示着人的独立精神的登场。如此看来，"远"象所展示的不仅具有情感的意味，还有思想与实践的力量。因此"象"是通向周人情感世界、思想境界、审美精神的最佳入口，"象"的艺术虚构特征营造了"神人以和"的艺术境界，礼乐仪式着力创造的以人为视点的人神、人鬼、人人沟通的叙事情境明显具有成熟的虚构艺术特征，显现了周人的自觉艺术精神。

周代礼仪流程是贯注着深厚情感内涵与深刻思想意蕴的教化仪式，礼乐仪式严格规定着参礼者的仪容行止。"哀乐之分，皆以礼终"②，哀乐本是由人的自然天性而生发的情感体验，哀时或呼号或啜泣，乐时或雀跃或欢歌，但在礼仪空间，哀乐情感必须也只能遵循仪式规程的情节设计有序有节地显现于外，这种有节度的情感显现一方面实现了言情、言志的目的，另一方面通过自觉选择哀乐情感的表达方式进而有效地节制了情感的强度，目的在于营造"乐而不淫，哀而不伤"③的"中和"艺术境界，实现中正平和、温柔敦厚精神品格的教化。因此参礼者在礼仪流程中的俯仰屈伸、进退疾徐等动作，站位、移位、迎宾、送宾，甚至表情的细微变化都有既定的设计与节度。《礼记·冠义》载："礼义之始，在于正容体，齐颜色，顺辞令。容体正，颜色齐，辞令顺，而后礼义备。以正君臣，亲父子，和长幼。"可见仪式中参礼者端正规范的容止体貌也成为演绎、诠释君臣

---

① 李零：《郭店楚简校读记》，北京大学出版社2002年版，第80页。
② 《礼记正义》，《十三经注疏》，中华书局1980年版，第1534页。
③ 《论语注疏》，《十三经注疏》，中华书局1980年版，第2468页。

大义、父慈子孝、长幼友爱等礼义思想的重要话语方式,象征意味浓厚。相比于祭祖仪式的其他参礼者,"孝子"形象的表演性、象征性尤其突出,如《礼记·祭义》载:

> 孝子将祭,虑事不可以不豫……宫室既修,墙屋既设,百物既备。夫妇斋戒,沐浴盛服,奉承而进之,洞洞乎,属属乎,如弗胜,如将失之,其孝敬之心至也与。……孝子之祭也,尽其悫而悫焉,尽其信而信焉,尽其敬而敬焉,尽其礼而不过失焉。进退必敬,如亲听命,则或使之也。

祭祖仪式之前,孝子要做精心准备,修整宫室,修饰墙屋,备齐摆放祭祀用的各种物品。孝子夫妇还要斋戒、沐浴,然后才能正式举行祭祀活动。活动进行时孝子夫妇身着隆盛庄重的礼服敬奉神明、人鬼,在进奉供品和献尸时,神情虔诚恭敬、谨慎专注,仿佛不堪供品的重量,好像担心会从手中失落,孝子凝重、庄肃的仪态姿容明显带有艺术夸张的痕迹,以此表达对先祖的诚敬、孝顺。在祭祖仪式期间,"孝子"自始至终都极为小心恭谨,内心深处充满笃信、孝敬之情,一进一退都恭敬有礼,仿佛先祖、先妣就在面前,孝子悉心听命于父母的召唤、差使,虚拟式地再现向先祖、先妣尽孝的情境,表达崇敬、思念之情。虽然情境是虚拟的,但是"洞洞""属属"的神情和"进退必敬"的动作为"孝子"深沉、虔敬的情思造形,目的是感动天地、人鬼,向神明祈福,感召诸侯、百官。即便失亲的悲伤以及思念再深重也必须严格按照仪式既定的节度规范有序、克制地表达,因为"孝子"是祭祀仪式的主祭,是宗族、邦国的首领,其行为容止与人格精神必须具有典范意义,唯其如此才能引领所有参礼者在庄肃谨敬的仪式中达成以"孝敬"为主题的礼乐教化。如《礼记·祭义》云:

> 孝子之祭可知也:其立之也,敬以诎;其进之也,敬以愉;其荐之也,敬以欲;退而立,如将受命;已撤而退,敬斋之色,

不绝于面。……孝子之有深爱者，必有和气，有和气者必有愉色，有愉色者必有婉容。

"孝子"在祭祖流程中的仪容示范无疑以敬祖为核心，具体为站立诎姿，进位愉色，荐时满怀期待，退立承听父母面命，仪式结束时仍要面带庄重敬仰，何时弯腰、何时欢愉、何时期待、何时保持庄敬，全在仪式掌控之下。但这并不意味着孝子对先祖的情感表达是流于形式化的虚伪表演，因为"孝子"对先祖的"深爱"是严格有序的礼仪容止的出发点，深爱—和气—愉色—婉容无疑是孝子在仪式中所遵循的由内而外的情感表达路径，抽象不可自现的深爱之情通过"气""色""容"等仪容形象得以具体呈现。"孝子"基于深厚情感而塑造的仪式化形象既真实动人又肃雍庄敬，在这种静穆深沉的情感语境中，参礼者与"孝子"的共通感不断被唤起，而且随着内在共通感的升华，"孝子"形象的礼仪示范意义也逐渐达成，由此保证了礼乐教化的普适性。综上可见，祭祀仪式并不是尽情随性宣泄悲哀的无序空间，而是经过精心设计的仪式流程，"孝子"在虚拟的人鬼沟通的空间按照既定流程向参礼者示范"孝敬"的仪容行止，"孝敬"主题通过"孝子"仪容形象而申明深化，深爱—和气—愉色—婉容的情感显现方式通过"立象以尽意"的艺术路径在礼乐仪式中履行着话语功能，犹如舞台表演的肢体语言，可见仪式化的"孝子"形象已经具备舞台表演的基本特征。

如果说"孝子"是本位演出，那么祭祖仪式的"尸"则是名副其实的角色扮演。如《礼记·祭统》载："夫祭之道，孙为王父尸。所使为尸者，于祭者子行也。父北面而事之，所以明子事父之道也，此父子之伦也。尸饮五，洗玉爵献卿。尸饮七，以瑶爵献大夫。尸饮九，以散爵献士及群有司。皆以齿，明尊卑之等也。""尸"的扮演者要在太祖的孙辈中挑选，与担任主祭的"孝子"为父子关系。"尸"在祭祖仪式中扮演太祖，接受"孝子"的敬奉，这是父亲以"孝子"形象向儿子示范侍奉君父的礼仪规范，并且诠释"孝敬"的思想理念。"尸"要扮演太祖并配合君父接受九献之礼，"尸"与

"孝子"配合演绎完成的九献之礼依官阶有序进行,"主角"与诸多"配角"共同完成的九献之礼俨然是西周政治秩序的象征性展演,这"序象"作为政治秩序的象征足以证实西周职官制度的完备,九献之礼亦可谓虚实相生的艺术演绎流程。

在演诗期间,"祝"的角色也十分重要。君父为主祭,代表国家、宗族向"尸"(先祖)祈福,"尸"除了扮演先祖享有祭祀,也要代先祖祝福后代,其间需要由"祝"承担主祭与"尸"的沟通中介。"祝"凭借"祝嘏"之辞沟通人鬼相隔的世界,主祭通过"祝"向"尸"(先祖之象)传达敬仰、祈求福佑,称为祝辞。"尸"(先祖之象)通过"祝"传达对主祭的祝福,称为嘏辞,"祝"犹如人、鬼世界融通的桥梁,由"祝"联结的主祭与"尸"传情达意的虚拟剧情是天地、阴阳通达圆融的象征,自然宇宙统摄在人类意志的范围之内,人类意识决定了自然在人世的显现形态及其意义指向,人神、人鬼、人人在这样的虚拟情境中和谐融通、神韵天成,这样的仪式形态显然具有戏剧表演特征。

总之,西周祭礼仪式流程融合了众多表演元素,有动作的模仿,有情感的抒发,有思想的净化,有既定的主题与情节设置,有虚拟的舞台情境,有专职的角色扮演,有"孝子""祝""尸"的情节对话,加之歌、乐、舞统合的艺术表演等,综上足以说明西周礼仪流程是中国早期艺术的重要源头。《荀子·礼论》曾云:"丧礼者,以生者饰死者也,大象其生以送其死也。"又云:"性者,本始材朴也;伪者,文理隆盛也。无性则伪之无所加,无伪则性不能自美。"举行丧礼时,以孝子为代表的生者的颜色、声音、饮食、衣服、居处都是吉凶忧愉之情的写照,因此丧礼以"隆盛"为标准充分表达生者对死者的敬重与不舍,反之就是"无伪则性不能自美",可见丧礼中隆盛的颜色、声音、饮食、衣服、居处可以看作对人的性情的仪式化、艺术化的呈现,这称为"美",也就是说"伪"是路径,"美"是结果,自性而发,荀子所称道的由伪而成美的过程正是"以生者饰死者"的戏剧化的艺术显现过程,颜色、声音、饮食、衣服、居处交融合一成为"大象"的表演,是死者生前日常生活状态、社会角色、政治地位的全面的模拟式的艺术化展演,力求生动形象、感人至深,礼乐空间的"饰"与"伪"成就了生活真实与艺术虚构和合交融的艺术表演情境。

二 "成均之法":"无相夺伦"的演诗艺术

西周曾是礼乐文明至盛的时代,礼乐活动大量、频繁地举行,主要有祭礼、射礼、飨礼、燕礼、乡饮酒礼等,从天子、诸侯、卿大夫到士,礼乐和合的教化活动在他们的政治生涯中、社会交往中以及平时的生活中随时随地发生、进行、结束,周而复始,活动空间在转换,活动形式相对变换,思想宗旨不断充实丰富,这主要得益于礼乐教育体系的成熟。西周礼乐教育体系的成熟首先表现为"成均"教育的实行和推广。《周礼·春官》有这样的记述:"大司乐掌成均之法以治建国之学政,而合国之子弟焉,凡有道者、有德者使教焉……以乐德教国子,中和祗庸孝友;以乐语教国子,兴、道、讽、诵、言、语;以乐舞教国子,舞《云门》《大卷》《大咸》《大韶》《大夏》《大濩》《大武》。"这则文献中提到的"成均"的"均"实是"韵"的古字,"成均",就是"成韵"[①],郑司农认为"均,调也,乐师主调其音,大司乐主受此成事已调之乐"。因此"成韵""成调"所指即西周礼乐仪式,即大司乐主要执掌的正是西周礼乐仪式教化的法度。这说明"八音"的表演与教习是在严格的礼乐法度规定下进行的,歌、奏、舞统合的艺术演诗与技艺传授都有严格的法度可循。

诚如所言,艺术技能的培养需要经过专业、专门的训练,但如果说礼乐技艺关乎"建国之学政",教师又必须是"有道有德者","乐德"的教育又被放在"三乐"教育的首位,那么西周礼乐教育并不是单纯的艺术教育。如《礼记·乐记》就有这样的论述:"先王之为乐也,以法治也,善则行象德也。"乐必须依法从事,且与善、行、德紧密相连,也就是说大司乐执掌下的"成均之法"是由专业

[①] 徐复观:《中国艺术精神》,华东师范大学出版社2001年版,第2页。

的精通乐舞、乐语、乐德的专门的艺术团队按照既定的艺术表现形式传达特定思想内涵的仪式法度。西周礼乐仪式在艺术表现方面呈现专业性、综合性、规范性的特点，由大司乐执掌的乐官体系不仅负责培养大学学子的艺术技艺，而且承担礼乐思想教化的职能，乐官体系、演诗艺术共同遵循的法度并不是别的，正是周礼制度，"成均之法"是这个时代的艺术精神、政治理念、文化风貌的集中体现，因此当考察西周的音乐、诗歌、舞蹈时，"礼"是对其进行深度研究的钥匙。同样，对"周礼"的研究也无法越过对诗、乐、舞的综合艺术考察。

　　由大司乐总掌的"成均"教育主要通过乐语、乐舞的教习实行"乐德"教化，因此负责礼乐教化的乐官必须是"有道有德者"，这些乐官不仅负责管理组织礼乐教学活动，还负责各种礼乐活动的组织管理以及表演工作。西周乐官的数量庞大，是具有严格组织结构的群体，是专门负责礼乐活动、"三乐"教习的职能部门，同时又是成熟的专业的艺术表演团体。《周礼》一书详细记载了西周的职官体系，《春官》集中展现了西周以大司乐为首的乐官体系的职能分布、人员分配情况。曾经有学者认为《周礼》的记载必然存在想象成分，但不可否认的是，其中的整体职官架构应是对西周现实职官体系的真实呈现，大量的出土乐器和金文以及简帛文献都能够提供佐证，特别是当我们了解到西周礼乐活动所具有的广泛性、综合性、规范性、专业性，以及对诸子时代文化阶层的深刻影响时，愈发相信必定存在一套成熟的完备的职官体系负责礼乐活动、礼乐教育体系的具体操作。亚当·斯密就曾这样指出："音乐须严谨地依照曲调演奏，或者说，须把握曲调中的适当音程：一切堪称完美的音乐，其美即在于此，其难亦在于此。相对而言，节奏是一件简单的事情，即使天资较差且未经训练的耳朵，也能辨别一首歌曲的节拍并对其心领神会。不过，要想分辨并理解曲调中的一切变化，而且精确地说出每个音的高低，却是艰难的任务。……要想发现并分毫不差地辨识曲调中的各个音程，必须经过长期的经验积累，进行大量的观察方能做到。"① 因此西周一定有这样一批以音乐、舞蹈、歌唱、乐器演奏等艺术技能为特长的音乐专业人员，他们在严密的组织管理下，经过严格的培训，长期专门从事礼乐活动，承担着将音乐技艺以及涵盖其中的政治理念、文化精神传授下去、传播开去的重要使命，他们构成了乐官体系，他们或是教师、诗人、艺术家又或者集数职于一身，是西周文化阶层的重要构成部分。

根据《周礼·春官》的记载，西周乐官按照职责分工大致可分为两类：第一类是礼乐活动、"三乐"教育体系的组织者、管理者，以大司乐为代表，主要包括乐师、大胥、小胥、大师、小师等人员；第二类是专业技艺的操作者、传授者，有瞽矇、眡瞭、典同、磬师、钟师、笙师、镈师等，分别负责钟、鼓、磬、管、琴、瑟等八音乐器的表演与演奏技艺的传授，其中瞽矇除了负责演奏鼗鼓、柷敔、箫管、琴瑟外，还在礼乐活动中担任主唱，表演歌诗曲目，靺师、旄人、籥师、鞮鞻氏主要负责传授夷乐、夷舞、散乐、羽舞等，典庸器负责管理乐器和炫耀战功的庸器，此外还有大量配合乐官执行具体工作的乐工，据杨荫浏统计乐官就有1463人，其中并不包括"众寡无数"的乐工，由此可见西周乐官体系分工明确，职能完备。

西周乐官不仅数量庞大，工作状态也极为有序规范，这保证了礼乐活动的有序规范，这是"三乐"教育体系完备的又一重要标志。西周频繁举行的礼乐活动是实施"三乐"教育的实践过程。在礼乐活动中，乐器既用于为歌诗、舞蹈配乐，也独立演奏，并且是礼的象征，乐器规格即西周宗法政治秩序的象征，故谓之"器以藏礼"②，因此乐器的演奏和管理工作关系重大。西周乐官体系设置了专职乐官负责对乐器规格、陈列、乐音进行严格管理、调试。礼乐教化活动需要使用的乐器数量众多，不乏体积巨大的乐器。1978年湖北随县擂鼓墩曾侯乙墓发掘出土了钟、磬、鼓、瑟、琴、均钟、笙、排箫、篪

---

① ［英］亚当·斯密：《亚当·斯密哲学文集》，石小竹、孙明丽译，商务印书馆2012年版，第238页。

② 杨伯峻：《春秋左传注》，中华书局1990年版，第788页。

等乐器，仅钟类乐器就有六十五件，分为上、中、下三层八组悬挂在栒虡之上，秩序井然，包括镈钟一件，甬钟四十五件，钮钟十九件，还有磬三十二枚，钟架两面，磬架一面，是典型的诸侯享用的三面"轩悬"规格，唯缺南面，象征尊让周王。周王则享用四面宫悬的乐器规格，象征拥有天下四方，乐器数量与体积更为巨大，显然仅就乐器一项，乐官的工作量就很大。并且每有礼乐活动，必先宿悬，就是在礼乐活动举行的前一天先悬挂乐器备用，典庸器专门负责设置悬挂乐器的筍虡，如《周礼·春官》载："典庸器……及祭祀，帅其属而设筍虡……飨食、宾射亦如之。"典庸器属下包括下士四人，府四人，史二人，胥八人，徒八十人，他们必须在活动前一日协作完成陈设筍虡的工作，至于悬挂乐器主要由大师掌管，但是大师是瞽者，因此具体由眡瞭来做，如《周礼·春官》载："眡瞭……掌大师之县。""县"即"悬"，指钟鼓、磬等悬挂演奏的乐器。由于乐器数量众多，体积厚重庞大，协助眡瞭的人员共有三百余人，工作人数明显与悬挂乐器的工作量成正比。乐器悬挂完毕，还有严格的检查程序，大胥就负责指导陈列、点数乐器，具体由小胥执行，目的在于核准各类礼乐教化活动应该使用的乐器规格、数量，如王宫悬、诸侯轩悬、卿大夫判悬、士特悬（分别在四面、三面、两面、一面悬挂乐器），而且卿大夫、士不设金奏，小胥依照上述规定详细比对、检查乐器的悬置与数目，至此完成的仅是乐器陈列的工作。之后是乐音校准工作，也就是合律正乐。《周礼·春官》载："大司乐……凡乐事，大祭祀宿县，遂以声展之……凡建国，禁其淫声、过声、凶声、慢声。"意为大司乐要在宿悬工作完成后通过"展声"逐一检查乐音是否达到仪式演奏的标准，如郑玄注云："扣听其声，具陈次之，以知完否。"① 目的在于禁止淫声、过声、凶声、慢声，追求中正和美的乐音。大师、小师会配合大司乐的检查督导工作，《周礼·春官》曾载："大师掌六律六同，以合阴阳之声。……小师……掌六乐声音之节与其和。"不仅每一件乐器的乐音要达到标准，庞大的乐器群体必须按照音律的阴

---

① 《周礼注疏》，《十三经注疏》，中华书局1980年版，第790页。

阳组合有序演奏，才能达到"极和"与"极顺"的"乐德"之音。《礼记·乐记》云："声音之道，与政通矣。"从本质上来讲，合律正乐的衡量标准是在礼乐政治宗旨制约下而形成的艺术审美标准。

西周礼乐演诗活动的整个过程必须遵循固定的程序，仪式流程的用乐次序即政治秩序的象征，这意味着乐官体系中必然存在一定数量的高级专业人员承担礼乐仪式秩序的行政管理职责。据《周礼》记载，大司乐及其统领下的乐师、大师、小师、大胥、小胥负责管理礼乐活动中的用乐次序，礼乐表演次序不允许有丝毫的错谬、僭越。首先，在礼乐活动中，乐官的职务等级必须与用乐规格匹配，如大司乐执掌周王用乐。在周王祭礼、飨礼、射礼等重大的礼乐活动中，用乐指令都由大司乐下达。如《周礼》记载：

> 王出入则令奏《王夏》，尸出入则令奏《肆夏》，牲出入则令奏《昭夏》，大飨不入牲，其他皆如祭祀。大射，王出入，令奏《王夏》；及射，令奏《驺虞》。诏诸侯以弓矢舞。王在食，三宥，皆令奏钟鼓。王师大献，则令奏恺乐。①

乐师的行政级别为下大夫，在乐官体系中仅次于大司乐，配合大司乐掌理整体用乐次序。

> 乐师：凡乐，掌其序事，治其乐政。凡国之小事用乐者，令奏钟鼓，凡乐成，则告备。诏来瞽皋舞，诏及彻，帅学士而歌彻，令相。飨食诸侯，序其乐事，令奏钟鼓，令相，如祭之仪。燕射，帅射以弓矢舞，乐出入，令奏钟鼓。……凡乐官掌其政令，听其治讼。②

乐师的职责不能说最重要，却是最多面的。邦国大小礼乐活动的

---

① 《周礼注疏》，《十三经注疏》，中华书局1980年版，第790—791页。
② 同上书，第794页。

乐器陈列、仪式程序都由乐师掌管，乐师还负责指挥小型礼乐仪式的具体环节，例如下令奏钟鼓（大型礼乐活动也由其指挥），一曲终了向君王禀告完成，负责引领瞽者、国子按次序参与仪式表演，并指挥眡瞭引导、辅助瞽者登台表演，祭祀仪式结束后下令撤祭器，带领学士升堂歌《雍》，燕射活动中带领参礼者在乐节伴奏下进行射箭比赛，还要掌管乐官体系内部的行政命令、解决事故争议等，以上都是乐师的分内之职，乐师称得上工作最为繁忙的乐官。

乐师属下的大胥、小胥和大师也各自分管具体的仪式环节。

> 大胥：以六乐之会正舞位，以序出入舞者……凡祭祀之用乐者，以鼓征学士。
>
> 小胥：掌学士之征令而比之，觵其不敬者，巡舞列，而挞其怠慢者。正乐悬之位，王官悬，诸侯轩悬，卿大夫判悬，士特悬，辨其声，凡悬钟磬，半为堵，全为肆。
>
> 大师：祭祀，帅瞽登歌，令奏击拊，下管播乐器，令奏鼓田。大飨亦如之。大射，帅瞽而歌射节。①

由于西周礼乐演诗活动中的舞蹈多是群舞，演员数量较多，舞者出场的前后次序、舞台占位也都是固定的、不容改变的，如《论语·八佾》载孔子云："季氏八佾舞于庭，是可忍也，孰不可忍也。"② 注释认为"佾"为列，"八佾"就是八列，八人为一列，"八佾"就是八八六十四人，这是周王的舞列规格，诸侯是六佾，卿大夫四佾，士二佾。季氏越礼，难怪孔子愤怒了。而且祭祀礼乐仪式中舞大舞时，周王位于舞列的东上位，为至尊主位，对此《礼记》有明确记载："及入舞执干戚就舞位，君为东上，冕而揔干，率其群臣以乐皇尸，是故天子之祭也，与天下乐之。"③ 天子率群臣舞《大武》，愉悦神主

---

① 《周礼注疏》，《十三经注疏》，中华书局1980年版，第794—796页。
② 《论语注疏》，《十三经注疏》，中华书局1980年版，第2465页。
③ 同上书，第1604页。

"尸"，大胥就专门负责舞位与舞者的次序，小胥配合大胥校正不敬和怠慢者，保证整肃井然的舞列。大师的职责更是具体而微，主要负责在祭礼、飨礼时带领瞽矇乐工升堂歌诗，大射礼时率领瞽矇乐工歌乐节，还指挥击拊，奏鼓田等小型乐器。从大司乐、乐师、大胥、小胥、大师这五位乐官的职守分配中不难发现大到周王的金奏之乐，小到舞位的确定，细枝末节都进入了职责规划的范围之内，一切都在掌握之中，一切必须有序进行，谓之"八音克谐，无相夺伦"！

由于礼乐演诗仪式的次序是政治秩序的象征，因此次序错谬就是对既定政治秩序的违背，这在礼乐文明兴盛的西周、春秋时代被视为僭越失礼之举，不仅有损国家形象，通常是预示国家衰亡的命运。《左传·襄公二十七年》记载叔孙豹讥笑庆封失礼，并为其赋诗《相鼠》，诗云："相鼠有皮，人而无仪。人而无仪，不死何为。相鼠有齿，人而无止。人而无止，不死何俟？相鼠有体，人而无礼。人而无礼，胡不遄死。"但是庆封终究没有听出露骨的讽刺之意，故叔孙豹断言："服美不称，必以恶终。"与此相反，《左传·闵公元年》记载齐桓公本来觊觎鲁国，派遣仲孙湫至鲁国调查，仲孙回来坚决反对攻打鲁国，并阐述理由："不可。犹秉周礼。周礼，所以本也。……鲁不弃周礼，未可动也。"[①] 进入春秋时代，"礼乐崩坏"，僭越违礼的行为屡见不鲜，但就是这样一个王纲解纽的时代，庆封的违礼之举仍旧招致蔑视讥讽，而鲁国因不弃周礼而受到诸侯的尊重、敬佩而免于战事，这显然说明"周礼"在诸侯之间仍具有强大的威慑力量，礼乐精神仍为诸子时代文化阶层所推崇、敬奉，礼乐教化仍旧作为衡量王政得失的重要标准，诸子时代的精神风尚以及文化阶层的思想理念仍然深受"乐德"精神的影响。

三 "乐德"主题：《周公之琴舞》的人文精神

西周礼乐仪式由乐官体系全面掌控，乐官体系是礼乐活动环环相扣、礼备告成的重要保障，因此礼乐活动既是一场歌奏舞融合的异彩

---

① 杨伯峻：《春秋左传注》，中华书局1990年版，第257页。

纷呈的艺术表演，又是一场秩序井然的礼仪示范。礼乐活动的艺术表演特质充分放大了政治秩序的示范力量，乐官体系使歌、奏、舞统合的演诗仪式成为发人蒙昧、移风易俗的礼乐教化活动，是"乐德"教化的重要礼仪流程。清华简《周公之琴舞》真实呈现了西周统治集团为了维护王权地位而展开的礼乐仪式场景，"乐德"成为演诗活动的既定主题。周公、成王与百官在祭祀先祖的仪式中集结一处，庄肃恭谨、敬慎自省、相互勉励，琴舞与组诗相和，歌诗主题彰显祗敬中和、团结友爱的政治精神，琴舞的配合使得沉思审慎、励精图治的王者形象呼之欲出。在周王祭祖仪式中，君王作为周部族的宗主担任主祭，诸侯从四方赶来助祭，与百官群臣济济一堂奔走效力。周王的主祭地位是王权的象征，诸侯、群臣自四方朝觐聚合在周王周围，这无疑是对西周政治等级秩序的象征性呈现，伦理意义上对先祖的孝道提升为对王权的忠诚祗敬，宗族友爱提升为四方政治力量的和合团结，伦理与政治、血缘与王权的融通以及"孝友"之德向"中和"政治理念的转化充分显示了西周政治思想植根于宗法制社会这一特质，同时也体现了西周政治思想的体系化理性化进程。

周王祭祀仪式的政治主旨决定了仪式演诗的主题方向。在《周公之琴舞》中，先是周公以歌诗感召百官持守"祗敬忠孝"精神，向天下四方宣示成王的绝对政治权力，这无疑是对成王执政的强力支持。由于居安思危、恭谨勤勉、汇聚天下是成王在执掌王权之后的政治着力点，所以成王的九篇儆毖诗主要围绕敬天勤勉、孝敬庸和的思想理念展开：

1. 敬天是祭祀仪式活动的首要目标，而借此勉励君王、臣下勤政自省则是终极目标，思想的感召通常是重中之重。周人"敬鬼神而远之"的天命观说明绝对依赖天命、神祗的时代逐渐远去，天命、神意成为王者守成天下、和同四方的最佳说辞和借口。如元纳启曰："敬之敬之，天惟显帀，文非易帀。"成王"敬天"的目的显然不是虚幻盲目地祈求天地的护佑，而是发出警示，谨记文王教诲，号召百官共同迎接以文化取代武力的礼乐文化时代。组诗中类似诗句如："天多降德，滂滂在下。""崇威在上，警显在下。""畏天之载，勿请福之怨。"西周君王一方面借天命确立政治地位的合理性，同时又以天命自警自省，发出夙夜为公、勤勉执政的誓言："遹我夙夜不逸，儆之，日就月将，教其光明。"这说明西周统治者充分认识到王权地位的取得与稳固根本取决于自身以及政治集团整体政治品格的养成，西周王者不再依赖天命赐予的"神力"，转而以夙夜勤勉迎接上天的监督，天命意志在政治层面的淡化反衬出王权意志已经自信地登上西周政治舞台并居于主导地位，这是周部族在经年的政治实践活动中理性精神不断生长并日益强大的结果，显现出西周政治思想的自觉与理性。

2. 周王祭祀仪式对君主、臣下都有严格要求，礼仪的严苛烦琐是为了营造恭敬谨慎的情境，感发主祭和助祭的怵惕、孝悌之心，突出孝敬庸和的主题，这也是《周公之琴舞》组诗的另一主题。组诗集中展现了成王居安思危的王者胸怀，成王秉承文德而治天下，将恭谨、孝敬等政治品格常态化为具体的政治行为、品格操守。如"思丕疆之，用求其定，欲彼熙不落，思慎"。成王以身作则倡导百官注重恭谨孝敬品格的养成，并且自觉规范日常及政治行为，感召百官忠心维护以周王为权力核心的宗法政治秩序，实现家国恒昌、天下安定的政治理想。此外诗句中多处孝与敬融汇在一起，"业业畏忌，不易威仪，在言惟克，敬之"。"遹余恭害息，孝敬非息荒。""遹我敬之，弗其坠哉，思丰其复，惟福思庸，黄耇惟盈。""孝"德是周人依据血缘而设定的基本行为法则，当这种法则化为必备的人格尺度，意味着为周部族内部甚至多个部族之间提供了凝聚在一起的情感依托，周部族期待依靠这种由共同血脉先祖维系起来的"孝"德思想实现团结宗族力量、合聚四方的政治理想。

西周政治集团之所以将"孝"道视为重要的政治品格，是因为周部族在长期生活与政治实践中充分体会到伦理孝道对敬德守成的政治意义，并以"孝敬"为情感基础建立尊卑之间恭敬与和谐的宗法政治秩序，从而真正实现宗族内外恭谨有礼、和睦有序，保证家国安泰、王权永固，因此"孝敬"思想中明显涵盖着成就"中正""庸和"政治品格的思想基础。综上，《周公之琴舞》组诗辉映着周公与成王敦厚庸和的人文胸怀以及面对天命显现出的空前的自主意识。他们热衷以"乐德"教化取代武力征伐，并不断展开自警自省的政治实践活动，这既是政治观念理性自觉的表征，也印证了西周礼乐人文精神的成长。

四　文王盛德：虚构演诗的经典艺术形象

孔子云："殷因于夏礼，所损益可知也。周因于殷礼，所损益可知也。"① 夏、商、周三代的礼乐文化一脉相承，特别是殷商出土的大量乐器、甲骨卜辞都能证明西周礼乐文明之盛是在殷商文明基础上实现的文化建树，其中甲骨卜辞更能清楚地说明问题，如：

1. 丁酉卜，争贞：䎽《象》贞：䎽不其《象》？（《合集》② 01052）
2. □□〔卜〕，□贞：王奏兹䎽。（《合集》16017）
3. 癸卯卜，品贞：呼多〔䎽，舞〕。（《合集》16013）

以上三则卜辞说明䎽是商代的乐官，在商代的礼乐仪式中担任奏乐、歌唱的职责，而且从中可以推断，歌奏舞统合的礼仪表演形式已经定型，商代乐官是专门负责礼乐艺术表演的人员，奏乐、舞蹈、歌唱的职责也有所区分，这表明相应的管理机构的实际存在，而且西周最为盛行的《象》乐艺术表演也已经实际用于殷商礼乐仪式，这足以说明代表殷商礼乐文化水平的乐官体系、艺术表演体系以及经典的表演曲目已经成熟定型。

4. 癸丑〔卜〕，贞翌……樽新壴示。（《合集》18597）

对于这则卜辞中的"壴示"，饶宗颐认为："其言壴示即䎽宗，

---

① 《论语注疏》，《十三经注疏》，中华书局1980年版，第2463页。
② 上引卜辞见《甲骨文合集》，中华书局1982年版。

殷学也。"①《礼记·明堂位》载："瞽宗，殷学也；泮宫，周学也。"《周礼·春官·大司乐》亦云："掌成均之法，以治建国之学政，而合国之子弟焉。凡有道者、有德者，使教焉；死则以为乐祖，祭于瞽宗。"②郑司农云："瞽，乐人，乐人所共宗也。或曰：祭于瞽宗，祭于庙中。"传世文献与甲骨卜辞相参照，显然说明瞽宗是殷商时代的大学，而且至西周时期仍然被沿用，以下五则卜辞则能够提供更为具体的情形：

5. 甲寅卜：丁侃于子学商。用。[《花东》150（4）]
6. 丙辰卜：延奏商。用。[《花东》150（5）]
7. 惟商奏。（《合集》31128）
8. 己卯卜：子用我瑟③，若，弗屯（纯）叙用，侃。舞商。[《花东》130（1）]
9. 教瞽。（《甲骨文零拾·99片》）

综合以上五则卜辞的内容，不难发现，商代大学中贵族子弟的学习内容以"学商""奏商""舞商"为主，这里的"商"指的是什么呢？依据商周祭祀礼乐仪式歌奏舞统合的艺术表演传统，可以断定"商"应是祭祀乐歌的名称，这意味着商代已有固定的用于祭祀仪式的诗歌——《商颂》，现《诗经》中集录的《商颂》虽经后人传抄，不能排除修正的可能，但很有可能基本保持了《商颂》原貌，毕竟商、周时代的瞽矇乐官都是擅长口传诗歌的专门人才，如非如此又何至于定名《商颂》！第9则卜辞则说明商代的礼乐教育体系中除了针对贵族子弟的大学，还有针对"瞽"的礼乐教育，结合《周礼》的记载应该是指礼乐规范与音乐专门技艺的教育。上述分析表明，由商入周，周人得到的不仅是天下，还有殷商时代所创造的礼乐文明，殷

---

① 饶宗颐：《殷代贞卜人物通考》，香港大学出版社1959年版，第581页。
② 《周礼注疏》，《十三经注疏》，中华书局1980年版，第787页。
③ 此处"瑟"从徐宝贵释，见其《殷商古文字研究两篇》，《出土文献与古文字研究》第1辑，复旦大学出版社2008年版，第115—171页。

商时期成熟、定型的礼乐文化传统为周公"制礼作乐",为文、武精神的高扬,为礼乐政治制度的建构,为宗法政治秩序的巩固,为"乐德"思想教化的普泛深入,为周部族迎来礼乐文明盛世,在表演形式、艺术水准、礼乐教育体系的架构等方面提供了丰富切实的实践经验。但是,殷商礼乐文化无法掩盖西周礼乐至盛的文化光辉,难以与西周礼乐教育体系的理性特质比肩,当然也不能与西周"吉凶宾军嘉"俱备的礼乐演诗艺术实践体系媲美,管理严格、分工细密、职守分明的西周乐官体系,歌奏舞融合的礼乐演诗艺术实践,以"乐德"教化为宗旨的礼乐文化活动,共同成就了西周特有的"乐德"文明盛世。

为了彰显王德王威仪,周王的先公、先祖总是成为庄敬整肃的祭祀仪式、隆盛尊贵的大飨礼仪式中尊崇、彰显的经典艺术形象。《周颂》是周王祭祀仪式的专用曲目,《大雅》是周王、诸侯大飨礼的专用曲目,因此《周颂》和《大雅》在历史叙事的同时,还着力将周部族的先王、先妣塑造为伟大的部族英雄,文王、武王、周公都在其列,这说明对周人而言,天命与人事有了根本的区别,周人坚持认为,人事善恶是左右天命下达的重要依据,"天虽然威严,却是以佑助先祖的面目出现的"。① 西周王权集团显现出前所未有的政治自信。如《大雅·生民》云:

厥初生民,时维姜嫄。生民如何?克禋克祀,以弗无子。履帝武敏歆,攸介攸止。载震载夙,载生载育,时维后稷。

诞弥厥月,先生如达。不坼不副,无菑无害,以赫厥灵。上帝不宁,不康禋祀,居然生子。

诞寘之隘巷,牛羊腓字之。诞寘之平林,会伐平林。诞寘之寒冰,鸟覆翼之。鸟乃去矣,后稷呱矣。

实覃实訏,厥声载路。诞实匍匐,克岐克嶷,以就口食。蓺之荏菽,荏菽旆旆。禾役穟穟,麻麦幪幪,瓜瓞唪唪。

---

① 雒启坤:《〈诗经〉散论》,商务印书馆2002年版,第113页。

诞后稷之穑，有相之道。茀厥丰草，种之黄茂。实方实苞，实种实褎。实发实秀，实坚实好。实颖实栗，即有邰家室。

诞降嘉种，维秬维秠，维穈维芑。恒之秬秠，是获是亩。恒之穈芑，是任是负，以归肇祀。

诞我祀如何？或舂或揄，或簸或蹂。释之叟叟，烝之浮浮。载谋载惟，取萧祭脂。取羝以軷，载燔载烈，以兴嗣岁。

卬盛于豆，于豆于登，其香始升。上帝居歆，胡臭亶时。后稷肇祀，庶无罪悔，以迄于今。

诗共八章，首章、次章叙述姜嫄感天帝而受孕并顺利产下后稷的经过，离奇的诞生情节意在表明始祖后稷是天帝的赐予，神话性质的部族诞生经历只能说明原始先民真诚地渴望从自然获得生存的力量，对周部族将迎来天帝福佑的辉煌未来充满期待。第三章叙述后稷的生命受到威胁时，冥冥中受到天帝的庇护而脱离险境。第四、第五、第六章首先突出后稷具有超乎常人的体能和智力，于是后稷凭借天帝赋予的聪明智慧发明了农业，从上天获取了宜于生长的种子，指导众人种植五谷，获得丰收，后稷不忘感恩，祭祀天地。第七、第八章着重描写后稷与族人充满诚敬地准备祭祀天帝的祭酒、祭脂、祭肉等，祈求上帝的福佑，期望来年的好收成，上帝欣然享受祭祀。从后稷郊祀上帝开始，周部族一直延续祭祀，因此得以享受上天的福祉。后稷的强大的生命意志与超凡智慧以及作为部族首领的统摄力都与上天的恩赐不无关系，但关键是后稷仍是作为人类的佼佼者带领、指挥族人共同进行了艰苦勤奋的农业实践活动，从而改善自我的生存状况。诗中的上帝为周人的智慧勤勉、生存意志所感动，由衷享受周部族的敬奉，佑护、尊重周人的生存发展。天神的意志被淡化，周人顽强的生存意志反而凸显出来。

西周政治思想的理性特质还在于善于总结提炼先王的执政经验与思想精神意蕴，并擅长将经验与精神内涵理想化经典化，通过诗乐舞统合的演诗仪式充满情感意味地艺术化地进行演绎与阐释。在演诗仪式的阐释体系中，文王精神经典化为西周"乐德"教化的思想内核，发挥重要的教化作用,如周王的祭祀礼、大飨礼都在正歌部分歌《周颂·清庙》,"秉文之德"的德音回荡在清明之庙宇,君臣同心供奉祭祀,敬业思成,上下和敬、和顺、和亲,上博简《诗论》简五云:"《清庙》,王德也。至矣。敬宗庙之礼,以为其本;秉文之德,以为其业;肃雍显相□□□□□。"① 君臣同心共祭文王,敬得其本、秉文守业,此《清庙》凝聚宗族、君臣和合的深刻用意。其余如《周颂》之《维天之命》《维清》,都是文王精神的赞歌,《维天之命》云:"维天之命,於穆不已。於乎不显,文王之德之纯!假以溢我,我其收之。骏惠我文王,曾孙笃之。"《维清》云:"维清缉熙,文王之典。肇禋,迄用有成,维周之祯。"这两首诗是赞美纯德清明的文王带给周人贞祥与福佑,称颂文王之德业功勋具有与天平齐的崇高地位。诗篇对先祖文王不遗余力的颂赞就不是"孝"道所能涵盖,树立光辉的政治精神典范,全面建立礼乐思想教化体系,维系王族至高无上的统治地位才是最主要的目的。

在周人心中,文王是引领周部族走向兴盛的英雄先祖。在文王执政时期,周部族仍然是大商的属国,接受殷王的册封,担任方伯,曾经十分恭敬地侍奉商纣,而且利用商纣的册命,打着为商王征讨叛国罪臣的旗号,四处出击,如《左传·襄公四年》载:"文王帅殷之叛国以事纣,唯知时也。"周文王东征西讨,不仅壮大了自身的力量,势力范围也在不断扩大,并非常注重团结四方诸侯。据《史记·周本纪》的记载,文王曾解决虞、芮两国的政治纠纷,接着伐犬戎、伐密、伐耆、伐邘、伐崇,然后迁都至丰,在至丰的第二年去世,这一系列的政治军事上取得的胜利为武王克商奠定坚实的基础,文王为周族子孙开创基业的历史功勋以及与大商在经年的斗争中显示出的英武气概、伟岸人格,都为周人世代传颂,文王精神成为后世执政者效仿参照的范式,在精神上给予后代周王极大的鼓舞,因此文王在《诗》中总是被提及,如诸侯大飨礼歌《文王》《大明》《緜》三篇。三首

---

① 马承源:《上海博物馆藏战国楚竹书》(一),上海古籍出版社2001年版,第131页。

诗皆叙史事，然意在美颂；长于铺陈、语词雍容，颇有"盛德"风范。《文王》首章云："文王在上，於昭於天。周虽旧邦，其命维新。有周不显，帝命不时。文王陟降，在帝左右。"赞颂穆穆文王有功于民，盛德昭明，奉天命维新称王。以攻城略地为目的的血腥屠杀化身为承顺天命的敬天美德，为有周天下的建立设计了绝好的充满正义色彩的缘由。对文王"敬天"之德的赞颂还在其他一些诗篇中出现，如《大明》首章云："明明在下，赫赫在上。天难忱斯，不易维王。天位殷适，使不挟四方。"大意是：文王的明德感召上天，殷之恶德触怒上天，上天绝弃商纣，四方共叛，天命归于文王。从诗中显然可见周人所谓天命随文王精神意志而转移的主观倾向，并强调以"德"为政治考量的标准，可见与其说周人敬"天"，毋宁说是"敬德"更有实际意义。又如《棫朴》首章、次章云："芃芃棫朴，薪之槱之。济济辟王，左右趣之。"写文王带领诸臣收集、烧燎聚拢起来的茂盛山木，祭祀天帝[①]，文王诚敬庄肃，左右臣子恭谨相助，这是敬天之礼；次章云："济济辟王，左右奉璋。奉璋峨峨，髦士攸宜。"写文王在庙赐命诸臣，臣子恭敬受命返庙觐献玉璋。受命的景象盛壮敬美，俊士行礼严谨恭敬，表达对文王的效忠崇敬。这说明周王主持的"敬天"之礼除了要将"天命"当作其执政权力归属正当性的证明之外，引导诸臣由敬"天"意识转向"敬德"观念具有更为重要的政治意义。文王敬天，代天帝立言，俨然以天子自诩，而群臣敬文王，文王为群臣立范，臣子接受文王作为共主，成就了君臣礼仪敬和的理想境界。诗中理想境界的勾画客观上说明文王精神在西周政治舞台上的典范意义。

在周人心中，是文王引领着周部族迈进了一个继往开来的理性政治时代，"文王"也因此成为周部族理性精神的象征。这一方面说明文王精神具有特定的时代价值与历史意义，另一方面也意味着"文王"精神势必对周人未来的政治行为发挥着重要的示范作用，对西周

[①] 《礼记·祭法》载："燔柴于泰坛，祭天也。"见《礼记正义》，《十三经注疏》，中华书局1980年版，第1588页。

政治思想体系的成熟具有重要导向意义。如《大雅·绵》一诗先言古公亶父迁豳的历史，周人迁岐占尽地利之美，加之天时之赐、人和之助，故创大业，诗以叠词的运用再现了周人重建家园的忙碌与欢快。《绵》的首章至第七章先写古公亶父率领族人迁至岐山之下，成家立业，划定疆界，草创官制，建造城邑、庙宇、宫室，赞颂了亶父的奠基之功。后两章承亶父功勋写文王以怀柔宁远的人格精神致使夷狄顺服的德化之功，末章有云："予曰有疏附，予曰有先后，予曰有奔奏，予曰有御侮。"毛传曰："率下亲上曰疏附。相道前后曰先后。喻德宣誉曰奔奏。武臣折冲曰御侮。"① 文王德化使得原本疏离的臣下亲附，臣子尊奉西周法典忠信随侍君王，臣子宣扬文王的修德美誉令天下奔走归趋，更有勇武之臣忠心效力、捍御侵侮，可见，周人以为文王时代是理性精神确立的时代，以忠信、恭和、敬肃、勇武为衡量臣子精神品格的标准，而衡量标准的确立显然是在逐步完善的宗法政治制度制约下的德化实践过程中实现的。

又如《皇矣》的第三、第四章云：

> 帝省其山，柞棫斯拔，松柏斯兑。帝作邦作对，自大伯王季。维此王季，因心则友。则友其兄，则笃其庆，载锡之光。受禄无丧，奄有四方。
>
> 维此王季，帝度其心。貊其德音，其德克明。克明克类，克长克君。王此大邦，克顺克比。比于文王，其德靡悔。既受帝祉，施于孙子。

第三章先写天帝恩泽施及万物，兴盛大周天下。大伯、王季敬顺天命，王季友善兄弟，并将亲亲之心广施于宗族，王季积善累行，上天赐予王季君王的荣光，永远享有福禄，子孙拥领天下四方。显然王季友善兄弟宗族的"友"德是这一章笔墨着重渲染之处。又如《皇矣》第七、第八章云：

---

① 《毛诗正义》，《十三经注疏》，中华书局1980年版，第512页。

帝谓文王：予怀明德，不大声以色，不长夏以革。不识不知，顺帝之则。帝谓文王：询尔仇方，同尔弟兄。以尔钩援，与尔临冲，以伐崇墉。

临冲闲闲，崇墉言言。执讯连连，攸馘安安。是类是祃，是致是附，四方以无侮。临冲茀茀，崇墉仡仡。是伐是肆，是绝是忽，四方以无拂。

先写文王胸怀光明正义，诚敬自然，顺承天帝之命讨伐助纣为虐的崇侯。伐崇是文王执政时的一次重大战役，"询尔仇方，同尔弟兄。以尔钩援，与尔临冲，以伐崇墉"。意谓文王为了取得胜利联合友邦，和同兄弟亲戚，全面调集军事力量，准备好武器和战车，精诚团结，同仇敌忾。伐崇最终取得了胜利，"临冲闲闲，崇墉言言"和"临冲茀茀，崇墉仡仡"四句都是一面写文王军队坚强有力的战车，另一面写崇地高耸广大的城墙，"执讯连连，攸馘安安"和"是伐是肆，是绝是忽"，则突出了文王军队取得的辉煌战果。"讯"指活捉的敌人，"馘"指用交战中杀死的敌人的左耳以备祭祀告天，"连连"和"安安"形容很多，"是伐是肆，是绝是忽"意谓征伐强悍有力，取得了全面歼灭的重大胜利，这是周部族凭借勇武与智慧取得的胜利，是精诚团结的战果，同时不忘借助上帝的赐命给文王一个征伐的正当理由，"是类是祃"是说文王军队攻克崇城之后举行告祭天帝与战神的祭礼。综上可见，在宗法制社会中，周王在政治体制中是政治权力的掌控者，在周部族中又身为大宗的嫡长子而成为宗族的最高管理者——宗主，周王的特殊地位是在政治秩序与宗族秩序的双重制约下形成的。周王的兄弟、亲戚也会依据与周王血缘的远近决定亲疏、贵贱，并按贵贱等级各自拥有土地与军事力量，因此宗族意义上的友善兄弟意味着集结兄弟、亲戚所代表的政治势力，从大伯、王季到文王，周部族的祖先充分地将"友"德发挥到了极致，这充分说明周族祖先早已认识到"友"德在雄霸天下的征程中是多么至关重要，这为后代周王提供了最具说服力的政治实践经验，这应该就是典范的意义所在，同时表明西周"成均"大学中针对国子展开的"友"德养成是全面超越单纯伦理意义的人格范畴，是关乎政治成败的政治宰辅的必备政治人格素养。

虽然文王的时代渐行渐远，虽然曾经的历史风烟散去已久，但文王的美好品德一直为后世津津乐道，文王时代的理性政治精神始终令后世无比自豪，为此不断发出向往的唏嘘感慨。《思齐》一诗就是对文王盛德精神的具体呈现，诗云：

> 思齐大任，文王之母，思媚周姜，京室之妇。大姒嗣徽音，则百斯男。
>
> 惠于宗公，神罔时怨，神罔时恫。刑于寡妻，至于兄弟，以御于家邦。
>
> 雍雍在宫，肃肃在庙。不显亦临，无射亦保。肆戎疾不殄，烈假不瑕。
>
> 不闻亦式，不谏亦入。肆成人有德，小子有造。古之人无斁，誉髦斯士。

诗首章先从文王之母大任说起，"思齐"谓大任常思祭祀庄敬之礼，"思媚"谓大任常思太王与大姜婚配之礼，这是因为庄敬的祭礼与和顺的昏礼是衡量女性妇德的重要标准。如《礼记·昏义》云："昏礼者，将合两姓之好，上以事宗庙，而下以继后世也。"宗子的正妻即宗妇，要与周王共同承担祭祀祖先的职责，而且承担生养嫡子的职责，一方面宗妇的地位显然高于周王的其他配偶，另一方面对宗妇的要求也更为严格，如《礼记·昏义》云："妇顺者，顺于舅姑，和于室人，而后当于夫，以成丝麻、布帛之事。以审守委积盖藏。"宗妇必须孝顺公婆，与夫家诸妇和睦相处，并承担编织、缝制以及家族内部的管理，因此诗歌开篇赞美文王之母"庄敬"与"和顺"的美德。之后又言"大姒嗣徽音，则百斯男"，是紧承上面四句，赞美文王之妻大姒继承先代的美教德音，思妇顺、不忌妒，周宗子嗣昌盛，并培育子嗣成长为开创周部族政治伟业的英雄。彰显文王之德先从母亲、妻子开始，从侧面反映出文王精神中凝聚了诸多周族先公、先妣的美德，而且这些诗的确好似个人崇拜式的英雄主义赞歌。诗的第二章正面写文王作为执政者能够和顺尊贵的贤臣，敬事神明、先祖，百神安宁，无怨无害；赞美文王作为宗族首领能够做到夫妇有礼、善待兄弟，和亲宗族，治理宗族邦国。第三章选择了在辟雍举行养老之礼和在宗庙举行祭礼两个场面展开对文王的描写，文王在辟雍行养老礼时"雍雍"和顺，在宗庙行祭礼时"肃肃"庄敬，而且善于选拔群臣中的贤者，对于射艺不精的臣子也留有居位，集中体现文王躬行和顺、庄敬之德，赞美文王取得的教化万民、恶人灭迹的政治功勋，祝福周部族王业远大。第四章重点就文王的"乐德"教化而言。周礼规定，周王举行祭礼之前都要举行大射礼，选拔助祭的栋梁之臣，德才兼备的胜者才有助祭的资格并另有封赏。文王将品德高下作为助祭者选拔的重要标准，声名不闻达的仁义忠诚之臣和不善谏诤的孝悌之臣经文王选拔作为祭礼的助祭，说明文王对仁义忠信之心与孝悌之行的重视远甚于能够使人闻达的技艺与善于谏诤的智慧才能，即重视思想德化是文王盛德的核心精神。《礼记·乐记》谓："夫敬以和，何事不行？"文王以宽和之德联结着百神、先祖、先妣，以及妻子、兄弟、宗族、家邦等诸多错综复杂的情感关系、宗族关系、政治关系，充分体现了对庄敬、孝悌、忠信、宽和精神品格的全面强调。

文王精神在有周一代始终发挥着示范作用，不断被追捧、渲染、夸饰，成为不可超越的政治神话，被神化的文王精神对后代君主不仅是一种激励，也提供了自省的参照，警示后代君主的政治行为。如《大雅·荡》云：

  荡荡上帝，下民之辟。疾威上帝，其命多辟。天生烝民，其命匪谌。靡不有初，鲜克有终。
  文王曰咨，咨女殷商。曾是彊御？曾是掊克？曾是在位？曾是在服？天降滔德，女兴是力。
  文王曰咨，咨女殷商。而秉义类，彊御多怼。流言以对，寇攮式内。侯作侯祝，靡届靡究。

　　文王曰咨，咨女殷商。女炰烋于中国，敛怨以为德。不明尔德，时无背无侧。尔德不明，以无陪无卿。

　　文王曰咨，咨女殷商。天不湎尔以酒，不义从式。既愆尔止，靡明靡晦。式号式呼，俾昼作夜。

　　文王曰咨，咨女殷商。如蜩如螗，如沸如羹。小大近丧，人尚乎由行。内奰于中国，覃及鬼方。

　　文王曰咨，咨女殷商。匪上帝不时，殷不用旧。虽无老成人，尚有典刑。曾是莫听，大命以倾。

　　文王曰咨，咨女殷商。人亦有言：颠沛之揭，枝叶未有害，本实先拨。殷鉴不远，在夏后之世。

首章写厉王执政时法度废坏，赋税征敛苛重，刑法严峻，政教邪僻，致使庶民丧失诚信。之后的次章至尾章，共七章，都是以"文王曰咨，咨女殷商"开始，以先祖文王的伟岸政治精神为厉王立范，以商纣败绩为前车之鉴，讽谏厉王。如次章及第三、第四章谏刺厉王傲慢，任用贪婪、凶暴的恶臣，致使旁无贤臣，恶臣作乱，导致君臣失信。第五、第六章讽刺厉王沉湎于酒色，无昼无息，醉欢误事，荒废国政，政教尽失。第七章警告厉王废弃先王典刑将招致天下倾覆。第八章劝谏厉王以殷商灭亡的历史为鉴，改修德教。"文王"被神化、英雄化，周祖兴邦的历史被当作神话加以浓情渲染式的艺术呈现。可见，文王精神在西周、在诸子时代文化阶层中的典范意义。

礼乐仪式的歌诗曲目通相敬之礼、和亲之情，以《诗》象德，伴随演诗艺术活动的展开，文王、武王、周公等部族领袖不仅载入史册，而且作为完美的艺术形象被永久镌刻在《诗》的字里行间，仍旧歌咏在诸子时代的祭祀庙堂、飨礼觥筹之间，在士人的心里久久回荡。郭店简《五行》谓："和则乐，乐则有德，有德则邦家兴。文王之示也如此。'文王在上，于昭于天'，此之谓也。"[①] 虽然在演诗的

---

① 李零：《郭店楚简校读记》，北京大学出版社2002年版，79页。

由衷赞美声中难以避免地加入夸饰、虚构的成分而赋予王者浓重的神化色彩，但是真挚诚敬的情感仍然深深触动参礼者的心灵，英雄的威仪风范不断投射进参礼者的精神世界，对此《荀子·礼论》曾有论述："凡礼，事生，饰欢也。送死，饰哀也；祭祀，饰敬也；师旅，饰威也。"这段论述全面概括了礼乐演诗活动所共有的仪式化表演特征。例如，祭祖礼侍奉神鬼犹如在目前出现一样，借助想象而创设的虚拟情境为人鬼沟通建构栩栩如生的神秘氛围，颇具戏剧化的虚构意味。至于燕飨礼主要以渲染欢乐气氛为主，丧礼仪式重于表现恭送死者时的哀戚悲伤，祭祀仪式着力表现对神鬼的谨慎庄敬，军礼仪式彰显军力威武雄壮，礼仪演诗活动通过"饰"完成了礼仪与表演融通合一的虚拟艺术流程。综上，礼仪演诗既是传播"乐德"精神、实践"乐德"教化的礼仪空间，也是"饰伪成美"的艺术世界，为中国文学意象、文学虚构理论的发展积累了丰富的实践经验。

第三节　诸子"立言"与"言—象—意"话语方式的形成

诸子时代是乐官、史官、行人、诸子等文化群体共同创造的文化黄金时代，他们热衷政治，关心邦国命运，注重品格养成，积极对政治、文化、人生、人性等根本问题展开反思和讨论，纷纷著述"立言"，这些闪烁着智慧光芒的思想文化成果客观上要求语言以一种与哲学思考、理性反思相互契合的言说方式记录下来并且传播开来。"而真正的言说又是非常困难的，所谓'书不尽言'、'言不尽意'，因此人类必须调动一切象征的艺术的手段去揭示世界的神秘，反映深刻的心灵体验。因此我们的语言无论是质朴，还是雕琢，本质上都是'文'的，是文言。"[①] 为此孔子提倡"文言"实践，教学也专门设立"言语"科，并作《文言》为天下文章立范。孔子认为"文以足

---

① 傅道彬：《诗可以观：礼乐文化与周代诗学精神》，中华书局2010年版，第127页。

言"①、"文亡隐言"②,意谓"文"不仅是"言语"的修辞,还应具备"文而化之"的思想力量。孔子还提出通过"立象以尽意"③的言说路径有效弥补"言不尽意"的缺憾,这意味着在思想传达阶段语言要在主观意志的支配下通过想象呈现具体生动的"象"而发出隐喻式的意义暗示,即"象"是意之"象",故谓之"意象"。同时在"言""象""意"三者之间,语言是唯一的实体性元素,因此在接受过程中首先触及的仍是语言,唯有借助语言才可能通过复现"象"而领会"意"。由于"象"是隐喻,是象征,是文化暗示,这决定了由"象"向"意"的转化延伸过程中必将拓展出更广阔的想象空间,语言通过有意味的形式——"象"而不断建构意义,进而解决"不尽言""不尽意"的语言问题,哲学言说、文学表达的深度、厚度都将得到提升。由此可见,"文言"实践中"言—象—意"话语方式的形成是诸子时代哲学言说、文学表达的需要,客观反映了诸子对"立言"不朽的执着追求。

一 诸子"立言":"文言"思想成熟的标志

诸子时代,百家腾跃,著书立说,"立言"不朽是当时文化阶层孜孜以求的人生理想,孔子正乐、教诗、著《文言》,加之《老子》《墨子》《孟子》《庄子》《荀子》《韩非子》这些文化经典都充分证实"立言"不朽的理想对文化阶层曾经发生过重大的激励和引领作用,促进了中国哲学、文学的生长、成熟。语言问题是诸子时代文化阶层共同关心和集中讨论的重要命题之一。例如,简本《老子(丙组)》有云:"信不足焉有不信,犹乎其贵言也。"④ 而且在讨论中明确提到"建言"主张。又如,马王堆帛书《缪和》记载孔子诠释

---

① 《春秋左传正义》,《十三经注疏》,中华书局1980年版,第1985页。
② 李学勤:《〈诗论〉的体裁和作者》,《上博馆藏战国楚竹书研究》,上海书店出版社2002年版,第60页。
③ 《周易正义》,《十三经注疏》,中华书局1980年版,第82页。
④ 李零:《郭店楚简校读记》,北京大学出版社2002年版,第26页。

"又言不信"时说道："此圣人之所重言也。"①《老子》所谓"贵言"和孔子提出的"重言"主张说明语言的思想交流功能已经普遍受到文化阶层的重视。

与此同时，文化阶层也很注重思想的传播和文化传承，特别是儒家群体出于传承礼乐精神的目的，对语言有了更为严格具体的要求，怎样"立言"才能不朽受到儒家群体的特别关注，为此孔子明确提倡"文言"实践，如《左传·襄公二十五年》载："言以足志，文以足言。"意谓唯有经过文饰的语言才能胜任"言志"的功能，思想才得以充分传达。此外，孔子还指出"文言"实践对于思想、文化传承的重要性，其云："言之无文，行而不远。"②另上博简《诗论》简一亦云："文亡隐言"，意谓未经文饰的语言难以流传广远，唯"文言"可以充分传达思想，可以跨越千年、历久弥新，《诗》《书》《礼》《乐》《易》《春秋》正是作为"文言"典范被历代儒家群体奉为传世经典，中国传统文化也因此传承不绝。上述两则文献充分肯定了"文"对"立言"不朽的重要意义，说明"文"是哲学、艺术、文学等成果获得不朽传承的必经之路。由此可见，"孔子对'文言'的贡献不仅体现在他有关'文言'的理论描述，还表现在他自觉的'文言'实践所带来的语言启示意义和示范意义"。③与此相关的另一条重要讨论见于郭店简《语丛四》，其云："凡说之道，急者为首。既得其急言，必有及之。及之而不可，必文以过，毋令知我。"④"文以过"是当时政治外交活动中通常运用的游说之道，意谓通过巧为修饰而掩盖真实的意图，因此"文以过"的实践方式实际上是大行人、小行人谙熟于胸的外交策略，这说明"文言"是当时政治外交活动的重要实践方式，是受到了普遍认同的话语方式。总之，通过郭店简与传世文献的对照分析不难发现，广泛、频繁展开的"文言"实践

---

① 裘锡圭：《长沙马王堆汉墓简帛集成》（三），中华书局2014年版，第123页。
② 《春秋左传正义》，《十三经注疏》，中华书局1980年版，第1985页。
③ 王秀臣：《礼仪与兴象：〈礼记〉元文学理论形态研究》，社会科学文献出版社2014年版，第178页。
④ 李零：《郭店楚简校读记》，北京大学出版社2002年版，第44页。

促进了"文以足言""文亡隐言""言之不文,行而不远""文以过"等命题的提出,而这些命题之间明显呈现彼此呼应、补充的内在思想关联,由此证实"文言"思想已明显具有体系化特征。

以孔子为代表的文化阶层为了更顺畅地传播政治理念、哲学思想、文化精神,积极开展了"文言"艺术实践,并且不断总结经验,进而大大促进了"文言"思想的体系化。而且值得注意的是,在"立言"思想影响下的"文言"实践并没有限于语言形式上的美化、修饰,而是对"立言"的话语内涵也有明确严格的要求。"三不朽"思想就明确主张"立言"须以"立德"为先,孔子亦云:"有德者必有言"[1],郭店简《成之闻之》亦谓:"民不从上之命,不信其言,而能念德者,未之有也。"[2] 足见在西周礼乐教化传统的影响下,"言""德"一致仍得到儒家群体的普遍认同,他们认为人的精神品格决定了"言"的内涵和品格,决定了"言"的文化意义、思想价值,进而决定了"言"的经典地位的确立,因此"立言"不朽所追求的并不是脱离礼乐文化语境、超越时代政治的怡性畅情,而是体现了对礼乐精神的尊崇以及向经典致敬的文化情结,这无疑意味着"经世致用"是"立言"不朽的终极目标,并由此直接决定了孔子提倡的"文言"实践的目的是充分发挥语言的艺术潜力传达雅正深微的礼乐政治理念,传承礼乐精神。与此同时,由于"三不朽"思想传统充分强调"立德"对"立言"的思想指导意义,如《礼记·乐记》谓:"德成而上,艺成而下。"因此"文言"实践必然地成为享有教育特权的"君子"阶层擅长而且最为钟情的文化活动、艺术活动,他们在"立言"不朽思想的激励下,以"立德"为毕生的精神追求,并积极投身于"文言"实践,共同创造了《诗》《书》《礼》《乐》《易》《春秋》等文化经典,开启了"经典时代"[3],延展开经学与文

---

[1] 《论语注疏》,《十三经注疏》,中华书局1980年版,第2510页。
[2] 李零:《郭店楚简校读记》,北京大学出版社2002年版,第122页。
[3] 笔者认为诸子时代典籍繁盛,经典辈出,因此诸子时代是中国文化元始经典生成的时代,亦即傅道彬《百家腾跃终入环内》(《光明日报》2015年10月29日)一文所言"经典时代"。

学、与哲学融通的文化黄金时代，由此构成"文言"实践与"文质彬彬"的"君子"人格标准之间不可分割的内在文化关联，即"文言"实践必然是以文质兼美为目标的思想言说，这意味着孔子所提倡的"文言"实践是"文质彬彬"的"君子"人格标准转化为文学审美标准的重要契机，"文言"实践应是"文质彬彬"文学审美标准确立的重要实践基础。

孔子对"文言"思想的阐释也能充分证实这一点。马王堆帛书《周易经传·二三子问》曾记载孔子关于"龙德"的一段论述：

> 《易》曰："龙战于野"，其血玄黄。孔子曰："此言大人之广德而施教于民也。夫文之理，彩物毕存者，其唯龙乎？德义广大，法物备具者，其唯圣人乎？""龙战于野"者，言大人之广德而下接民也。"气血玄黄"者，见文也。圣人法教以道民，亦犹龙之文，可谓"玄黄"矣，故曰"龙"。见龙而称莫大焉。①

"龙"本是天象，但在坤卦的第六爻描写了"龙"在田野征战而呈现的"玄黄"血色，孔子认为这是王者宣化王德精神、教化子民的龙德之象。"龙"即大人，象征王者的尊崇地位，"玄黄"即龙之文，象征王者实行普适万民的王德教化。孔子在帛书《周易经传·衷》曾谓："龙战于野，文而能达也。"② 意谓王德宣化、政治思想的传达必然要借助"文言"，唯"文言"才能"广德"，也才能将思想教化达于万民，这说明"文"是彩、是美、是饰，指对语言的修饰、美化，但又不仅仅如此，"文言"还是"广德"的特定话语，因此"'言'不是脱离思想的空洞说辞，而是负载着礼乐文化思想和道德精神的'言'，是'德言'。而另一方面，'德'缺少文采的形式也难以久远，难以产生广泛的影响，所谓'立言'也不是一般的'言'，

---

① 裘锡圭：《长沙马王堆汉墓简帛集成》（三），中华书局2014年版，第43页。
② 同上书，第99页。

本质上是'文言',是富有道德精神和艺术光彩的'文言'"。① 由是观之,"文言"实践是对"立言"思想传统的践行,"文言"思想的体系化成熟实际是兼顾艺术形式与思想内涵的"文质彬彬"的审美观念成熟的标志,而礼乐文化的"立德"传统是"文质彬彬"的"君子"人格标准转化为中国古典文艺最高审美标准的至关重要的文化原因,也是"文言"思想成熟的文化土壤,由此充分印证了"立言"不朽思想对哲学、对文学的促进作用和指导意义,正如《文心雕龙·情采》谓:"雕琢其章,彬彬君子矣。"

二 "深于比兴":诗体"文言"的艺术路径

进入诸子时代,文化形态较西周时期复杂很多,但也极为丰富多彩。一方面西周政权旁落,礼崩乐坏,政治管控随之松动,这客观上有利于文化阶层的思想成长,他们积极著书立说,思想腾跃,百家争鸣,诸子带来了理性精神飞跃的时代。另一方面诸子时代虽然礼崩乐坏,但以儒家文化群体为代表的文化阶层仍深深怀恋礼乐盛世,他们积极倡导礼乐文化,阐释文化经典,以礼乐精神衡量政治兴废、人格高下,以"中和"审美原则品评《诗》的艺术境界,以"经世致用"为标准衡量思想著述的价值和意义。总之,诸子群体极其重视思想言说,他们是依赖思想而生存的群体,他们思想的成长以及言说的需求空前高涨,因此"书不尽言,言不尽意"并不是孔子的独特感受,而是诸子时代文化阶层的共识。如《老子》提出"贵言"、重言,《庄子》提出"忘言",孔子提出"文以足言""文亡隐言",在此不一一赘述。诸子群体积极"立言",总结实践经验,《老子》以无形的大象——"道"言说政治、真德、无为,"道"的言说方式即"象"的言说,在此基础上《老子》提出"不言之教",那是因为"道"之象逾越了语言言说思想的不足。《庄子》以天地大美、四时明法、万物成理言说人世、人生、人性的复杂况味,天地的大美之象、四时更迭之象、万物竞生之象构成的"意象"系统足以剖白思

---

① 傅道彬:《诗可以观:礼乐文化与周代诗学精神》,中华书局2010年版,第146页。

想之灵，于是《庄子》悠然地说"得意而忘言"。再如，《孟子》善以寓言说理，《荀子》强调"饰伪而美"，诸子"立言"无不"立象"，然唯孔子一语道破"立象以尽意"。孔子认为"书不尽言，言不尽意"的情况普遍存在，但这并不意味着"言"与"意"之间的断裂无法弥补。孔子一面提出"文以足言"，一面结合"文言"实践找到了具体有效的艺术路径："立象以尽意"，意谓语辞通过"立象"可以大大拓展表意空间，引导后学遵循"象—意"路径体察圣人的精神内涵。由于"立象"是圣人为了弥补语言表意上的不足而选择的言说路径，因此意象路径的成熟是"文言"实践的关键问题。

清代学者章学诚谓："《易》象虽包六艺，与《诗》之比兴，尤为表里。"[1] 西周礼乐文化的兴盛促进了"比兴"艺术的生长，"比兴"艺术在礼乐演诗艺术流程中遵循着"立象以尽意"的实践路径，在频繁举行的群体参与的礼乐活动中生成固定指向的意义系统，从而具备了与语言相类的表意功能，因此"比兴"艺术的发展标志着意象思维的成熟，由此礼乐演诗艺术流程客观上成为"意象"路径成熟的重要实践空间，同时也促进了诗体"文言"——《诗》的"比兴"意义的生成以及艺术路径的定型、成熟，正如上博简《诗论》谓："其言文，其声善。"[2] 礼乐演诗流程中"比兴"艺术无处不在："清明象天，广大象地，终始象四时，周还象风雨，五色成文而不乱，八风从律而不奸，百度得数而有常。……故乐行而伦清，耳目聪明，血气和平，移风易俗，天下皆宁。"[3] 清明、广大、始终、周还都是"比兴"象征活跃的空间，演诗仪式空间为"比兴"艺术提供了全方位的实践舞台，仪式空间既活跃着五色成文、八风从律的艺术展演，也进行着不乱不奸、百度得数而有常的礼乐教化。在演诗仪式空间生长成熟的"比兴"艺术丰富了"象—意"的话语路径，"比兴"艺术超越了言不尽意的限制，紧密联结起言意之间的断层，引领人类进入

---

[1] （清）章学诚：《文史通义校注》，叶瑛校注，中华书局1985年版，第19页。
[2] 李学勤：《〈诗论〉的体裁和作者》，《上博馆藏战国楚竹书研究》，上海书店出版社2002年版，第60页。
[3] 《礼记正义》，《十三经注疏》中华书局1980年版，第1536页。

清明、聪明、和气的精神国度，这是王权为移风易俗、天下和宁的政治理想得以实现而精心设计的文化实践活动，以"致乐以治心"为宏观目标的"比兴"艺术展演也是中国传统"致用"艺术观念成熟的实践基础。

西周政治集团充分利用诗乐合流的艺术形式在庙堂、在乡党有序频繁地展开祭祀、宴飨、燕射等礼乐演诗活动，为"兴象"艺术的成熟提供了充足的实践空间。据《礼记·仲尼燕居》载：

> 两君相见，揖让而入门，入门而悬兴，揖让而升堂，升堂而乐阕，下管《象》：《武》、《夏》籥序兴。……入门而金作，示情也。升歌《清庙》，示德也。下而管《象》，示事也。是故古之君子不必亲相与言也，以礼乐相示而已。①

大飨礼的礼仪"兴象"艺术表演主要有两种方式：一是悬兴，即入门鼓钟，亦谓之金奏，又因悬于簨簴（钟架）演奏又称金奏乐悬。钟鼓金奏是君王至尊威仪的象征，因此两君相见以"金奏"悬兴表示相敬之情，即以金奏之象"示情"。二是"序兴"，即仪式正乐依序表演。升堂而歌《清庙》，以清明祭宫象征文王盛德，即以歌诗之象"示德"；管吹《象》《大武》《大夏》，舞《大武》《大夏》，是以歌乐舞统合的艺术演诗呈现文、武功成天下的伟大事迹，这是以大舞之象"示事"。"兴"分别以金奏、歌诗、大舞等艺术表现方式发挥着礼乐演诗仪式"示情"—"示德"—"示事"的功能，礼仪的"兴象"艺术皆以"象"显现意义，"示情"的目的是在仪式演诗的初始以庄肃雍和的"金奏"德音彰显王者威仪，向王者致以崇敬之情；同时"金奏"德音平和舒缓利于化解戾气怨怼，渲染宽和舒缓的氛围，以此向来自四方的百官、宾客展现王者宽和温厚的政治情怀。然而温情终究只是表象，"示德"才是演诗仪式的中心。升歌

---

① 《礼记正义》，《十三经注疏》，中华书局1980年版，第1614页。

《周颂·清庙》"朱弦而疏越,一倡而三叹,有遗音者矣"。[①] 清明广大的清庙是文王盛德的象征,涵盖着周部族的优秀人格品质与可贵的政治精神,因此一首《清庙》不仅是品德的示范,也象征着后代周王秉承文王盛德的坚定决心。大飨礼演诗仪式在"示情""示德"之后展开文王、武王、周公前赴后继、功成天下的历史叙事,《大武》以"武王"居中的舞列象征武王获得诸侯拥戴而一举灭商,因此"武王"居中之象也是西周王权中位确立的标志,更是武王"中"德精神品质的象征。《大夏》为文舞,夏籥九成,显示以文德化成天下的政治策略。综上可见,"示情"是序幕,以"金奏"、乐悬表演互致衷情,为礼仪演诗的展开热场;"示德"是中心,以升堂而歌《清庙》高扬文王之德,标举"乐德"精神,为大飨礼仪式注入理性精神元素;"示事"是隆盛礼仪的尾声,以文、武大舞回溯周部族成长的历史,以系列的舞象展开叙事,叙事中着力展现王者勇武果敢的伟岸雄姿与宽和友爱的政治胸怀,在歌乐舞统合的"大合乐"中高调地收场,象征西周王权不可动摇,淋漓尽致地显现出西周统治集团对政治前景的自信和决心。《周易·系辞》云:"象事知器",又云:"形而上者谓之道,形而下者谓之器。"歌诗《清庙》象征文王盛德政治精神,艺术呈现的是形而上的"道",文、武大舞的表演艺术化展现了周部族的艰苦生长历程,这无疑是通过"示事"最终为礼仪演诗教化确定了实质性的落脚点,向四方宣示周王执掌天下之大器,字里行间映现着西周王权集团对政治前景的自信和决心。礼仪演诗空间作为"兴"与"象"结缘的原始语境而赋予"兴象"固定的话语内涵,进而展开"示情"—"示德"—"示事"的演诗艺术实践。

　　西周是礼乐文明至盛的时代,相较于殷商时代,西周礼制体系成熟完备,以吉凶宾军嘉五礼全面规定周人的政治态度、社会行为及日常生活方式,不仅如此,五礼还肩负着品德示范与人格养成的精神文化使命。西周礼仪空间的明显扩大无疑为"兴象"艺术的成长提供了空前的机遇,源自祭祀仪式的"兴象"艺术在大飨礼、大射礼、

[①] 《礼记正义》,《十三经注疏》,中华书局1980年版,第1528页。

燕礼、乡饮酒礼、乡射礼等礼乐教化流程中逐步形成"言—象—意"的具体实践路径，并生长为西周礼仪演诗最为重要的话语体系，为上古语言艺术的发展积累了丰富的实践经验，"兴象"艺术在西周演诗仪式空间的制约下成为显现"乐德"精神的重要途径之一。而且正如所见，礼乐流程中的"兴象"艺术不仅长于抒情、传达精神理念，而且具有强大的叙事功能，由此证实"兴象"艺术在表意方面的功能与语言相类，同时又能够弥补语言"言不尽意"的缺憾，这无疑得益于"兴象"艺术的成熟，这意味着孔子所提倡的"立象以尽意"的话语言说路径在西周礼乐演诗仪式中早已获得了充分的生长空间，并臻于成熟。"兴象"艺术因政治而存在、生长，政治因艺术而壮大、昌明，政治宗旨甚至成为艺术价值评判的重要标准，可见艺术与政治的这种紧密关联不是偶然的，乃文化使然！

西周礼乐演诗仪式作为"兴象"艺术的原生文化空间，不仅促进了《诗》之"兴"在艺术表现形式上的成熟，同时意味着《诗》之"兴"的意义生成始终难以脱离礼乐文化语境。如《周南·关雎》："关关雎鸠，在河之洲。窈窕淑女，君子好逑。"以雎鸠关关地求偶鸣叫起兴，暗示君子对淑女的爱慕乃天性使然，显然表明君子最初对淑女的企盼、渴望与雎鸠无异，都源自原始的生命冲动。由此不难发现"关关雎鸠"的意义指向与《诗小序》所谓"后妃之德"的意义阐释存在很明显的差距，同时鉴于《关雎》在"诗三百"中的标志性地位，学界对如何理解《关雎》本义展开过很多讨论，不乏学者认为《诗小序》体现了以礼教压抑人性的封建思想倾向，甚至不少学者质疑《诗小序》的价值。直至上博简公布，这些问题终于得到解决，上博简《诗论》如是云："《关雎》之改……终而皆贤于其初者也。《关雎》以色喻于礼……其四章则喻矣。以琴瑟之悦拟好色之愿，以钟鼓之乐□□□□好，反纳于礼，不亦能改乎？"[①] 这则简文提供了三点重要信息。

---

① 李学勤：《〈诗论〉的体裁和作者》，《上博馆藏战国楚竹书研究》，上海书店出版社2002年版，第58页。

1. 主旨："以色喻于礼。""喻"是"明"的意思，诗在开篇第一章先写君子好色而遭到拒绝是为了与第四章君子遵循婚礼大义而幸福婚配的美满结局做对比，通过前后对比阐明婚礼的真谛。

2. 主题："反纳于礼。"《关雎》表现了君子行为改正的过程：最初本于原始冲动，见色起意，而最终接受婚礼教化，循礼改过，体现了君子品格的提升。

3. 情节："终而皆贤于其初。"第一章以关雎求偶起兴，暗示君子对淑女见色起意。第二章铺陈君子向淑女求爱遭到拒绝后的失落、相思之苦，淑女的婉拒既表现淑女能坚守女德，同时促使君子辗转难眠、深刻反思。第三章又以琴瑟和鸣的欢悦比拟君子的好色之愿，"琴瑟"是周代礼乐活动中歌诗表演的伴奏乐器，往往琴瑟合奏，因此有欢爱和谐的象征意义。第四章以钟鼓德音象征君子遵照婚礼大义敬重淑女，夫妇圆成，共奉祭祀，百年好合，这既是称颂君子善于改过，更是对淑女品德的赞美，"钟鼓"是君王、诸侯的祭祀活动中才可以使用的"金奏"，因此《关雎》中的"君子"即君王，"淑女"即后妃，因此小序谓："后妃之德也。"

上述分析说明，《关雎》通过"立象"建构了完整的意义系统，因此仅仅通过"关关雎鸠，在河之洲"探究《关雎》的思想意蕴是远远不够的，诗歌的意义是由"关关雎鸠"—"琴瑟友之"—"钟鼓乐之"构成的"兴象"系统而整体显现的，而且显然在这个整体中无论是情感、思想都呈现动态的不断加深的过程，君子的原始天性在婚礼的规范下转化为担当着室家、宗族兴旺的夫妻之爱，提升为关系着邦国和谐友爱的夫妇之礼，这恰恰说明"礼"既充分尊重原始天性又引导人类去除天性中的冲动、野蛮的成分，"礼"的教化意义也得到深化。而且雎鸠、琴瑟、钟鼓各有其隐含的象征意味，使得对君子的劝勉和褒扬都在温文含蓄之间达成。综上可见，《诗》作为诗体"文言"的范本同样得益于"兴象"艺术的成熟。

"兴"是《诗》的重要艺术表现形式之一，而且显然"兴象"与"意义"之间的联系是隐性的、暗示的，需要特定文化语境的参与，因此往往通过构成"意象"系统而达成"尽意"的目的，因此一旦偏离既定的话语系统，就会导致意义链条的部分断裂，其意义也会随之有一定程度的变化。如郭店简《缁衣》曾这样记载："唯君子能好其匹，小人岂能好其匹。故君子之友也有向，其恶有方。此以迩者不惑，而远者不疑。《诗》云：'君子好逑。'"《缁衣》无视《关雎》中的"兴象"暗示，将"君子好逑"作为阐发君子交友问题的佐证，这种现象在诸子时代很常见，原因就在于"兴象"与意义之间本来是或隐或现、或明或暗的模糊联系，因此文化阶层常常可以连类而比，《左传》中相似的例证也较多。例如，《左传·襄公八年》载晋国范宣子至鲁国，游说鲁公与晋国共同举兵郑国，鲁公设飨礼招待范宣子，席间范宣子赋《召南·摽有梅》，《摽有梅》诗云：

摽有梅，其实七兮。求我庶士，迨其吉兮。
摽有梅，其实三兮。求我庶士，迨其今兮。
摽有梅，顷筐塈之。求我庶士，迨其谓之。

诗的原意如小序所云是"男女及时也"。明明是男婚女嫁的主题，但范宣子断章取义，只袭用了原初意义中主动邀约、和合喜悦的成分，而忽略了女子怀春，大胆求爱的原意。之所以如此，一是因为"赋诗"脱离了"兴"的原生的礼乐演诗语境的缘故，二是因为"兴"只是提供暗示，这意味着诗可以通过"兴象"生发出大于其本身的多重意味，由此语言的不足得以弥补，故孔子云："不学诗，无以言。"[1]

《诗》作为诸子时代重要的诗体"文言"典范，深于比兴，善于"立象以尽意"。如《小雅·鹿鸣》以鹿呼唤同伴取食青草象征人与人之间的友爱和睦，与《诗小序》所云"天子燕群臣"的意义也有一定差距。上博简《诗论》云："《小雅·鹿鸣》以乐司而会以道，交见善而学，终乎不厌人。"意思是说：《鹿鸣》表现君王举行燕礼，君臣会聚一堂，在亲和有礼的氛围中交流、沟通情感，在礼乐德音中

---

[1]《论语注疏》，《十三经注疏》，中华书局1980年版，第2522页。

学习彬彬之礼，气氛平易轻松，始终都不觉得压抑。显然，《鹿鸣》的思想内涵是沿着"呦呦鹿鸣，食野之蘋"——"我有嘉宾，鼓瑟吹笙。吹笙鼓簧，承筐是将"——"我有嘉宾，德音孔昭"——"我有嘉宾，鼓瑟鼓琴。鼓瑟鼓琴，和乐且湛"的意义链条系统有序呈现的。而且在《关雎》中，琴瑟比拟好色的天性，但在《鹿鸣》中成为君臣和睦友爱的象征。这再次证明"立象以尽意"是在构建一个完整的话语系统，这一话语系统是由乐、诗、言三个不同层次构成的，故上博简《诗论》云："乐亡隐情，诗亡隐志，文亡隐言。"① 由此可见，对《诗》之"兴"的象征意义的理解需要回到礼乐演诗实践的文化语境中，遵循"兴象"艺术的系统性话语暗示，还原诗体"文言"——《诗》的具体艺术实践过程，否则即使遵循"言—象—意"的路径也未必能够准确理解《诗》之"兴"的特定的文化象征意味。时至今日，礼乐精神已如辽远星辰，与今人的文化生活已相隔三千年之遥，"兴"的意义生成对具体的礼乐文化语境又如此依赖，《诗》之"兴"的象征意义不可避免地被遮蔽，进而大大影响对《诗》的理解与阐释。幸运的是，上博简《诗论》，郭店简《缁衣》等出土文献为《诗》的解读提供了新的证据，加之毛诗序，使《诗》的研究更接近其元初的文化语境，这无疑对《诗》的深度考察极为有利。

礼乐仪式以歌乐舞的综合艺术演诗实践"乐德"教化目标，最终落实为具体行为的规范约束，因此礼仪演诗活动是周礼发挥节制功能的重要途径之一。《礼记·乐记》云："大乐与天地同和，大礼与天地同节。"② 以祭礼为代表的西周礼制集中体现为秩序的确立与固守，这必然导致在贵贱、尊卑、长幼之间客观形成身份地位的差等。诚然，在西周宗法礼制规范下形成的政治地位、伦理身份的差等不容僭越，其目的显然是维护既定的政治秩序与伦理关系的合理性，全面实现以"敬"为核心精神的思想教化，即"合敬"，而不是要人为造成

---

① 李学勤：《〈诗论〉的体裁和作者》，《上博馆藏战国楚竹书研究》，上海书店出版社2002年版，第60页。

② 《礼记正义》，《十三经注疏》中华书局1980年版，第1530页。

人与人之间的隔膜与对立。因此，实际的情况是"礼乐相须以为用"，①西周礼制以仪式演诗为途径召唤人类普遍存在的欣喜欢爱的自然情愫，位尊者不仅以觥酬、飨宴、宾射等仪节传达关爱、示意友好、弥合隔膜，同时配以平和、优美的艺术演诗消解怨怼、平抑戾气，君臣和敬，长幼和顺，父子兄弟和亲，终于天下和宁，此谓"合爱"。可见，礼乐合一的目的在于敬与爱的和合统一。西周仪式演诗流程就特别设置"乐节"，集中呈现了礼乐教化"合敬"——"合爱"的思想路径，"合敬"——"合爱"的这一思想传达路径直接影响仪式演诗"比音"艺术实践路径的成熟。

"比"的甲骨文写作"⺁⺁"，象两人并肩紧挨，故《说文》云："比，密也。"因而"比"有并列、对照的意思。而在文学语境下，"比"是《诗》的主要艺术表现手法之一，即比喻，是指通过"比"而传达明确的意义，"比"是意义传达的途径，"喻"是"比"的达成目标。"比"的艺术特征也生长成熟于西周礼乐演诗实践中，如《礼记·乐记》有云："比音而乐之"，是说演诗仪式中八音乐器必须按照音乐的韵律节奏表演，这种乐器的协奏会形成内在的规律，不同乐器在音色、音高方面的规律一对一地与某一类对象建立固定的联系。《礼记·乐记》云"律小大之称，比终始之序，以象事行"，演诗仪式中的音律的小大之称对应仪式流程的终始之序，并彼此建立固定的对应衔接关系，或对应性地配置固定的规格，丝毫不容僭越、差误。由此可见，"比音"是针对礼乐仪式演诗活动整体流程的"音乐"提出的严格要求，与音乐的对应关系一经建立不仅不容改变，而且具有唯一的指向性，即在两组序列中形成固定的一一对应的关系。如《周礼·春官·小胥》载："正乐县之位，王宫县，诸侯轩县，卿大夫判县，士特县。"宫悬四面、轩悬三面、判悬两面、特悬一面的乐悬之象一一对应周王、诸侯、卿大夫、士的官阶等级。又如：

> 以六律、六同、五声、八音、六舞大合乐，以致鬼神祇……

---

① （宋）郑樵：《通志二十略》（上），中华书局1995年版，第883页。

乃分乐而序之，以祭、以享、以祀。乃奏黄钟，歌大吕，舞《云门》，以祀天神。乃奏大簇，歌应钟，舞《咸池》，以祭地祇。乃奏姑洗，歌南吕，舞《大韶》，以祀四望。乃奏蕤宾，歌函钟，舞《大夏》，以祭山川。乃奏夷则，歌小吕，舞《大濩》，以享先妣。乃奏无射，歌夹钟，舞《大武》，以享先祖。

西周祭祀活动"分乐而序之"的设计规划充分显示出演诗仪式中"比"的象意之间的唯一对应关系：黄钟—大吕—《云门》，对应天神；大簇—应钟—《咸池》，对应地祇；姑洗—南吕—《大韶》对应四望；蕤宾—函钟—《大夏》，对应山川；夷则—小吕—《大濩》，对应先妣；无射—夹钟—《大武》，对应先祖。礼仪演诗活动在对称式的比量参照中排除了歧义，明确"比象"与意指之间的唯一对应关系，从而建立不容僭越的政治秩序或道德评价体系，为具体行为提供明确的参照标准。

乐器演奏是礼乐演诗仪式中的主要"比音"形式。当然不乏学者质疑周代的音乐发展水平，如果不是借助考古发掘资料，确实难以想象周人能够利用乐音的规律性变化传达固定的意义。根据目前考古发掘的成果可以证实，西周乐器的种类很丰富、形制成熟。就演奏方式而言，西周已具备打击乐器、丝弦乐器、管吹乐器等；就材质而言，包括金、石、土、革、丝、竹、匏、木类乐器，可谓八音俱全。上述情况与传世文献提供的信息相吻合，如《礼记·乐记》云：

> 钟声铿，铿以立号，号以立横，横以立武。君子听钟声则思武臣。石声磬，磬以立辨，辨以致死。君子听磬声则思死封疆之臣。丝声哀，哀以立廉，廉以立志。君子听琴瑟之声则思志义之臣。竹声滥，滥以立会，会以聚众。君子听竽笙箫管之声则思畜聚之臣。鼓鼙之声谨，谨以立动，动以进众。君子听鼓鼙之声则思将帅之臣。君子之听音，非听其铿锵而已也，彼亦有所合之也。

钟声的威武肃穆象征武臣忠勇果敢的政治品格,磬音清越悠长是死节之士忠贞不移品格操守的象征,婉妙哀怨的琴瑟之音象征志向高远、正直忠义的品格,竽笙、箫管、匏竹之音的悠远和美象征和合友爱的品质,鼓鼙之音震撼天地象征将帅平成天下的凛凛威仪。礼乐仪式的钟、磬、琴瑟、竽笙、箫管、鼓鼙八音乐器分别与"乐德"精神品格形成一一对应的"象—意"关系,这说明礼乐演诗活动能够非常娴熟地通过"比音"成象传达明确的政治观念,进而建立具体的行为、道德的评价体系。

"比"之象作为仪式演诗流程的重要话语方式,是祭祀、飨燕、乐射仪式中传播"乐德"思想的重要途径之一。如《周礼·春官》载:"凡乐,王出入令奏《王夏》,尸出入则令奏《肆夏》,牲出入则令奏《昭夏》。"[①] 可见《夏》乐是组曲,共有九《夏》,其中《王夏》在组曲中居首,并以金奏《王夏》向天下宣示王者的政治威仪。"尸"扮演先祖,金奏《肆夏》宣示王者家族的至尊地位。"牺牲"是供奉神鬼的祭品,金奏《昭夏》显示对神鬼的庄敬恭谨。身份不同旋律不同,同一系列的乐曲通过旋律的差异而配合不同角色出场,金奏曲目与身份的固定对应关系所呈现的"比象"成为王者"中正"人格精神的象征。不仅祭祀仪式如此,在乐射仪式中还专门设置不同的射乐配合射礼节奏,如:"凡射,王以《驺虞》为节,诸侯以《貍首》为节,大夫以《采蘋》为节,士以《采蘩》为节。"[②] 奏《驺虞》象征王者在位、百官朝拜,是王者一统天下之象;奏《貍首》象征诸侯按时朝觐,是和同团结的治世之象;奏《采蘋》敦促卿大夫循法从政;奏《采蘩》对士人提出忠于职守的执政要求;音乐的旋律凭借"比象"的艺术表现形态而传达明确的"乐德"理念。可见,"比音"之象是演诗仪式诠释"乐德"思想内涵的重要话语方式之一,"比"之象在礼仪演诗实践中所形成的"象—意"对应的话语路径重在通过音乐旋律的比量建立与"乐德"品格的参照体系,从

---

① 《周礼注疏》,《十三经注疏》,中华书局1980年版,第790页。
② 同上书,第793页。

而提供品德、行为的衡量标准。

"比音"之象在礼仪演诗活动中习惯于通过明确指示"象—意"关系而实现意义传达,"象—意"关系多以序列形态呈现。"比"在仪式演诗活动中形成的"象—意"话语路径在《诗》中也有所体现,如《诗》有"四始",分别为《周南·关雎》《小雅·鹿鸣》《大雅·文王》《周颂·清庙》,四篇诗在"诗三百"的排列定位意味深长。如《周南·关雎》为《国风》首篇(居三百篇之首),以"后妃之德"为天下室家立范,上自庙堂、下至乡党,弦歌《关雎》无处不在;《鹿鸣》为《小雅》首篇,生动再现"天子燕群臣"的和乐景象,是天子燕礼和乡礼仪式"正乐"的代表曲目;《文王》为《大雅》首篇,回顾文王接受天命、积极建设周部族的辉煌历程,是两君相见礼"正乐"的代表曲目;清庙》为《周颂》首篇,是周王祭祀礼"正乐"的代表曲目,呈现周王、诸侯、百官济济一堂诚敬祭祀文王,清明光大的庙宇仿佛文王盛德,是周王祭礼"大合乐"的代表曲目。四篇诗各居《国风》《小雅》《大雅》《周颂》首篇,分别是乡礼、燕礼、飨礼、祭祀礼的代表曲目。《诗大序》云:"以一国之事,系一人之本,谓之风。言天下之事,形四方之风,谓之雅。雅者,正也,言王政之所由废兴也。政有大小,故有小雅焉,有大雅焉。颂者,美盛德之形容,以其成功告于神明者也。是谓四始,《诗》之至也。"[1] 四篇诗在礼乐演诗仪式中的定位直接影响了在《诗》的篇章分类中的地位,《关雎》营造室家和睦,《鹿鸣》强调有序而和谐的君臣秩序,《文王》以文王带领部族生长壮大的历史功绩确立周王的"中正"政治地位;《清庙》赞颂文王盛德,勉励政治集团秉承文王之德,团结一致、和成天下。以血缘维系的伦理亲情是宗法政治秩序普适意义的保障,但最终仍是为了巩固王权、守成天下。礼乐演诗仪式的分类与《诗》的篇章分类之间形成的对应序列所呈现的正是礼乐教化的总体架构,是以"比象"为礼仪节度、道德行为提供比量标准,而"比象"之所以能够以标准或者说通常可以作

---

[1] 《毛诗正义》,《十三经注疏》,中华书局1980年版,第272页。

为范式存在，根本原因在于"比象"本身涵盖着确定的意义，因此"比象"的表意功能与语言相类，并且形成固定的意义显现模式。

"比象"在诗中也会成组出现，展开意—如—象的话语模式。《周南·关雎》以雎鸠和鸣起兴传达男女婚配的一般意义，但与《诗小序》云："后妃之德也"有相当的差距，但如果能够注意到《关雎》中"参差荇菜"—"琴瑟友之"—"钟鼓乐之"所构成的系列"象—意"比附关系，结果是这样的：①"荇菜"：周王的正妻在祭祀仪式中承担采摘、清洗荇菜的责任，用来供奉神鬼，因为"荇菜"生长于水中而有洁清的特征，也是王妻贤淑美质的象征；②"琴瑟"：文化阶层为室家和乐而特别设置"房中乐"，"琴瑟"是"房中乐"的主要演奏乐器；③"钟鼓"：周王与诸侯享用的乐悬规格；显然，《关雎》具体明确的意义指向是通过"比象"建立系列的"象—意"关系而获得的。这种对应关系分别为："荇菜"——恪尽助祭职责；"琴瑟"——和合后宫；"钟鼓"——高贵贤淑。"荇菜"—"琴瑟"—"钟鼓"与"后妃之德"形成的对应式的"比象"关系，排除了从"关关雎鸠"出发而产生的对"后妃之德"的误解，这显然也是意随象而生的话语模式。

"比"的意随象生的话语模式为文学提供了艺术范式，形成《诗》之"比"的"意—如—象"的话语路径。例如，《卫风·淇奥》"有匪君子，如金如锡"，以锡金比喻君子文采斐然的风雅精神；《曹风·蜉蝣》"麻衣如雪"，以雪比喻麻衣的纯白；《大雅·荡》"如蜩如螗，如沸如羹"，用蝉鸣的噪声比喻饮酒时的呼号之声。"如"字的甲骨文写作"𣍘"，象女子诺诺应答的顺从之态，即女子顺随之象。因此《诗》之"比"的"意—如—象"路径与礼乐演诗仪式意随象生的"比象"话语模式具有相同的结构特征。刘勰认为："凡斯切象，皆'比'类者也。"[①] 可见，"比"的对应关系的建立必须具备"切象"的条件，即"比"的两者之间在某一点上有相近，

[①] 周振甫：《文心雕龙今译》，中华书局2006年版，第326页。

有契合:"或喻于声,或方于貌,或拟于心,或譬于事。"① 或者声音相近,或者形态相近,或者心情相近,又或者事件相近,才能以"如"联结起来。此外"比"中打比方的事物没有一定的限制,但是"比"的关系一旦建立即形成排他的明确的一一对应的"意象"关系,而且"如"字使得《诗》之"比"的运用更灵活。

综上可见,礼乐演诗仪式的"比象"孕育了《诗》之"比"的表意模式。礼乐演诗流程按照自始至终的顺序呈现的序列环节构成了"比兴"互见的艺术象征流程,为《诗经》以"比兴"手法涵纳思想意蕴创造了实践空间,礼乐政治目的驱动下的《诗》的创作实践又直接促进了诸子时代诗学观念的成熟。礼乐演诗活动明明是"乐德"政治理念的传输,却变得如此文采斐然、典雅雍和,正是演诗仪式的艺术象征与"乐德"精神的对接赋予艺术生产超凡的创造力与生命力,促使《诗》的艺术形式、理论获得长足发展,思想内涵也大大丰富,这正是礼仪演诗的文学意义。因此"言—象—意"话语方式的形成是在礼乐演诗实践流程中完成的,演诗流程不仅是"比兴"艺术"象—意"路径成熟的特定空间,也是《诗》之"比兴"艺术路径成熟的原生文化空间,自此"言—象—意"成为中国文学主要的话语方式,开启了对言尽而意无穷的艺术境界的追求。不仅如此,鉴于西周礼乐文化对诸子时代文化阶层的深刻影响,"言—象—意"也成为文化阶层传达思想的重要路径,并促进了以"文以足言""文亡隐言"的提出为标志的"文言"思想的成熟。

三 "深于取象":诸子"文言"的话语特征

章学诚曾云:"《易》象虽包六艺,与《诗》之比兴,尤为表里。夫《诗》之流别,盛于战国人文,所谓长于讽谕,不学诗,则无以言也。然战国之文,深于比兴,即其深于取象者也。"② 意谓不唯战国之文"深于取象",《周易》象辞、礼仪"乐象"、《诗》之"比

---

① 周振甫:《文心雕龙今译》,中华书局2006年版,第327页。
② (清)章学诚:《文史通义校注》,叶瑛校注,中华书局1985年版,第19页。"

兴"都以"取象"为基本话语路径,诸子之文无不"深于取象",而且显然章氏认为《诗》教在战国时期文化阶层中盛行依旧,这大大促进了诸子之文"深于取象"话语特征的形成,"立象以尽意"成为诸子"文言"实践中经常运用的话语方式。例如,《论语》曾记载孔子临川感慨:"逝者如斯夫,不舍昼夜。"他也曾仰望天穹问询"天何言哉",也曾赞叹"岁寒然后知松柏之后凋"。川流不息的大河、苍茫无尽的天空、寒风中挺立的松柏贯注着伟大圣人深沉鲜活的生命感、宏阔豁达的人生观以及对人性冷静理性的反思。《孟子》主要通过寓言"取象",如《孟子》中讲述的"五十步笑百步""揠苗助长""校人欺子产"等著名寓言,特别是《孟子·万章上》简短叙述了校人欺辱子产的寓言故事,叙述中特别穿插校人向子产复命的说辞:"始舍之,圉圉焉,少则洋洋焉,攸然而逝。"活现出校人的狡诈和自作聪明,极为生动有趣。此外,《庄子》《吕氏春秋》《韩非子》中譬喻、寓言不胜枚举,取象广泛,思想深刻。足见意象路径不仅是昭示王权意志的思想教化方式,而且是文学书写、哲学言说的重要话语方式,"深于取象"是诸子时代文化阶层"文言"实践的重要话语特征。

《周易·系辞》有云:"君子居则观其象而玩其辞","君子"是诸子时代文化阶层的杰出群体,他们"观象"活动的目的在于"玩辞",这意味着"辞"的创作、玩味、鉴赏无一不以"观象"为路径,由此证实意象思维活动已经是当时优秀文化群体日常化、经常性的文化活动,这无疑促进了"深于取象"的"文言"话语特征的形成。另外,"观象"之所以能成为深刻体味《周易》爻辞意义的必要途径,是因为"象其物宜"[①],言辞构建形象,形象贯注意义,"象"为意之象,"意"为象之意,意象合一,"象"成为探求文学话语意蕴、美学理念、哲学思想内涵的必经之路,"观象"成为探究"取象"意义的不可或缺的重要实践过程,是"文言"实践活动的重要组成部分。那么,何为"观"?据《谷梁传·隐公五年》载:"常事

[①] 《周易正义》,《十三经注疏》,中华书局1980年版,第83页。

曰视，非常曰观"，这说明"观"不是一般意义上的观察，而通常涉及严肃重大的事件。又据帛书《十六经·观》记载，在黄帝时期，"观象"就是重要的政治实践活动。如《观》开篇云："黄帝令力黑浸行伏匿，周流四国，以观无恒，善之法则力黑示象，见白则白，见黑则黑。"① 力黑是皇帝的臣子，黄帝命力黑潜形隐藏身份考察四方，巡察偏僻荒远之处，并按照善的法则省察民俗，白显现就是白，黑显现就是黑，如实呈现。由此可见，"观"是重要的政治活动，是王者充分了解民生风俗、掌控地方政治的重要实践途径。又《周易》中有观卦，其《彖》谓："顺而巽，中正以观天下，观。"其《象》曰："风行地上，观。先王以省方观民设教。"《易传》首先以中正政治理念决定了"观"的视角，因此"观"的内容也必然地被王权政治着色。"观"的卦象是风行地上，象征各地独特的民风、民俗，故可以"观风"，意谓先王省视四方，观察民风民俗，据此建立礼乐教化体系，移风易俗，如《礼记·乐记》谓："使亲疏、贵贱、长幼、男女之理，皆形见于乐，故曰：'乐观其深矣。'"显然"观"也是实践礼乐政治教化的重要方式，因此肩负着礼乐教化使命的"'六艺'充满着以'象'显'意'的交流智慧"②，章学诚就曾明确指出"象"通于"六艺"："象之所包广矣，非徒《易》而已，六艺莫不兼之。……象之通于《诗》也……象之通于《书》也……象之通于《礼》也……象之通于《乐》也……象之通于《春秋》也。"③ 综上不难发现，"观"的目的、形式、内容乃至意义，全面规定在王权话语体系之内，"观象"活动首先是观政活动，也是以生动的礼乐演诗艺术展开的政治教化活动，其次才可能是政治理念统摄下的审美鉴赏活动。

据《左传·襄公二十九年》记载，吴公子季札至鲁，鲁国请季札遍观周乐，季札观赏时不仅频频赞美，而且季札能够准确地概括总结

---

① 裘锡圭：《长沙马王堆汉墓简帛集成》（四），中华书局2014年版，第152页。
② 王秀臣：《礼仪与兴象：〈礼记〉元文学理论形态研究》，社会科学文献出版社2014年版，第186页。
③ （清）章学诚：《文史通义校注》，叶瑛校注，中华书局1985年版，第18页。

十五《国风》《大雅》《小雅》《周颂》的独特艺术风格,如渊乎、泱泱乎、荡乎、沨沨乎、熙熙乎,这无疑是一次盛大精彩、令人叹为观止的审美活动。不仅如此,在赞美欣赏中还充分体现出"观乐"是以"象德"为核心的政治人格的教化活动。如为之歌《小雅》,季札曰:"美哉!思而不贰,怨而不言,其周德之衰乎?犹有先王之遗民焉。"为之歌《大雅》,季札曰:"广哉,熙熙乎!曲而有直体,其文王之德乎?"为之歌《颂》,季札又曰:"至矣哉!直而不倨,曲而不屈;迩而不逼,远而不携;迁而不淫,复而不厌;哀而不愁,乐而不荒;用而不匮,广而不宣;施而不费,取而不贪;处而不底,行而不流。五声和,八风平;节有度,守有序。盛德之所同也。"《小雅》之美在于思虑而不至于分心,心怀怨气但不至于直言,这虽然是周德衰落的迹象,但仍有先王之遗风,这是《小雅》之象。《大雅》盛大而美,婉曲而正直,是文王之德的象征,是王权中正政治地位的象征。《周颂》有至德之美,处处体现了中和之美,音乐和谐、八方平定,乐节适度,职守有序,这是王权盛德的象征。在季札眼中,观乐即观王德,观王政,即《礼记·乐记》谓:"乐者,所以象德也。"又云:"乐者,心之动也。声音,乐之象也。文采节奏,声之饰也。君子动其本,乐其象,然后制其饰。""乐象"是礼乐精神的艺术显现,在礼乐思想的影响下,"成德"成为儒家群体首要的人生目标,郭店简《穷达以时》有云:"穷达以时,德行一也。"① 意谓无论艰难末路还是功业畅达,都要坚守君子的品格与行为,可见"王德"传统对诸子时代文化阶层的影响仍是深刻的。

与儒家思想不同,《老子》所谓"观"完全去除了礼乐政治精神的制约,"观"的视角灵活多样,如帛书《老子·德篇》曰:"以身观身,以家观家,以乡观乡,以国观国,以天下观天下。"② 身、家、乡、国、天下都可以作为"观象"的立足点,"观象"视角的多变无异于思想的解围,文化阶层有了无视王权的人生视角,人生价值的定

---

① 李零:《郭店楚简校读记》,北京大学出版社2002年版,第86页。
② 裘锡圭:《长沙马王堆汉墓简帛集成》(四),中华书局2014年版,第195页。

位也随之改变，从而生存方式与生存意义获得了多向发展的可能，这无疑是诸子时代文化阶层在政治、文化历程中取得的又一次进步。对于文学艺术而言，"观象"视角的多样、多变势必促进"取象"的丰富多彩，有利于拓展文学、艺术反映社会生活的深度、广度，而不是同儒家群体那样将"立言"理想极为局促地规范在"立德""立功"的圈套中，因此《老子》这种多视角的"观象"体验势必会促进文化阶层向本真情怀的回归，重新将"恒自然"的天下万象带入文化阶层的人生视野，重启向心灵出发的精神旅程，这无疑为文学开辟了新的天地。在此基础上，《庄子·秋水》的"观象"视野达到了极致：

> 以道观之，物无贵贱；以物观之，自贵而相贱；以俗观之，贵贱不在己。以差观之，因其所大而大之，则万物莫不大；因其所小而小之，则万物莫不小；知天地之为稊米也，知毫末之为丘山也，则差数睹矣。以功观之，因其所有而有之，则万物莫不有；因其所无而无之，则万物莫不无；知东西之相反而不可以相无，则功分定矣。以趣观之，因其所然而然之，则万物莫不然；因其所非而非之，则万物莫不非；知尧桀之自然而相非，则趣操睹矣。

道、物、俗、差、功、趣都是观象的视角，随着视角的转变，产生贵贱、大小、有无、是非等截然相反的结果，大相径庭。《庄子》对多种"观象"视角的分析讨论正是道家达观思想的体现，理论上断绝了"观象"与王权意志的必然联系，在哲学上揭示了儒家以成就君子人格、建功立业、立言不朽为唯一目标的人生理想的狭隘、偏执，为中国哲学中注入了达观自适的精神内涵。

《庄子》对多种"观象"视角的分析，说明"观象"的目的决定了"观象"的视角，进而直接影响"取象"结果。因此"象"同并不意味着"意"同，实际上主观意志通过主宰"取象"而最终决定了语言的意义指向，"象"只是圣人、智者、哲人、诗人精神世界呈现于外的桥梁,至于通向哪里则取决于他们对人性、对人生、对世间的思考与追问,因此"观象"侧重的是心灵构建的过程,是思维的过程,"取象"则是借助语言显现思想深度和心灵感悟的"文言"实践过程,"深于取象"也因此成为"文言"实践的独特话语特征。如《周易》包括经和传两部分,"经"为卜筮之用,集中记录了早期智者、哲人对自然、人事的体察与总结。而《易经》在《易传》的阐释下成为记载不同时期部族首领实现封邦建国的政治功业的传世经典。《周易·系辞》有云:"古者包牺氏之王天下也,仰则观象于天,俯则观法于地,观鸟兽之文,与地之宜。近取诸身,远取诸物。于是始作八卦,以通神明之德,以类万物之情。"仰观天空的吐耀恢宏,俯察大地的含章美情,飞鸟、走兽的五彩斑斓的翅羽、皮毛,与含章、玄黄的大地如此契合,即天象为万物楷模,大地取法于天象,鸟兽之文要契合大地之法。王者的体察由自身出发,达至万物,最初建立八卦体系通向神明之德,以此比类万物百态、人间世态。这则文献表明,包牺氏作八卦是由王权意志出发探求天空、大地、万物可以为王权所用的客观规律,王者仿佛就是矗立于天地间的骄子,是万民的主宰,是文明的创造者,也是历史的镌刻者,天地神明也折服于王权的睿智神武,因此与其说包牺氏作八卦联结人与神明、人与万物,毋宁说王者借"八卦"矫传神明之德尽可能地放大了自身的价值和力量。可见由王权意志出发的"观象"视角、"取象"方式根本决定了其意义的指向。《周易·系辞》另一则文献对此阐述得更为清晰:"天尊地卑,乾坤定矣。卑高已陈,贵贱位矣。……在天成象,在地成形,变化见矣。"乾为天,坤为地,《系辞》将天上、地下的自然形态作为比附、诠释尊卑有序、贵贱有位的宗法政治秩序的"形象",天象在上,地形在下,这种明显的高、卑定位的"取象"方式无疑是在发出明确的暗示:王权至上、尊卑有等的封建政治秩序乃天理使然,显然主观意志根本主宰着"取象"的趋势和方向,也最终决定了意义的生成。

无独有偶,礼乐制度采取了与《易传》相同的"取象"方式,如《礼记·乐记》:"天尊地卑,君臣定矣。卑高已陈,贵贱位矣。

动静有常，小大殊矣。方以类聚，物以群分，则性命不同矣。在天成象，在地成形，如此，则礼者，天地之别也。"又云："清明象天，广大象地，始终象四时，周还象风雨。"以巩固王权为宗旨的礼乐制度以及礼乐活动不仅采取了"天尊地卑"的"取象"方式，而且也是在"天象地形"的仰观俯察之间"取象"，进而阐释礼乐文化对于维护王权的重要意义。在《易传》《乐记》的阐释下，自其然的天地、万物不过是王权驱使的玩偶。帛书《周易经传·衷》曾记载孔子这样评价《周易》的政治实用价值："《易》之用也，殷之无道，周之盛德也。恐以守位，敬以承事，知以避患。"[1] 孔子认为《周易》的价值在于指出了政治兴衰的真谛：殷商因无道终至毁灭，西周盛德而安和昌盛。《周易》对君王的警示有三：心怀畏惧地守卫王权；内心恭敬地承担政事、治理国家；运用政治智慧躲避灾难祸患。由此《易传》《乐记》所谓"观象"视角与"取象"方式中的王权政治意味已经显而易见了，而且两者在"观象"与"取象"上的高度一致充分说明孔子哲学思想与西周礼乐精神的密切承继关系，这决定了儒家的美学思想始终无法脱离礼乐文化语境，进而说明儒家"文言"实践中"象"与"意"之间的联系虽是隐性的、暗示的，但是由于在礼乐文化语境内获得了特定的文化族群的充分认同，而且循意立象、缘情起兴，唯其如此"言—象—意"三者之间方可始终保持较为紧密的逻辑关系，这意味着即便引申意义的生成也必然地限定在了礼乐文化精神的范畴之内。因此所谓"立象"是指将主观意志主宰下的"取象"结果用艺术化的语言加以呈现的过程，由此构建"言""意"之间的桥梁，"意"是语言的目标，最终决定了语言"立象"通向哪里。

《老子》和《庄子》同样偏爱在天地自然中"观象""取象"，但是与儒家文化群体思想理念上的差异，导致与儒家群体"观象"视角与"取象"方式不同而生成不同的意义指向，这再次证实"意"是"文言"艺术实践的核心主导因素。如帛书《老子乙本·道篇》

---

[1] 裘锡圭：《长沙马王堆汉墓简帛集成》（三），中华书局2014年版，第100页。

云:"谷神不死,是谓玄牝。玄牝之门,是谓天地之根。緜緜呵其若存,用之不勤,天长地久。天地之所以能长且久者,以其不自生也,故能长生。"①《老子》认为玄牝是永生的谷神,是天地生长繁衍、保持恒久的根,因为天地拥有玄牝的生养而绵绵不绝,常用而不知勤苦,造就了天地的恒久。《老子》以"谷神"为天地之根是早期生殖观念的体现,是基于人类繁衍孕育生命的经验而生成的想象,而这想象的出发点比想象本身更重要。如帛书《道篇》又云:"有物混成,先天地生。寂呵寥呵,独立而不改,可以为天地母。吾未知其名也,字之曰道。吾强为之名曰大,大曰逝,逝曰远,远曰返。道大,天大,地大,王亦大。域中有四大,而王居一焉。人法地,地法天,天法道,道法自然。"通过上述两则文献对读不难发现,《老子》认为"天地"固然伟大,但是"道"先天地而生,是寂寥孤立、不移不变的"唯一",是孕育生养天地的根源,循环往复而永恒不止,这才是真正的"大"。由于道、天、地同源,因此《老子》认为三者无愧为"三大",但显然《老子》对"王大"是另一种态度。如在"王亦大"和"而王居一焉"这两句中特别增加了副词"亦"字和转折连词"而"字,如果说一个"亦"字明显是在强调"王大"与"三大"的不匹配、不和谐,那么"而"字就是对王者自诩为四大之一的严正质疑。《老子》认为人与自然的正常结构关系应该是人效法地,地效法天,天效法道,道效法自然,以此明确否定了王者的霸权地位。对此《老子》二十三章的论述更清晰明确:"飘风不终朝,暴雨不终日。孰为此?天地,而弗能久,而况于人乎?"又帛书《老子乙本·道篇》云:"夫天下,神器也,非可为者也。为之者败之,执之者失之。"②儒家历来强调"有为""立功""备物致用",如郭店简《性情论》云:"《诗》,有为为之也。《书》,有为言之也。礼乐,有为举之也。"③又郭店简《五行》云:"君子集大成。"④ 而《老子》

---

① 裘锡圭:《长沙马王堆汉墓简帛集成》(四),中华书局2014年版,第205页。
② 同上书,第207页。
③ 李零:《郭店楚简校读记》,北京大学出版社2002年版,第106页。
④ 同上书,第80页。

以"道法自然"否定了"人为"凌驾一切的合理性：风雨虽是天地生成，但是天地不能主宰它们何时停歇，天地之大尚且如此，何况渺小的人呢！天下自有神明主宰，不是王者可以为所欲为的天下。一定要强行有为于天下则必败，意图控制天下则必失去天下。《老子》已经预示到以维护王权为目的的"有为"于天下的思想将造成无休止的掠夺战争，王权终究逃不过分崩离析、前仆后继、消长更迭的历史命运，由此可见千秋万代、万寿无疆的政治理想不过是霸权者的偏执臆想。

与此同时，西周礼乐精神与儒家倡导的礼乐教化也被《老子》否定了。如帛书《老子乙本·德篇》云："大器免成，大音希声，天象无形。"[①] 儒家鼓励君子集大成，道家就说大器自其然而无须成就；儒家继承西周礼乐精神，主张以礼乐教化成就君子人格，道家就说伟大的音乐是超越礼乐精神制约的自其然的音乐；还说天大而无形，进而否定了"天象"的存在，指出儒家所谓"在天成象，在地成形"不过是虚妄之言，深刻批判了"卑高已陈，贵贱位矣"的王权政治体制。总之，《老子》通过对礼乐政治思想的批判为诸子时代的文化阶层破除了心灵的壁垒，免成的大器、希声的大音、无形的天象，为他们卸下了"集大成"的执念、固定节律的羁绊以及有形严苛的规矩，从此他们除了可以成为"君子"，还可以不成为"君子"，大可以成为在恒自然的天地间潇洒行走的自适之士，这为中国古典美学开启了"观道"的文化传统。

综上可见，语言的功能不能仅限于可以表明意义，因为人类对语言的希冀远大于此。人类的历史不仅是创造物质财富的历史，也是精神、心灵不断成长丰富的历史，人类在生存之外始终不曾放弃对社会的构想、对人性的探究以及对人生意义的终极拷问，于是人类创造了哲学、文学和艺术，这意味着语言的功能不仅体现在日常化的交流中，或者传达一般性的意义，语言还要充分地、透彻地传达深刻的哲学思考，甚至是审美地显现深厚的情感、深沉的思索，于是孔子提出

[①] 裘锡圭：《长沙马王堆汉墓简帛集成》（四），中华书局2014年版，194页。

"文亡隐言""立象以尽意",《庄子·外物》谓:"得意而忘言",儒、道文化群体虽然对待生命、生存、现实政治的态度大相径庭,但是对"意"的重视程度难分伯仲,而且显然对"言""象""意"关系的认识有相通之处。《周易略例·明象》谓:"得意在忘象,得象在忘言。"因为"象"是意之象,得象即得意,因此得意可以忘象,亦可以忘言,这应该是对《庄子》"得意而忘言"思想的合理解释。由是观之,在"言—象—意"的结构中,"意"是"象"的向导,是语言的目的,主宰着"文言"实践的话语内涵,决定了"立言"的终极价值,"意"是"言"和"象"的灵魂。诸子时代文化阶层日益深刻丰厚的精神世界在客观上对语言的形式和内容提出了更高的要求,即诸子时代文化阶层共同的"立言"追求促进了"文言"实践"深于取象"话语特征的形成,促进了中国古典哲学、文学"言—象—意"话语方式的形成。

第三章 "乐则有德"：诸子时代"乐德"观综论

　　一场"流血漂杵"的牧野之战结束了殷商政权，政权移转之后随即迎来了西周政治、文化的转型。自西周始，统治集团充分认识到精神深处的征服对于国家长治久安的重大意义，声称"耀德而不观兵"[1]，频繁举行礼乐活动，针对贵族阶层开展以"乐德"养成为宗旨的礼乐教化活动，培养政治人才。受此影响，诸子时代文化阶层普遍仍将"立德"作为人生目标，积极倡导礼乐精神，对此传世文献和简帛文献都有所体现。而且从中不难发现，有关"立德"观的讨论往往与"君子"人格养成问题密切相关，而且与"立言"、《诗》、乐艺术表现形式、艺术内涵等问题的讨论结合在一起，如马王堆帛书《五行》云："君子之为德也，有与始，无与终也。金声而玉振之，有德者也。"并且明确提出："不乐亡德"和"乐则有德"的观点。可见，在诸子时代，虽然随着王权旁落，肃雍隆盛的大型礼乐活动日渐退出政治舞台，但礼乐成德仍是他们重要的人生追求，叔孙豹提倡的"三不朽"思想在诸子时代文化阶层中仍具有强大的感召力。

第一节 "卫国以德"："演诗"与"立德"

　　西周礼乐文化是"乐德"思想理念萌芽、生长与体系化成熟的文化土壤，这一方面决定了"乐德"思想教化对诗、乐、舞等艺术形

---

[1] （汉）司马迁：《史记》，中华书局1959年版，第135页。

式的依赖；另一方面也意味着诗、乐、舞等艺术表现形式必须以"乐德"理念为精神纲领，才能有效实施礼乐教化，实现"乐德"政治品格的养成。换言之，"乐德"教化宗旨决定了礼乐演诗艺术存在的价值和意义。因此，经历过长期严格有序的"乐德"教化的贵族阶层将会成为未来的政治栋梁、道德典范，也可能是艺术修养深厚的诗人、艺术家，更可能是睿智温厚、诲人不倦的教育家、哲学家，他们最有可能集多重使命、多种才华于一身，他们品格高尚，仪态从容，气度风雅，被孔子赞为"文质彬彬"的君子。而早在孔子之前，叔孙豹就曾提倡："太上有立德，其次有立功，其次有立言。"①叔孙豹认为不朽之言应是成德、建功之言。马王堆帛书《周易经传·昭力》亦谓："上政卫国以德。"②又郭店简《五行》载："和则乐，乐则有德，有德则邦家兴。文王之示也如此。"③《礼记·乐记》亦云："礼乐皆得，谓之有德"④，又云："礼乐之道，举而错之天下，无难矣。"⑤礼乐的执掌权是政治权力的象征，"立德"是西周先王功成天下、守成四方的精神力量的重要标志，所谓"立德"意谓王德的确立，因此"立德"思想在政治舞台上更具实质价值之处在于以王德象征王权，"立德"是以文化隐喻的方式暗示王权的确立，礼乐演诗仪式正是为维护、巩固王德地位而展开的政治教化活动。

"祖述尧舜，宪章文武。"⑥为了巩固西周王权，政治集团不遗余力向天下、四方宣示王德的力量，积极开展礼乐文化活动，将周部族成长的艰难历程、军事上的重大胜利、王者的威仪与优秀品格都作为演诗仪式的艺术显现重心，部族英雄带领宗族成长的艰难历程随远逝的历史定格为永恒的民族记忆，创造历史的王者形象也因此不断被神化，尧舜禅让、文王盛德、武王忠勇、周公敦厚，王者的优秀精神品

---

① 《春秋左传正义》，《十三经注疏》，中华书局1980年版，第1979页。
② 裘锡圭：《长沙马王堆汉墓简帛集成》（三），中华书局2014年版，第149页。
③ 李零：《郭店楚简校读记》，北京大学出版社2002年版，79页。
④ 《礼记正义》，《十三经注疏》，中华书局1980年版，第1528页。
⑤ 同上书，第1544页。
⑥ 同上书，第1634页。

第三章 "乐则有德"：诸子时代"乐德"观综论　105

格在艺术演诗中焕发出永恒的生命力，为"乐德"教化提供了人格典范。上博简《民之父母》曾记载孔子对"三亡"的诠释："亡声之乐，亡体之礼，亡服之丧，君子以此皇于天下。奚耳而圣听之，不可得而闻也；明目而见之，不可得而见也，而德①既塞于四海矣，此之谓三亡。"②"成德"是西周统治集团为了巩固王权而对贵族阶层提出的政治品格养成目标，也是礼乐文化的终极目标，因此如果君王的盛德充溢四海天下，那么乐音旋律、礼仪规程和丧礼之服就只不过是相形见绌的形式而已，终将在君王盛德照耀下归于无声、无体、无服，此谓之"三亡"。可见"盛德"具有超越礼乐形式之上的精神力量，代表了王德的极致境界，孔子的言语中对"盛德"之世的仰慕追思何其热诚！《周易·系辞》亦谓："默而成之，不言而信，存乎德行。"又郭店简《唐虞之道》载："古之尧之与舜也：闻舜孝，知其能养天下之老也；闻舜弟，知其能事天下之长也；闻舜慈乎弟［象□□，知其能］为民主也。故其为瞽盲子也，甚孝；及其为尧臣也，甚忠；尧禅天下而授之，南面而王天下而甚君。"③马王堆帛书《五行》亦谓："'文王在上，于昭于天'，此之谓也。言大德备成亦。"④"乐德"教化固然要借助礼乐仪式进行，但"成德"过程最终是"乐德"思想的内化和深化的过程，有德必有行，唯德行能取信于人，无须言语。综上，通过战国楚简和传世文献的对读不难发现，"乐德"精神在诸子时代仍具有重大的影响力，这说明回到西周礼仪演诗空间并不是偏离诸子时代，恰恰是寻找诸子文化群体思想的来路，探寻他们的精神家园，唯此才能真正走近诸子时代的腾跃春秋、纵横辞章，叩问这些曾经在政治、在文学、在艺术、在哲学等领域将华夏民族带进第一个黄金时代的文化人群的心灵世界。

---

　① 参见陈剑《上博简〈民之父母〉"而得既塞于四海矣"句解释》，武汉大学简帛网，http：//www.bamboosilk.org/wssf/2003/chenjian03.htm，2003年1月17日。
　② 马承源：《上海博物馆藏战国楚竹书》（二），上海古籍出版社2002年版，第161、163页。
　③ 李零：《郭店楚简校读记》，北京大学出版社2002年版，第95页。
　④ 裘锡圭：《长沙马王堆汉墓简帛集成》（四），中华书局2014年版，第84—85页。

一 "不乐亡德":"演诗"的"乐德"宗旨

郭店简《唐虞之道》曰:"上德则天下有君而世明。"① 武王克商,周公平定天下,政治昌明。作为政权角逐中的胜者,西周政治集团在政治思想体系的建设中同样体现出雄才大略、远见卓识。西周建国之初,统治集团为了巩固政治上的绝对统驭地位,吸取夏、商两代的文化精华为己所用,诗歌、音乐具有的象征、隐喻特质被娴熟地运用到礼乐文化体系建设与"乐德"教化中。周王与邦国贵族经常因内政外交事务在宗庙、朝堂举行礼仪演诗活动,以王权为核心的西周统治集团构建乐官体系实现对礼仪演诗活动的全面管理,礼乐演诗仪式的准备及有序展开由大司乐总掌监督,辖下乐官分工细密,各尽职守,经过严格培训的乐官充分发挥演诗艺术的象征特质,通过歌奏舞统合的仪式流程,展开以"中和祗庸孝友"为思想内涵的"乐德"教化实践,对此郭店简《五行》有云:"唯有德者,然后能金声而玉振之。……不乐亡德。"②

西周礼乐制度的建构经过了长期的发展历程,如《尚书·舜典》载:"帝曰:'夔,命汝典乐,教胄子,直而温,宽而栗,刚而无虐,简而无傲。诗言志,歌永言,声依永,律和声。八音克谐,毋相夺伦,神人以和。'夔曰:'於!予击石拊石,百兽率舞。'"③ "典"意为执掌、主管,"典乐"是指对礼乐演诗实践进行人为的管理、设计与演绎,歌诗言志、八音伴奏、百兽率舞,在神人和谐的氛围中教化胄子成就正直温和、宽宏庄重、刚毅仁厚、平易有仪的德品风范。通过这则文献不难看出,诗与乐统合的祭祀演诗流程并不是单纯的艺术活动,而是履行品格教化的政治仪式。而且据郭店简《唐虞之道》记载,圣人对子民的教化传统渊源有自:"夫圣人上事天,教民有尊也;下事地,教民有亲也;时事山川,教民有敬也;亲事祖庙,教民

---

① 李零:《郭店楚简校读记》,北京大学出版社2002年版,第96页。
② 刘钊:《郭店楚简校释》,福建人民出版社2005年版,第70页。
③ 《尚书正义》,《十三经注疏》,中华书局1980年版,第131页。

孝也；大学之中，天子亲齿，教民弟也。"① 可见祭祀天地、山川、先祖、乐祖的仪式活动也是礼乐教化的仪式流程，它们分别教化民众懂得尊卑有位、亲和有礼、恭和敬让、孝顺长辈、友爱兄弟，教育目标各有侧重。由此可见祭祀礼在西周礼乐教育体系中具有重要意义。

夏、商两代祭祀文化相续发展，商代的祭祀文化极度繁荣，频繁举行祭礼仪式，这大大促进了西周礼乐演诗艺术形态的定型与"乐德"思想理念的体系化成熟。对此《礼记》《周礼》《汉书》都有相关的记载。

> 武王崩，成王幼，周公践天子之位，以治天下，六年，朝诸侯于明堂，制礼作乐，颁度量，而天下大服。②
> 周公既成文武之业而制礼作乐。③
> 大司乐掌成均之法，以治建国之学政，而合国之子弟焉。凡有道者有德者，使教焉，死则以为乐祖，祭于瞽宗。以乐德教国子：中和祗庸孝友。以乐语教国子：兴道讽诵言语。以乐舞教国子：舞《云门》《大卷》《大咸》《大韶》《大夏》《大濩》《大武》，以六律、六同、五声、八音、六舞大合乐，以致鬼神示，以和邦国，以谐万民，以安宾客，以说远人，以作动物。④

武王带领周部族克商立周，但两年后去世，天下未定，此时成王年幼，周公摄政称王，治理天下。在此期间，周公曾因三监与武庚叛乱而东征，东征胜利后在明堂召见天下诸侯，制礼作乐，颁布相关的律法制度，并具体实施，从此化成天下。根据前两则文献可以肯定周公摄政六年是西周政治文化史上的重要节点，在此之前是南北征伐、东征西讨，在此之后则是四方咸集、平成天下，而且在这一年"制礼作乐"，诏告诸侯，标志着西周礼乐制度已酝酿成熟，并已介入西周

---

① 李零：《郭店楚简校读记》，北京大学出版社2002年版，第95页。
② 《礼记正义》，《十三经注疏》，中华书局1980年版，第934页。
③ （汉）班固：《汉书》（卷七十一），中华书局1962年版，第3049页。
④ 《周礼注疏》，《十三经注疏》，中华书局1980年版，第787页。

贵族的政治文化生活。通过第三则文献可以了解到，西周礼乐制度由大司乐全面掌理、严格规范，并建立完备的"乐德"教化体系，任用德才兼备的教师，聚合邦国子弟，"国子"是贵族阶层的代表，是享有教育特权的群体，是未来的政治栋梁，也将是文化阶层最重要的组成部分。西周大学针对"国子"专门设置的教育内容包括乐德、乐语、乐舞。此外，大司乐还总掌国家重大礼乐演诗活动，指挥监管分工细密的乐官体系。在西周重大礼乐演诗活动中，乐官各司其职、协同配合，以六律、六同、五声、八音、六舞组合成"大合乐"，在诗乐舞统和的"大合乐"的感召下，鬼神馨享，邦国和合，万民和谐，诸侯安服，远者归顺。对此郭店简《性自命出》曾这样描述："凡声其出于情也信，然后其入拨人之心也厚。……听琴瑟之声，则悸如也斯叹。观《赉》《武》，则齐如也斯作。观《韶》《夏》，则勉如也斯敛。"[①] 由歌乐舞构成的综合艺术演诗深入心灵、拨人心弦，听琴瑟弦歌动不禁动情赞叹，观《赉》《武》舞蹈立刻恭敬务实，观《韶》《夏》大武就勉力为政，随着仪式演诗活动的频繁举行，针对君王、诸侯、百官、国子等固定人群，在情、礼、行等方面展开全面的教化，并且设定了体系化成熟的教育目标，即成就以"中和祗庸孝友"为思想内涵的"乐德"精神品格。以"中和祗庸孝友"为思想核心的"乐德"政治理念由此得到广泛传播，在政治集团内部、在城邦、在乡里获得普遍认同，中正敦厚、祗敬庸和、孝顺友爱作为西周"乐德"教化的实践目标深刻影响着贵族阶层政治生活的形态、文化生活内涵以及他们对生存意义的体认，深刻影响了诸子时代文化阶层对君子人格境界的追求，"乐德"精神在诸子时代贯注在君子人格的风雅精神中，成为"君子"往往是文化阶层毕生的理想。

周礼制度规定下的演诗仪式由殷商时期单一的祭祀活动扩展为吉礼、燕飨、乐射等多种类型的"乐德"教化活动，但由于祭礼是祭祀天地、先祖之礼，是王权中正地位的表征，因此祭礼仍是西周最重要的礼乐仪式活动，并形成了完备的祭祀演诗体系。据《周礼·春官

---

① 李零：《郭店楚简校读记》，北京大学出版社2002年版，第106页。

·大宗伯》记载：

> 大宗伯之职，掌建邦之天神、人鬼、地示之礼，以佐王建保邦国。以吉礼事邦国之鬼神示，以禋祀祀昊天上帝，以实柴祀日、月、星、辰，以槱燎祀司中、司命、飌师、雨师，以血祭祭社稷、五祀、五岳，以貍沈祭山林、川泽，以疈辜祭四方百物，以肆献祼享先王，以馈食享先王，以祠春享先王，以禴夏享先王，以尝秋享先王，以烝冬享先王。

周王率领诸侯、百官诚敬祭祀鬼神，并祈求福佑，孝子、人臣屈伸俯仰的仪度之间寄寓着吉祥如意的美好期待，因此周王的祭礼又称吉礼。吉礼凡十二种，其中禋祀、实柴、槱燎祀天神，共三种；血祭、貍沈、疈辜祭地示，也是三种；享先王以肆献祼、馈食祠，加上祠春、禴夏、尝秋、烝冬的先祖时祭，共有六种。在周人看来，祭祀天地万物与先祖是关系到建邦大略的重要政治活动，由大宗伯负责全面的行政管理，至于具体的吉礼演诗仪式则由大司乐统掌下的乐官体系协作完成。在严格细密的行政制约下，歌奏舞统合的吉礼演诗仪式着力于表达对天地神明以及祖先的诚敬尊崇，但显然国家政治秩序的建立与坚守才是关键所在，确切说"建保邦国"才是祭祀礼真正的目的。不仅如此，王权中正地位的维护巩固、诸侯百官祗敬庸和的政治品格的养成也是吉礼"演诗"仪式的重要实践目标。

盛大的礼仪演诗活动很注重对细节的斟酌，注重以细节强调贵贱、尊卑之间的距离，突出西周王权的至尊地位，以此彰显中正和谐、祗敬庸和的政治理念。不仅吉礼演诗仪式如此，"中和祗敬"的思想理念也成为大飨、大射等演诗仪式重要的话语内涵。按照西周宗法制度的规定，四方诸侯要按时朝见天子，天子与诸侯国之间，或者诸侯国之间也经常遣使聘问，与这些重要的政治活动相伴产生了飨礼仪式和燕礼仪式。飨礼仪式是天子、诸侯招待贵宾的隆重礼节，是捍卫国之大体、解决政治冲突的重要活动，目的在于团结宗族，确立天子的绝对统治地位。飨礼仪式以"礼仪敬和"的环节象征君臣的相尊之义，君臣相敬成为活动的主旨，天下大治仿佛就在揖让之间，礼仪规格隆重严整，酒至齿不入口，如《左传·昭公五年》载："设机而不倚，爵盈而不饮……礼之至也。"行礼时有几案但不倚，酒杯斟满但不饮，更别说进食，设几、致酒只是既定情节中的虚拟动作，主要目的是给来朝者提供向天子表达敬意的情境，象征诸侯、群臣对君王的崇敬，凸显天子的至尊政治地位，是对既定等级秩序的情境再现，温文雅敬之间透露出政治弦音，诠释"中和""祗庸"政治理念。

　　以"恭敬"为主旋律的大飨礼仪式，接待规格必须严格遵循政治外交的常礼，否则为僭越，郭店简《五行》谓："安而敬之，礼也。"[1]因此飨礼仪式活动拘谨整肃，行礼规范甚至达到严苛的境地，对人的体力也是极大的消耗，针对飨礼的这种情形，主人需设燕礼仪式与宾客共叙合欢情意，于是往往飨后设宴，宾主放松心情聊叙和亲之情。飨燕相续进行的仪式活动既强调贵贱、尊卑的地位差异，又关注到了君臣的和合燕欢，飨、燕相承完成相敬相亲之义，故《周礼》往往飨燕并称。另外，天子、诸侯犒赏臣下、使臣或闲暇无事时也常常举行燕礼仪式，昭示君臣相尊之义，和合君臣、宗族。《礼记·燕义》载："诸侯燕礼之义……君席阼阶之上，居主位也。君独升立席上，西面特立，莫敢适之义。"君臣燕饮期间，唯君王在阼阶之上就席，而且唯独君王一人立于席上面西站立，象征百官尊让君位，无人能与之匹敌。燕礼期间突出君王的席位，目的无非是彰显君主无上尊崇的政治地位，辨明贵贱之分、君臣之义，所以燕礼仪式实质上仍是在不断强调王权的"中正"地位，同时也是百官"中正"品格养成的绝佳时机。与此如出一辙的"乐德"教化实践甚至蕴藉在标举尚武精神的射礼仪式中。西周礼乐制度规定，周王、诸侯在祭祀前一定要通过举行大射礼，目的是选拔优胜者参与祭祀："射于射宫，射中者得与于祭，不中者不得与于祭。"[2]很显然，善射与否成为选拔人

---

[1] 李零：《郭店楚简校读记》，北京大学出版社2002年版，第79页。
[2] 《礼记正义》，《十三经注疏》，中华书局1980年版，第1689页。

才的重要标准,但这里所说的"善射"并不仅仅是就射箭的精准程度而言,具体是指在音乐节拍伴奏下进行的射箭比赛,体态、姿容都要与音乐节拍吻合,谓之乐射,乐射的优胜者才是国家的栋梁之材,谓之善射。可见,大射礼仪式既保留了原始的角逐意味与骁勇军威,又平添彬彬的君子人格风范,孔子对尚武以礼的君子风度也曾大加赞扬:"其争也君子。"[1]

综上可见,西周礼乐活动是与王权政治紧密结合的"乐德"教化活动,崇祖致敬、和乐崇德、尚武以礼,礼乐仪式既是对政治秩序的示范,又是对"乐德"精神的深刻诠释,并致力于实现合和而治的政治理想。乐与诗结合的演诗艺术实践充分显现出艺术与政治、演诗与"乐德"精神融合统一的文化形态。徐复观《中国艺术精神》一书在对这一时期艺术精神展开深入探讨时曾经说道:"道德充实了艺术的内容,艺术助长、安定了道德的力量。"[2] 西周礼仪演诗活动用虚构、用象征联结了艺术与政治,文学艺术赋予西周礼乐文化人文精神、情感疏导的力量,直至产生精神深处的蜕变,也就是徐先生所说的道德的力量。郭店简《五行》谓:"闻道而好乐者,好德者也。"[3] 进入诸子时代,"乐德"精神在诸子文化阶层的精神世界中获得了新的成长,"好乐"和"好德"成为君子人格精神显现于外的主要特征。

二 "严生于礼":演诗规格的示范意义

郭店简《语丛二》云:"严生于礼。"严正、不容僭越的西周宗法政治秩序是在礼制的约束和规范中建构起来的,并不断促进这一秩序在西周政治结构内部获得认同。在西周礼乐演诗活动中,仪式象征首先暗示放大的是政治群体内部的相对差异性。演诗规格是严格根据政治地位设置的,天子、诸侯、卿大夫、士都有符合自己身份地位的

---

[1] 《礼记正义》,《十三经注疏》,中华书局1980年版,第1689页。
[2] 徐复观:《中国艺术精神》,华东师范大学出版社2001年版,第11页。
[3] 李零:《郭店楚简校读记》,北京大学出版社2002年版,第80页。

演诗规格。演诗规格的差异是严格的，目的在于通过规格的差异象征政治集团内部地位的差等，明确尊卑各有其位的政治秩序，郭店简《五行》对此有清晰的论述："不远不敬，不敬不严，不严不尊，不尊不恭，不恭无礼。"[1] 可见西周礼乐文化的首要目的是明确差等，唯有在政治体系中建立严格的差等制度，才能形成恭敬严正、尊崇有礼的政治秩序。随着礼乐演诗活动的频繁举行，演诗规格的"象—意"结构及其象征意义被固定下来，并获得广泛共识，礼乐相示，异则相敬，心照不宣，超越言语表意的局限，这种以演诗规格突出政治差等的"象—意"结构在礼乐演诗活动中普遍存在，其中吉礼演诗仪式呈现得最为全面具体。

首先，在吉礼演诗仪式中，周王专享主祭的权力，这是周王中正政治地位的象征。按照西周礼乐制度的规定，祭祀天神、地祇是天子享有的特权，诸侯只能助祭。如《礼记·祭法》云："有天下者祭百神，诸侯在其地则祭之，亡其地则不祭。"周王拥有天下，享有祭祀百神的权利，祈福于天地，佑民治国，贞祥永葆；诸侯守一隅，只祭封地内的山林川谷之神，否则为僭越。祭祀天地由周王独享，这是不容僭越的等级制度，以此提醒臣子忠于职守、铭记作为周王的朝臣的职守本分，维护、巩固周王的君位神权。如《小雅·楚茨》第五、六章云：

> 礼仪既备，钟鼓既戒。孝孙徂位，工祝致告。神具醉止，皇尸载起。钟鼓送尸，神保聿归。诸宰君妇，废彻不迟。诸父兄弟，备言燕私。
>
> 乐具入奏，以绥后禄。尔殽既将，莫怨具庆。既醉既饱，小大稽首。神嗜饮食，使君寿考。孔惠孔时，维其尽之。子子孙孙，勿替引之。

诗中的孝孙即宗子，在先祖祭祀中担任主祭；参与祭祀的还有

---

[1] 李零：《郭店楚简校读记》，北京大学出版社2002年版，第79页。

"君妇",是宗子之妻。周礼制度规定,宗子夫妇必须共同完成祭祀先祖的大任。"诸父"是"宗子"的父辈,即叔父、伯父,应是宗子大宗之下的小宗;"兄弟"为宗子的同辈,指同父兄弟、从父兄弟或更远的从祖兄弟;此外还有助祭的宾客。宗子享有对祖先的主祭权,祭祀期间专门设定了"尸"扮演先祖,模拟式呈现神明、先祖馨享祭品的环节,如诗云:"神嗜饮食,使君寿考。孔惠孔时,维其尽之。子子孙孙,勿替引之。"先是盛赞祭祀洁静、诚敬,百神满意地享用供奉,然后赐福于宗族,并表达对后代的期望,希望后代子孙永远承担光大宗族的伟任,延续宗族的辉煌。在祭祀演诗仪式中,宗子的地位明显高于其他宗族成员,君妇也因此获得比通常夫人尊崇特殊的身份,而且祭祀礼仪的演诗规格也由主祭者的政治官阶决定。《礼记·中庸》就有这样的记载:"践其位,行其礼,奏其乐。"周王为周宗之主,在吉礼仪式中担任主祭,演诗曲目以及重要的演诗环节皆有专属规格,周王作为主祭享有特殊的尊荣,成为祭祀演诗仪式的艺术显现中心,巩固以周王为中心的宗法政治秩序。

自西周王德确立,礼乐制度就成为维护王权政治体系的重要手段。"唯有德者,然后能金声而玉振之。"[①]"金声玉振"是指西周礼乐仪式中钟类乐器和编磬的合奏,是唯有周王和诸侯可享用的乐奏规格。因此,"金奏"响起,编磬锵锵,周王或者诸侯的主祭权首先凸显出来。祭礼通过对祭祀演诗仪式中角色主次与地位高低的象征性匹配,反复确定统治集团内部的官阶等级,实现对政治秩序的示范与巩固。依据西周宗法政治秩序的规定,天子、诸侯、卿大夫、士皆有祭先祖的礼仪,但祭祀仪式的演诗规格因主祭尊卑、贵贱的地位差异而不同。按照《礼记·祭法》的记载,王祭祀立七庙,诸侯立五庙,大夫三庙二坛,嫡士二庙一坛,官师一庙,明确划分,皆有等差。与此密切相关,以西周宗法政治秩序为宗旨的礼仪演诗活动同样赋予音乐、诗歌、舞蹈等演诗曲目等级差异与固定的政治意义,演诗仪式的整体规格也严格按照君臣的官阶等级设置。周王祭祖演诗仪式由大司

---

① 李零:《郭店楚简校读记》,北京大学出版社2002年版,第79页。

乐统掌，祭前大司乐命宿悬，陈列宫悬四面，并展声正乐；祭祀期间，王出入令奏《王夏》，尸出入则令奏《肆夏》，牲出入则令奏《昭夏》，演诗期间均使用金奏规格，象征王者尊崇的身份。另据《礼记·祭统》载："夫大尝禘，升歌《清庙》，下而管《象》，朱干玉戚以舞《大武》，八佾以舞《大夏》，此天子之乐也。"这则文献表明，天子祭祖仪式的演诗环节主要是：升歌《清庙》，下管《象》，天子与国子合舞《大武》《大夏》，周王处于舞列的中心，这是周王祭祖仪式的中心环节，谓之正乐。这段记载可与《礼记·祭统》的另一则记载相参照："声莫重于升歌，舞莫重于《武》宿夜，此周道也。"周族原是殷商统治下的小邦，经历了文王、武王乃至周公三代的奋斗而发展壮大，直至平定四夷，征战的岁月何其漫长艰难，艰苦的历史可以警戒后世子孙团结奋进、巩固政治大业，辉煌的成就则成为周王统御地位的实证，在吉礼演诗活动中无数次回顾这段历史，显然是为了取得政治上的认同与归顺，因此升歌《周颂·清庙》是意图通过对文王精神的高扬建立激励整个民族继往开来的"中和"人格精神范式，使之充当参礼者的心灵、行为的向导，《清庙》因此被奉为众声之重；《大武》乐是为武王克殷而作，武王的伟岸形象正是周部族雄睨天下历史时刻的绝好象征，周人深深懂得将这一关键的历史时刻定格并铭记的重要示范意义，因此周王要在吉礼仪式的演诗活动中亲自执朱干玉戚舞《大武》，夹舞在国子之中，国子是有周天下的未来，武王的功绩时刻提醒执政的周王、国子与朝臣谨记将有周大业发扬光大的政治重任，因此《大武》堪称众舞之重；周王为万众至尊，祭祖演诗仪式歌《清庙》、舞《大武》，是至尊身份与顶级演诗规格的偕配，是周王至为尊崇的政治"中正"地位的象征，周王享用的演诗规格也因此成为确定诸侯、卿大夫、士的仪式演诗规格的基准，诸侯、卿大夫、士的演诗规格各自依据政治等级相应降低，由此形成以周王为中心的、四方拥戴的和合团结的政治图景。

目前，关于诸侯祭祖演诗仪式的资料虽然寥寥，但据《礼记·祭统》的记载，诸侯祭祖礼演诗仪式也有合舞环节："及入舞，君执干戚就舞位。君为东上，冕而总干，率其群臣，以乐皇尸。是故天子之祭也，与天下乐之。诸侯之祭也，与竟内乐之。冕而总干，率其群臣，以乐皇尸，此与竟内乐之义也。"文献中"及入舞"表明合舞是周王、诸侯祭祖演诗仪式正乐流程的最后一环，很可能周王与诸侯祭祖礼的演诗流程基本一致，差别关键在于演诗规格、演诗曲目。如上面分析的，周王的演诗规格是宫悬四面，升歌《清庙》，下管《象》，朱干玉戚舞《大武》，八佾舞《大夏》，被奉为"天下乐"；诸侯的规格就必须相应降低，乐悬是轩悬三面，演诗曲目虽然不确切，但必在周王之下，选自《大雅》《小雅》的可能性较大，例如《毛诗正义》小、大雅谱有这样的解释"诸侯歌《文王》，合《鹿鸣》"，此处虽然记载的是诸侯相见的飨礼演诗曲目，但实际上周王祭祀礼与大飨礼的仪式演诗规格是相同的，由此可以基本断定，诸侯祭祀礼的演诗曲目是《大雅·文王》和《小雅·鹿鸣》，称为"境内乐"；曲目的差异就是规格的差异，规格的差异就是政治地位的差异，目的在于区别等差，周王祭祀用天下乐，象征拥领天下，诸侯祭祀用境内乐象征诸侯辖制一隅。卿大夫、士的祭祖礼的演诗规格依次递减，《周礼·春官·小胥》记载："正乐县之位，王宫县，诸侯轩县，卿大夫判县，士特县。"天子、诸侯、卿大夫、士按照身份等级享用演诗规格，周王享用的乐器规格是乐悬四面，象征具有统御四方的政治地位，诸侯享有乐悬三面，去南面的乐悬，象征尊让天子之位，然后依次是卿大夫享东、西两面乐悬，再去北面乐悬，士仅享东面一面乐悬，演诗环节中乐器组合规格的高低成为贵贱有等政治地位的象征。《礼记·乐记》云："乐其象。"[1]周王的政治"中正"地位随着屡屡举行的吉礼演诗活动频频昭告天下。由此可见，"乐象"是一种特殊的话语方式，蕴藉着特定的、准确的话语内涵，礼乐政治秩序由此变得明确不容僭越，却又温婉达意。

  同样的艺术象征形式也充分运用在飨燕与射礼演诗仪式中，如《左传·襄公四年》载穆叔出使晋国，晋侯设飨礼招待，金奏《肆夏》之三，不拜。工歌《文王》之三，又不拜。歌《鹿鸣》之三，

---

[1]《礼记正义》，《十三经注疏》，中华书局1980年版，第1537页。

三拜。理由是：

> 《三夏》，天子所以享元侯也，使臣弗敢与闻。《文王》，两君相见之乐也，使臣不敢及。《鹿鸣》，君所以嘉寡君也，敢不拜嘉？《四牡》，君所以劳使臣也，敢不重拜？《皇皇者华》，君教使臣曰："必谘于周。"臣闻之："访问于善为咨，咨亲为询，咨礼为度，咨事为诹，咨难为谋。"臣获五善，敢不重拜？

周王飨元侯金奏《三夏》①，两君相见歌《大雅》之《文王》《大明》《緜》，君飨卿大夫歌《鹿鸣》《四牡》《皇皇者华》，晋侯为君主，叔孙穆叔是鲁国大臣，飨礼演诗仪式中，先是金奏《三夏》和工歌《文王》，分别是天子接待元侯、两君相见的飨礼演诗曲目，不符合穆叔的政治身份，穆叔没有答礼，歌《鹿鸣》《四牡》《白华》，符合穆叔应享用的演诗仪式规格，他欣然答拜。这一真实的历史事件表明，在飨礼仪式活动中，随着宾客官阶地位的降低，演诗曲目应依次选自《周颂》《大雅》《小雅》，这说明官阶级别决定了演诗的规格，由此君臣尊卑的教化意义不言而喻。射礼演诗仪式的乐射环节也有鲜明的规格差异，如《礼记·射义》载：

> 天子以《驺虞》为节，诸侯以《狸首》为节，卿大夫以《采蘋》为节，士以《采蘩》为节。《驺虞》者，乐官备也；《狸首》者，乐会时也；《采蘋》者，乐循法也；《采蘩》者，乐不失职也。

参与竞射者各有符合身份的乐节，象征各自应遵循的职守本分。周王乐射时以《驺虞》为乐节，象征百官俱备、拥领天下；诸侯以

---

① 《三夏》是指《九夏》中的《王夏》《肆夏》《昭夏》，郑玄云："《九夏》皆诗篇名，颂之族类也。"此语出自《周礼注疏》，《十三经注疏》，中华书局1980年版，第800页。

《狸首》为节，象征按时朝会天子，敬让天子至尊威仪；卿大夫以《采蘋》为乐节，象征遵循章法为国立功；士的乐节为《采蘩》，象征忠于职守；综上可见，射乐是对君臣职责、操守的告诫。根据《礼记·射义》的说法，举贤封侯都以射礼的胜负为参照，周王往往凭借射礼活动选拔治国英才，射者的仪容、体态都要与射乐的节拍吻合，在射乐严格约束下的竞赛优胜者才是真正的勇士，故曰"射者，所以观盛德"[1]。在周王看来，循礼而射的胜者必是英武忠勇的彬彬贤臣，循礼之臣必是忠臣，循礼乐射中的胜者就是忠臣良将的结合体了，这才是治国安邦的栋梁，大可委以重任。于是射礼仪式中的胜者就拥有参与祭祀的殊荣，并因此分封到更多的土地，败者与此相反。乐射之后为无算乐，放松尽兴，最后宾醉奏《陔》，安燕不乱。大射礼仪式以射节为演诗仪式核心的布局特征展现了周人一贯的尚武精神，射以乐节则反映了西周尚武以礼的文化特征，"射为诸侯"[2]的射礼演诗活动充分说明忠勇敦厚、文质彬彬的品格风范是周王选拔军事人才的重要标准，郭店简《六德》谓："忠者，臣德也。"[3] 在这一标准的激励下不知涌现出多少文质兼美、为国捐躯的勇士贤臣，诸子时代的君子人格标准与文化阶层致力于成就的彬彬风度无疑也深受其影响。

通过以上分析不难看出，周代礼仪演诗艺术实践是以宗法等级秩序的示范为旨归的"乐德"教化活动，乐官通过对祭祀权力与演诗规格的象征性分配，以及演诗仪式中固定乐奏、曲目、乐章规格高下的严格规定，具体、感性、形象地暗示以周王为核心的宗法政治秩序的合理存在，并建立起贵贱有等、尊卑有序的政治制约机制。郭店简《五行》有云："不形不安，不安不乐，不乐亡德。"[4] 礼乐明备的"乐德"教化凭借乐与诗这一对充满象征天赋的灵动翅膀俯瞰跃动着周人的社会政治生活，抽象的"乐德"思想在仪式演诗艺术实践中化为有形的"比兴""乐象"，沿着这条"象—意"路径诠释形而上

---

[1] 《礼记正义》，《十三经注疏》，中华书局1980年版，第1687页。
[2] 同上。
[3] 李零：《郭店楚简校读记》，北京大学出版社2002年版，第131页。
[4] 刘钊：《郭店楚简校释》，福建人民出版社2005年版，第70页。

的礼乐政治理念——"乐德"。而且正由于其是有形的,因此礼乐演诗仪式能够细致具体到规定了各自尊卑有等的政治角色、社会角色、家庭角色,从而更有利于实现天下安和的政治理想,当然这无疑也是完成"乐德"养成目标的必经之路。这种由乐与诗统合的仪式象征营造建立起来的规范化、制度化的"乐德"教化体系,生动演绎了周人在反古复始的祭祀精神追求中不断孕育成长起来的"乐德"理念——"中和祗庸孝友"。艺术象征与政治教化熔铸一体的礼乐演诗活动不仅是对西周礼仪有序的宗法政治生活的真实反映,而且印证了西周艺术精神与政治理念交融生长的特殊文化形态,由此直接影响诸子时代"经世致用"文学精神的成熟。

三 "乐则有德":"演诗"的"乐德"意义

西周礼仪演诗活动还是由多个系列环节按序完成的,象征融汇在演诗仪式流程的"终始之序"[①],传达以"中和祗庸孝友"为内涵的"乐德"思想,参礼者共同沉浸在礼仪演诗活动的艺术氛围中,异则相敬,同则相爱,"乐德"意蕴的艺术演绎与阐释的过程也成为凝聚情感、精神感召的教化过程。歌诗、弦诗、舞诗统合的艺术表演通过艺术象征传达"乐德"思想,为"乐德"教化的全面深入展开创造了契机。建保邦国的政治大略、揖让而治的政治理想、和合相亲的政治氛围、尚武以礼的君子风范都成为西周礼仪演诗的教化目标,"乐德"教化与演诗艺术融合生长的仪式形态直接影响了"致用"艺术观的形成,西周演诗仪式是"致用"艺术观生成的重要文化空间。

首先以飨礼演诗活动为例进行分析。飨礼演诗活动通常是周王、诸侯在关涉重大政治事件时招待臣下的隆重礼仪,演诗环节要求整肃盛大,重在营造严肃庄重的氛围,仪式过程以序列的象征环节阐释君臣相敬的政治理念。从这个意义上说,飨礼演诗活动不仅是对外交政治秩序的严格规范,而且是养成祗敬庸和的品格的良机。《小雅·彤弓》一诗描写的就是天子在大祭前慰劳诸侯的飨礼演诗仪式的场面。

---

① 《礼记正义》,《十三经注疏》,中华书局1980年版,第1535页。

彤弓弨兮，受言藏之。我有嘉宾，中心贶之。钟鼓既设，一朝飨之。

彤弓弨兮，受言载之。我有嘉宾，中心喜之。钟鼓既设，一朝右之。

彤弓弨兮，受言櫜之。我有嘉宾，中心好之。钟鼓既设，一朝醻之。

《彤弓》每章的前两句着力表现周王赐予有功诸侯彤弓，诸侯各自精心收藏，天子用至诚的赐予表达对臣子的欣赏、爱护，同时标志着尊者的权力，更是天子威仪的象征，而诸侯郑重精心地对待所赐物品，则是象征对至尊君主的敬畏、感戴；每章的第三、四句都写周王以主人的身份大飨诸侯，先是天子献酒，之后诸侯回礼，然后天子再劝酒，"贶之""喜之""好之"反复赞美主人的盛情。但盛情是有绝对前提的，即必须以尊崇王权为绝对前提，例如在每章诗的最后一句都写到"钟鼓既设"，这是飨礼演诗仪式的金奏环节，"钟鼓"金奏象征王者统驭天下、不容僭越的王者地位，因此对诸侯、臣下而言，"钟鼓"之乐首先是王者政治地位的明确显现，君王借助飨礼演诗仪式一方面将温婉的盛情传达给诸侯、臣子，另一方面对臣子进行中正、祗敬品格的教化，王者盛情而臣子恭敬，温温其恭的演诗艺术实践过程充分显现了"乐德"教化对祗敬庸和精神品质养成的重视。而且从中不难看出，周人是怎样娴熟地发挥着音乐与诗的象征魅力，又是如何游刃有余地将政治教化与艺术展演、将情与理融会在一起，以一场艺术品位极高的礼义演诗活动呼唤着揖让之间而天下大治的政治理想，彼时彼刻武力与野蛮可以暂时退场了。

与飨礼演诗活动相比，燕礼演诗活动的序列环节则描绘出亲和欢爱的政治美景。《仪礼》所载燕礼是诸侯宴请臣下之礼，演诗环节如下：

乐正先升，北面立于其西……工歌《鹿鸣》、《四牡》、《皇皇者华》……卒，笙入，立于县中。奏《南陔》、《白华》、《华黍》。……乃间歌《鱼丽》，笙《由庚》；歌《南有嘉鱼》，笙《崇丘》；歌《南山有台》，笙《由仪》。遂歌乡乐：《周南·关雎》《葛覃》《卷耳》，《召南·鹊巢》《采蘩》《采蘋》。大师告于乐正曰："正歌备。"……无算爵……无算乐……宾醉，北面坐取其荐脯以降。奏《陔》。

演诗流程分正歌、无算乐、送宾乐三节。演诗的正歌曲目凡18首，以工歌、笙奏、间歌、歌乡乐的表演形式有序进行，每一个演诗环节都是一个情味横生的画面（其中六首曲目无辞，在此不作分析），其中工歌和间歌环节的曲目都选自《小雅》。

燕礼演诗仪式的工歌曲目为《小雅》之《鹿鸣》《四牡》《皇皇者华》。《鹿鸣》，诗小序云："燕群臣嘉宾也"，诗首章云："呦呦鹿鸣，食野之苹。我有嘉宾，鼓瑟吹笙。吹笙鼓簧，承筐是将。"诗歌用优美回环的鹿鸣比喻君主怀着至诚之情礼待群臣，燕礼期间鼓瑟吹笙，君臣欢饮，一派欢歌笑语；《四牡》，小序云："劳使臣之来也"，诗有云："四牡騑騑，周道倭迟。岂不怀归？王事靡盬，我心伤悲。"此诗用四牡不畏征途漫长崎岖，前行不止，比喻臣子因国事历尽疲顿艰辛来朝觐天子，立志为国效力，这样的情形从周王口中说出，抚慰的礼遇跃然纸上；《皇皇者华》，小序云："君遣使臣也"，诗有云："皇皇者华，于彼原隰。駪駪征夫，每怀靡及。"诗歌描写草木无论是生长在广袤的平原还是低洼的湿地，只要在阳光的照耀下就会繁荣茂盛，象征使臣不畏出使途中的艰辛，竭力尽忠，不辱使命，无论何时何处都光显君主的盛德。三首升歌既写欢颜，又言来朝、遣使，君王与百官的往来欢宴尽在其中。

燕礼演诗仪式的间歌曲目为《鱼丽》《南有嘉鱼》《南山有台》。《鱼丽》诗首章云："鱼丽于罶，鲿鲨。君子有酒，旨且多。"诗以鱼多酒美象征君主对臣子的一番亲厚之情。《南有嘉鱼》诗首章云："南有嘉鱼，烝然罩罩。君子有酒，嘉宾式燕以乐。"是写天子与臣开怀宴饮，觥筹交错，营造和亲和宁的景象。《南山有台》首章云：

"南山有台，北山有莱。乐只君子，邦家之基。乐只君子，万寿无期。"是写臣子答谢君主的厚爱，祝君主万寿无期，上下无怨、和乐融洽。这三首歌诗连缀起的正是燕饮过程中热烈融融的场面：歌《鱼丽》以万物顺时、百物丰实，象征君主的礼备仁德；《南有嘉鱼》紧承《鱼丽》的丰实之象，以江、汉之间的善鱼象征君主对贤臣的珍惜呵护，故特设燕礼宴饮和乐，君臣合欢；《南山有台》歌终点睛，用"邦家之基""万寿无期"象征君臣各守周礼大义，国家安康、万寿无疆，演诗仪式的歌诗环节前后反复勾连，"立象以尽意"，演诗流程的间歌环节借助既定的歌诗组曲对燕礼演诗活动和合尽欢的政治宗旨进行了形象生动的艺术演绎。不仅如此，燕礼演诗活动还将"中和"政治品格的养成作为终极目标。燕礼演诗仪式通过工歌与间歌环节的相续演绎，分别从不同侧面对"中和"思想进行了深度诠释，意谓诸侯、臣子的权力、地位由王权、国君赐予、委任，因此忠诚于以周王为中心的宗法政治集团，为王权尽忠效力，是周代君臣相处的基本政治法则，并依据这一政治法则分封土地、政治权力，借此形成良性循环体系，于是国安君宁、上下和亲无怨。

歌乡乐是指歌《国风·周南》之《关雎》《葛覃》《卷耳》和《国风·召南》之《鹊巢》《采蘩》《采蘋》，共六首。《关雎》诗云：

> 关关雎鸠，在河之洲。窈窕淑女，君子好逑。
> 参差荇菜，左右流之。窈窕淑女，寤寐求之。
> 求之不得，寤寐思服。悠哉悠哉，辗转反侧。
> 参差荇菜，左右采之。窈窕淑女，琴瑟友之。
> 参差荇菜，左右芼之。窈窕淑女，钟鼓乐之。

钟鼓为礼乐德音，象征君子最终遵循昏礼而行，圆成天作之合。依周礼，娶妻必恭敬谨慎，尊从正礼，而后男女相亲，子嗣兴旺，否则必会为家族带来祸灾，因此婚礼是孝道的重要组成部分。一个情思浪漫的爱情故事凭借琴瑟、钟鼓在礼乐文化氛围中约定俗成的话语意蕴传达着生民之本、万世之始的夫妇之义、孝道之本。《关雎》以

"后妃之德"为天下的室家树立典范,因此置于三百篇之首。《葛覃》《卷耳》两篇也是赞颂后妃贤淑妇德的诗篇,与《关雎》的意义同类,三首诗各有侧重地勾画出后妃婚姻生活的主色调。另外《召南》三篇好似贵族妇女家族生活画面的重现,《鹊巢》盛赞国君夫人之德,《采蘩》以国君夫人采蘩以奉祭祀,象征国君夫人不失职,《采蘋》则是对卿大夫之妻的赞赏。如《鹊巢》诗云:

维鹊有巢,维鸠居之。之子于归,百两御之。
维鹊有巢,维鸠方之。之子于归,百两将之。
维鹊有巢,维鸠盈之。之子于归,百两成之。

这首诗描绘的是诸侯迎娶夫人的欢乐场面,据《礼记·昏义》载,婚礼当日,父亲命儿子亲自迎娶,女子父母将女儿托付于婿,夫妇一同归家,共牢而食,成就夫妇合亲合一的礼节。这表明周代对婚礼是极为重视的。诗的三章通过复沓的形式反复唱叹鸠占鹊巢,以鸤鸠专一居于鹊巢暗示国君夫人来嫁,安于君室。刘勰曾谓:"尸鸠贞一,故夫人象义"[1],刘勰认为诗是以鸤鸠的生活习性象征夫人贞顺之德,同时暗示夫家选择妻子是以女德为先。诗歌还描写迎娶的车子百乘之多,不仅暗示夫君享有百官之盛的尊崇政治地位,更重要的是表明结婚当日夫婿亲自迎娶,表示对大婚的谨慎以及对新妇的敬重。虽然还是淑女配君子的基调,但多了份亲迎的欢乐,情趣盎然。出自《周南》《召南》的这六首歌诗按照既定顺序演唱,以后妃、国君夫人的贤淑、贞顺为天下夫妇勾画夫唱妇随的室家范式。因为在周人看来,室家安和是天下治平的基点,君子成男女之礼是关系到家族、宗庙的重要事件,更重要的是通过婚礼确立父亲在室家中的绝对统治地位,目的是淡化女子在生育儿女方面的天然优势,肯定父亲与子嗣亲密的血缘关系。血缘关系的肯定使得男子顺理成章地享受夫权与父权,一旦室家之内的规范确立,随之映射为君臣相敬的治国威仪,君

---

[1] 周振甫:《文心雕龙今译》,中华书局1986年版,第326页。

臣相敬关乎国家的兴衰，更与"乐德"教化紧密相关，这才是燕礼演诗活动以夫妇伦理为基本切入点的关键所在。从中明显见出"上以风化下"的教化宗旨，《周南》《召南》也因此被誉为"正始之道，王化之基"[①]。

燕礼演诗活动的正歌从君臣之义言及父子孝道，从万物竞生言及男女婚义，孝道天伦成为实践君臣大义的政治大略。天子以孝治天下，不遗小臣，不侮鳏寡，不失臣妾，故得万国之欢，天下和平。加之燕礼演诗仪式的正歌之后是无算乐，演诗曲目无次无算，尽欢而止。富于变化的艺术演诗形式以及丰富多彩的曲目为严明的"贵贱等差"融入鲜活、亲和的元素，"乐德"教化借有形的象征的演诗环节远播承传、移风易俗，天子威仪反反，君臣温文恭和，生动丰富的艺术演诗形式与曲目，为燕礼注入上下无怨的和乐旋律。最后宾出奏《陔》节，活泼、热烈的无算乐在《陔》乐声中宣告终止，象征安宴而不乱。燕礼演诗仪式流程环环相扣，随着生动的艺术演诗的出场，景象一一显现，礼义渐次明朗，可谓"乐观其深矣"[②]，深刻抽象或不宜直白表达的政治理念在演诗艺术营造的温柔敦厚、和合有致的氛围中深入心灵、感人肺腑。

祭祀、燕飨、乐射等礼仪演诗活动组成了贵族政治生活的重要内容，吉礼演诗活动在表达对神明、祖先的无上崇敬之外，更多的是为了周部族统御地位的确立与巩固，致力于中正敦厚、祗敬庸和政治品格的养成。大飨礼演诗活动往往关涉国家最为重大的政治事务，有在大祭前举行的飨礼，还有在诸侯来朝时进行的飨礼。飨礼仪式主要突出"敬和"理念，仪式环节整肃庄重。燕礼主要在君臣之间酝酿和乐轻松的情感氛围，因此热烈欢快是燕礼演诗流程的主旋律，但周人并未因此丧失应有的仪态与风范，随着萦绕在觞酬之间的正歌与无算乐、《陔》乐的依次演绎，燕饮尽欢却不致醉乱，温温恭和，君臣和乐。大射礼演诗活动重在以乐射表现周人充满彬彬君子之风的英武豪

---

① 《毛诗正义》，《十三经注疏》，中华书局1980年版，第273页。
② 《礼记正义》，《十三经注疏》，中华书局1980年版，第1535页。

气,对乐射胜者的崇尚更为直露地反映出周人对王霸天下的执着与自信。乐官凭借自身在政治素养、专业水准、艺术品位方面的绝对优势,淋漓尽致地谱写着诗的象征、音乐的象征与舞蹈的象征,当歌诗、乐奏、乐舞按照既成的德音韵律融合在一起,"小大相成,终始相生"①,"形象"与"意义"就紧密地联系在了一起,因此演诗即蕴含"乐德"精神的仪式话语,是确立"中和祗庸孝友"品格示范标准的仪式流程。对此孔子曾云:"长民者教之以德,齐之以礼,则民有劝心。"② 可见西周礼乐文化对于成德、成礼的重要意义在诸子时代仍得到了充分认同。《礼记·乐记》谓:"乐文同,则上下和矣。"演诗仪式的礼乐文采偕同,上下相敬和亲,曾经的诗酒萦回、君臣和合栩栩如在目前,礼乐演诗实践的象征艺术使我们与那个久远的时代如此靠近。

第二节 "中和祗庸孝友":"乐德"教化的话语内涵

"诗言其志也,歌咏其声也,舞动其容也。"③ 西周政治集团充分利用诗乐合流的综合艺术演诗形式在庙堂、在乡党有序频繁地展开祭祀、宴飨、燕射等礼乐活动。这些礼乐活动不仅含纳了祈福神鬼、朝觐君主、慰劳将士、尊老序齿等多种具体的社会政治内容,同时伴随着以"中和祗庸孝友"④ 为核心理念的"乐德"教化。相比于祭祀神鬼、比武射箭、慰边怀远等具体、显性政治目的,致力于培养具有"中和祗庸孝友"品格的政治人才是礼乐演诗仪式的远景长效目标,"德辉动于内,而民莫不承听"⑤,显然巩固王权才是终极使命。因此

---

① 《毛诗正义》,《十三经注疏》,中华书局1980年版,第1536页。
② 李零:《郭店楚简校读记》,北京大学出版社2002年版,第62页。
③ 《礼记正义》,《十三经注疏》,中华书局1980年版,第1536页。
④ 郑玄注云:"中,犹忠也。和,刚柔适也。祗,敬。庸,有常也。善父母曰孝,善兄弟曰友。"见《周礼注疏》,《十三经注疏》,中华书局1980年版,第787页。
⑤ 《礼记正义》,《十三经注疏》,中华书局1980年版,第1544页。

礼乐演诗仪式不是单纯的艺术表演,即仪式中除了顾及具体的显性目的,更要以艺术象征揭示隐含其中的思想理念与精神内涵,这决定了具有明确表意功能的《诗》承担了重要的教化使命,《诗》因此成为"乐德"精神的重要载体,以《诗》为核心的演诗仪式也因此与"乐德"教化保持密切的统一性,"歌之为言也,长言之也"[1],"中和祇庸孝友"成为礼乐演诗仪式人格教化的思想纲领,《诗》不仅是"乐德"文明的标志,《诗》在诸子时代经典地位的确立也充分说明文化阶层对"乐德"文明的认同与继承,正如《论语·为政》载孔子云:"其或继周者,虽百世可知也。"

即使进入诸子时代,当礼仪佚,古乐不复,但《诗》还在,孔子将《诗》作为主要教材,延续礼乐教化,此外,《礼记》《仪礼》《周礼》也由儒生的口耳相传获得流传后世的机会,此外儒生不忘著述立说,阐发新义,《孟子》主张"今之乐犹古之乐",以此重新发挥礼乐的教育功能。当古乐不再,以新乐取代古乐难道不是对"致乐治心"精神的坚持吗!故而《荀子》也专门有《礼论》《乐论》专篇。可见,在诸子时代,"乐德"精神对家国政治的重要意义仍然得到足够的重视。上博简《诗论》提出:"乐亡隐情,诗亡隐志,文亡隐言。"无疑是对"乐言情""诗言志""文言"理论的全面回应。郭店简《缁衣》亦载孔子云:"君子言有物,形有格。"[2] "言之有物"思想实际是对"立言"思想、文质理论的补充完善。传世文献与简帛文献共同呈现的不仅是西周礼乐文化传统,也镌刻下诸子时代文化群体对礼乐文化传统的审慎、忠实,对文化经典的尊重和传承之功,还有对时代政治的投入与反思。毋庸置疑,诸子时代是这条文化传承之路的关键节点,也是古典诗论体系形成的黄金时代。

一 "生德于中":"乐德"理念在诸子时代的普适意义

西周礼乐活动凭借歌、奏、舞统合的演诗艺术实施"乐德"思想

---

[1] 《礼记正义》,《十三经注疏》,中华书局1980年版,第1545页。
[2] 李零:《郭店楚简校读记》,北京大学出版社2002年版,第63页。

教化，以"中和祗庸孝友"为思想内涵的"乐德"教化成为西周歌诗艺术、舞蹈艺术、乐器演奏技艺发展成熟的主要动力。随着礼乐演诗活动频繁有序地展开，中正和合、诚敬雍和、孝顺友爱的精神不断得到高扬，"中和祗庸孝友"体系化为有周一代思想道德建设的整体目标，由此全面影响礼乐演诗仪式的表现形式与精神内涵。时至今日，曾经的歌舞、旋律随历史烽烟而断绝不彰，所幸留存下来的《诗经》、青铜器以及简帛文献仍然能够部分重现有周一代"乐德"教化的艺术风貌。

"乐德"精神品格的养成需要长期、不间断的教化过程，郭店简《性自命出》谓："教所以生德于中者也。"① 《礼记·乐记》亦云："和顺积中，而英华发外，唯乐不可以为伪。"品格教育需要内外兼顾，但最终是由内质的升华而实现精神境界的提升，从而显现于外。郭店简《语丛一》有云："志，心司也。……为孝，此非孝也。为悌，此非悌也。不可为也，而不可不为也。为之，此非也。弗为，此非也。人亡能伪。"② "志"是人的灵魂，为孝、为悌不是发自内心，因此是人为，是作伪，如果是人为的作伪，为与不为都是错误的行为，因为实际上人难以伪装真实的内心。统合上述三则文献不难发现，礼乐文化语境根本决定了"志"与"乐德"精神的密切对应性，因此孝悌友爱的行为品格必是由心出发，这体现了"乐德"教化对"孝友"品德的重视。西周统治集团之所以在其政治理念中始终强调"孝友"品格，缘于孝敬尊长、友爱手足的品格植根于室家、宗族内部的伦理亲情而拥有普遍受众，并能够自然生发为政治层面的"祗敬"品格标准，而祗敬宽和与孝顺友爱的品格是成就"中和"精神的良好基础，果敢中正、刚柔相济的品格标准代表了西周政治品格的最高境界，直接影响了诸子时代"君子"人格标准的建立。由此可见，以"中和祗庸孝友"为具体标准的"乐德"教化既设计了品格渐次提升的过程，又充分保证了教化受众的普泛性。基于此，"孝

---

① 李零：《郭店楚简校读记》，北京大学出版社2002年版，第106页。
② 同上书，第160页。

友"思想理应成为《诗》的主题。

　　礼乐演诗流程中的歌诗艺术统合了音乐和诗歌两种艺术形式，综合了音乐与语言的艺术表现优长。诗乐合流不仅擅长表达深沉、丰富的情感，而且能够准确、生动地表述深刻、复杂的思想理念，因此歌诗表演成为仪式表演的核心。《礼记·乐记》曾这样描述："歌者在上，匏竹在下，贵人声也"，由于礼乐仪式中的其他表演都在堂下，只有歌诗在堂上表演，也称"升歌"。而且"升歌"环节遍布周王、诸侯举行的祭礼、大飨礼、大射礼等大型礼乐活动中，以及燕礼、乡饮酒礼、乡射礼等小型礼乐活动中，这充分说明"歌诗"对于"乐德"教化的重要意义。"夫圣人……亲事祖庙，教民孝也。"[①] 鉴于"孝"德对于"乐德"教化的重要意义，"孝"德在《诗》中也成为重要的表现内容，这类诗主要集中在《周颂》《大雅》中，如《大雅·既醉》中有云："威仪孔时，君子有孝子。孝子不匮，永锡尔类。"《大雅·下武》亦有云："永言孝思，孝思维则。"诗中屡屡提到孝子、孝思，可见"孝"德作为周人必须遵循的行为准则、人格标准时刻产生着影响。由于"孝"德是周人依据血缘而设定的基本行为法则，因此"孝"德具有与亲情、友爱相融合的精神品质，郭店简《唐虞之道》云："爱亲故孝"[②]，《国风》中也不乏类似篇章，如《秦风·无衣》首章云："岂曰无衣，与子同袍。王于兴师，修我戈矛，与子同仇。"当宗族、邦国面临危难时，同宗同族的兄弟就是协同作战的战斗伙伴，出征前、回师后都要在宗庙告祭共同的先祖，彼时忠孝与友爱紧紧熔铸在了一起。周部族正是依靠这种由共同血脉先祖维系起来的孝敬友爱的精神从而团结和合、同仇敌忾、打败大商部族，这无疑是将"孝友"之德作为"乐德"教化基本目标的重要原因。

　　郭店简《语丛一》曰："《诗》，所以会古今之诗也者。"[③]《诗》

[①] 李零：《郭店楚简校读记》，北京大学出版社2002年版，第95页。
[②] 同上。
[③] 同上书，第160页。

的结集较晚，文字内容常常遭到质疑，而金文镌刻于青铜，青铜器多因祭祀典礼而铸造，是重要的礼器，金文除了记录祭祀的缘由、具体细节外，还乐于诉说周部族辉煌的历史，并着力赞颂历代周王的人格精神，因此金文的功用和文字形式与"美盛德之形容"的《周颂》相似，在此不妨撷取两则金文与《诗》互证。如恭王时代的史墙盘不仅颂扬文、武、成、康、昭、穆六代周王的功德，文献结尾还谈道："唯辟孝友，史墙夙夜不坠，其日蔑历，墙弗敢沮，对扬天子丕显，用作宝尊彝。"①这段金文记录了墙恪守"孝友"之德，夙夜不忘先王先祖的美德，不敢败坏废止，于是作宝彝尊颂扬诸位先王的至美盛德。这段对"德"治思想的论述客观呈现了西周家国同构的政治思想特征，即一家、一宗族的"孝友"伦理观念放大至一国，则直接指向忠诚祗敬、刚柔和合的政治理念。西周统治者认为只有敬德守成才能做到尊卑之间恭敬和谐，实现宗族内外和睦有序，唯此才能国家安泰、王权永固，因此四夷八方、上自周王下至庶民都被规划在德化的范围之内，《诗》的"孝友"思想理念中也明显涵盖着成就"中和""祗庸"政治品格的思想动机，《诗》印证了以"中和祗庸孝友"为内涵的"乐德"教化在西周至诸子时代政治生活中的普适意义。

二 "和则乐"："乐德"教化的"和合"精神

巩固王权是"乐德"教化的宗旨，西周政治集团擅长以血缘为纽带建立家国同构的宗法秩序以及"乐德"教化目标，因此"乐德"教化呈现由宗族式的孝敬友善的品格标准延展映射为政治层面的忠诚果敢、刚柔相济、祗敬雍和的品格境界的过程，这体现了"乐德"教化对于维护王权统治的实际意义。但是相比于严格、不可僭越的秩序本身，"乐德"文明同样焕发出"和合"的理想之光。西周统治者在经年的部族斗争中清楚认识到王权稳固固然依赖秩序、制度，但由温情入手的理想展望能够提供更为久长、深沉的精神支撑，因此"乐

---

① 王辉：《商周金文》，文物出版社2006年版，第147页。

德"教化既高扬忠诚、祗敬、孝敬等精神品格,彰显王权的庄严肃穆、不容僭越的威仪,又辅以宽和、温厚与友爱的人格教化。这意味着以"中和祗庸孝友"为精神内涵的"乐德"教化不仅肩负着维护政治秩序的使命,而且为政治集团提供了迈向"和合"政治理想的思想基础。

实现天下"和合"的政治图景是西周王权的终极政治理想,正如郭店简《五行》谓:"和则乐,乐则有德,有德则邦家兴。文王之示如此,'文王在上,于昭于天',此之谓也。"① 西周王权集团在提出"和合"政治理想时多以文王伟大人格精神为典范,多数文献对文王之德的描述也往往以"和"为核心,主要赞颂文王善于团结华夏诸族以及大服天下的历史功绩。如《尚书·君奭》篇云:"文王尚克修和我夏"②,又如《大雅·文王》云:"仪刑文王,万邦作孚。"周人效法、继承文王精神已是不可颠覆的政治传统,并因此受到世代周王的推崇,如"文王蔑德,降于国人"。晁福林《先秦社会思想研究》一书曾结合先秦文献系统归纳出文王美德的五个方面:"其一,惠保小民;其二,勤政节俭;其三,与民同乐;其四,孝敬;其五,恭祭先祖。"③ 书中还指出:"这些品德集于文王一身,所以他能够成为上古时代理想的君主楷模。"④ 由于将美德集于文王一身这本身就是上古时代文化特征的反映,因此将文王当作民族英雄、盛德君主加以崇拜本身并不特别,值得注意的是周人赋予文王精神的道德元素极其富有启发意义。文王"惠保小民""与民同乐",无疑是特别重视阐发文王友善万民、善于协调君民关系的政治品质,而将"孝敬"与"恭祭祖先"置于其后,可见周人充分认识到推崇"孝"德、标榜"敬"德固然重要,即建立尊卑有序、贵贱有礼的政治秩序固然是必需的,但以"友"德教化出发真正实现"和"德所期许的万民拥戴、天下归一的"和合"政治理想,对于已然拥领大周天下的西周政治

---

① 李零:《郭店楚简校读记》,北京大学出版社2002年版,第79页。
② 《尚书正义》,《十三经注疏》,中华书局1980年版,第224页。
③ 晁福林:《先秦社会思想研究》,商务印书馆2007年版,第105页。
④ 同上。

集团而言更具实际价值。因此，虽然"友"德的具体内涵包含在"孝"德之中，金文与传世文献也将"孝友"并提，但是并不影响"友"德在"乐德"教化中发挥特有的作用。其意义就在于，西周统治者对"友"德的推崇是与和同天下的终极政治理想紧密相连的，西周宗法制度及其制约下的分封制根本决定了善兄弟这一品德的实际社会意义绝不能仅限于伦理层面，而应是与实现和宗族、友万邦、悦天下的"和合"政治宗旨紧密关联的重要政治品格，清华简《尹诰》与《诗经》中对"友"德的阐释也充分证实了这一点。

清华简《尹诰》是《尚书》的佚篇，明确提出了"克协我友"的政治主张，原文如下：

> 惟尹及汤咸有一德，尹念天之败西邑夏，曰："夏自绝其有民，亦惟厥众，非民亡与守邑，厥辟作怨于民，民复之用离心，我捷灭夏。今后胡不监？"挚告汤曰："我克协我友，今惟民远邦归志。"汤曰："呜呼！吾何祚于民，俾我众勿违朕言？"挚曰："后其赉之，其有夏之金玉实邑，舍之吉言。"乃致众于亳中邑。①

全篇的大意是：伊尹和汤都有凝聚天下为一的王者盛德，伊尹想到败走西边的夏邑，说："夏王自绝于天，与管辖的民众结怨。夏王不懂得失去了民众就没有人与他一起守卫国家。君王与民众结怨，民众必然与君王离心，所以我们才成功灭掉了夏。如今君王为什么不以此为鉴？"尹挚向汤禀告："我团结友爱邦国，所以现在远邦都有归附的忠心。"汤说："啊！我怎样才能造福民众，使我们的民众不违背我说的话？"尹挚说："君王应当赏赐他们。我们获得夏人满城的财宝，把它分发给民众，这是吉祥。"于是就把民众召集到了亳邑的中心广场上。

《尹诰》所出年代应在公元前305年前后，文献记录了伊尹对商

---

① 李学勤：《清华大学藏战国竹简》（一），中西书局2010年版，第133页。

汤的谏言，其中"我克协我友，今惟民远邦归志"句是全文的核心，伊尹认为夏桀因为"绝其有民"，"作怨于民"，终至离心离德，难逃灭亡的命运。伊尹总结夏朝灭亡的教训的目的在于向商汤阐明"克协我友"的政治意义，劝谏商汤注重团结远邦的政治势力，更要获取下辖地域民众的忠心，这是永葆天下的基本政治策略。也就是说作为一位具有优秀政治品格的执政者，"友"德必不可少，其意义远超于伦理层面而具有鲜明纯粹的政治意义。据简文可知伊尹认为夏桀失"友"德而与民结怨、与民离心，最终颠覆了和谐和同的政治局面，而商汤善于采纳伊尹的劝谏，凭借友善天下万民的宽广政治胸怀而获得了拥戴，为大商带来了和谐吉祥的政治前景。因此西周对于肩负政治使命的各级职官实施"友"德的教化是在实现室家、宗族内部的和睦融洽的基础上，着力提倡在政治层面的精诚团结，终而化成天下，这意味着作为一位卓越的政治家应该是勇武刚毅与仁慈友善集于一身的智者、圣人，即达到"刚柔适也"①的境界，因此"友"德与"和"德是以和同天下为目标的重要政治品格。

《礼记·乐记》云："乐在宗庙之中，君臣上下同听之，则莫不和敬；在族长乡里之中，长幼同听之，则莫不和顺；在闺门之内，父子兄弟同听之，则莫不和亲。故乐者，审一以定和，比物以饰节；节奏合以成文。所以合和父子君臣，附亲万民也。""和合天下"始终都是西周政治集团坚守的政治理想。庙堂之中君臣和敬，宗族乡里长幼和顺，室家闺门父子兄弟和亲，在礼乐演诗仪式中，天子祭祀礼、飨礼彰显君臣和敬的政治秩序，乡饮酒礼序齿宴饮着力展现尊老爱幼的和顺之道，室家之内成年男子行冠礼，女子成年行笄礼，男女结合行婚礼，这表明礼乐仪式精心营造的相敬、和顺、和亲的温暖氛围是在促进君臣、长幼、父子、兄弟之间的情感沟通，弥合由地位、血缘、年龄差异造成的隔膜，是"和合"政治理想的集中体现。据于此，礼乐演诗仪式根据歌诗的情感基调审定、调和乐曲旋律，八音乐器为歌声伴奏，构成平和优美的演诗艺术。在和美的乐声中父子君臣

---

① 《周礼注疏》，《十三经注疏》，中华书局1980年版，第787页。

和睦团结,亲近万民,《礼记·乐记》曾特别提到"审一以定和",在礼乐仪式中"和"既是至美的艺术境界,也是和谐融洽的情志佳境,生动显现出周人对"和合"政治理想的执着追求,因此"和合"理念也成为演诗仪式彰显的主题。

周人重祭崇德,天子祭祖活动以亲亲孝道为情感牵系,虽以凸显天子政治地位为主调,但显然又是以和同邦国、和谐天下生民为终极目标。不仅如此,还要使朝觐者安和,使偏远的臣服者和悦,甚至一切生物都要受到礼乐精神的感召,这无疑是天下大和的政治美景。因此,周王祭祖仪式被奉为"大合乐",不仅仅是针对乐器规格而言,也不仅仅以彰显天子尊崇为目的,相比对"祗敬""忠孝"理念的大肆提倡,其中蕴含的"和合"政治理念更具有实际深远的政治意义。如天子祭祀演诗活动中的代表曲目《清庙》就颇能说明问题,《周颂·清庙》诗云:

> 于穆清庙,肃雍显相。济济多士,秉文之德,对越在天。骏奔走在庙,不显不承,无射于人斯。

庙宇肃穆庄严,参礼者整肃雍和。济济多士秉承文王之盛德,恭敬祭祀,惠报文王的在天之灵。君臣同心共祭文王,秉承文王凝聚宗族、和同诸侯、团结众臣的宽和美德,守成天下大业。可见《清庙》是以文王的"和"德精神为后世立范。对文王的颂赞不是"孝"道能涵盖,充分发挥了文王精神品格中的"和"德风范。此外,祭祀仪式的结束曲目《周颂·雍》更是尽情渲染雍和祗敬的氛围。

> 有来雍雍,至止肃肃。相维辟公,天子穆穆。於荐广牡,相予肆祀。假哉皇考,绥予孝子。宣哲维人,文武维后。燕及皇天,克昌厥后。绥我眉寿,介以繁祉。既右烈考,亦右文母。

诸侯来朝助祭天子,雍雍而来、祭时肃肃,主祭穆穆而美,助祭礼仪敬和,宾主各得礼宜;诸侯进奉丰厚的祭祀之馔,君臣一心共奉祭祀。文王之德福及孝子,周王任贤仁智,兼赋文治武功;文王之德安及皇天,子孙蒙其福佑,故能祐助烈考、文母之祭,全诗可谓和敬之至。天子大祭在《雍》歌肃雍穆穆的和美之声中圆满告成,祭祖演诗仪式的音乐旋律、表演风格、诗歌内容、思想理念都掌控在"和"的氛围中。

相比于祭礼活动,燕礼礼仪式更具有亲和风格。如燕礼演诗的曲目《小雅·鹿鸣》有云:"呦呦鹿鸣,食野之苹。我有嘉宾,鼓瑟吹笙。吹笙鼓簧,承筐是将。"意谓君臣欢饮,上隆下报,君臣尽诚,一派欢歌笑语。又《周南·关雎》写君子因为好色求女所以求之不得,而后遵循婚礼之义而圆成婚配。诗中琴瑟寄托着男女和乐融睦的喻义,钟鼓象征君子最终悟到婚礼和敬同爱、共奉祭祀的礼乐精神内涵而圆成天作之合。由父子、长幼、夫妇亲情而至国之君臣大义,歌诗蕴藉着由孝敬友爱的伦理亲情而显现、映射的尊尊君威,手足亲情、故旧友情、君臣敬欢皆统合在演诗流程中,贴合自然地成就了君臣忠敬和谐、长幼和欢有序的"乐德"文明之盛,正如《礼记·乐记》谓:"四海之内,合敬同爱。"

三 "忠信之道":"中"德的践行

《周易·系辞》谓:"崇高莫大乎富贵",王权的崇高尊贵是礼乐仪式彰显的中心,因此"乐德"教化目标以"中"德为首,以维护王权的中正政治地位,对百官而言则是"忠"德的养成,这意味着"中"德是成就祗敬、庸和、孝悌、友爱政治品格的绝对前提,由此"中"德品格在政治思想体系中的重要地位略见一斑。郭店简《六德》曾详细论述"忠信"之德,其简3云:"圣、智也,仁、义也,忠、信也。圣与智就矣,仁与义就矣,忠与信就矣。"[1] 作者还将圣智、仁义、忠信"六德"分别对应夫妇、父子、君臣"六位",并在简16至简23中如是云:"义者,君德也。……忠者,臣德也。……智也者,夫德也。……信也者,妇德也。……圣也者,父德也。……

---

[1] 李零:《郭店楚简校读记》,北京大学出版社2002年版,第130页。

仁者，子德也。"① 很显然，君臣、夫妇、父子之间贵贱、尊卑、上下的"六位"既定秩序是在仁爱、圣智、忠信"六德"的教化规范下建立并不断巩固的，室家内的夫妇、父子关系象征性地对应国家政治集团内部的君臣关系，这充分说明礼乐教化强调伦理道德的根本目的在于确立、巩固君王的政治地位，即妇德教化是为了夫权的合理存在，同样对臣下忠正品格的注重是在致力于高扬王权不可僭越。如《乐记》云："男女无辨则乱生，天地之情也。"② 又云："天尊地卑，君臣定矣。卑高已陈，贵贱位矣。"③ 周人巧妙地运用宇宙自然的形态比附异质同构的夫妇之分、君臣尊卑，于是"忠"与"信"结合并演化为君王衡量臣下政治品格优劣的最具实际意义的标准就再自然不过了，在诸子时代仍然得到强调也就并非偶然了。

郭店楚简《忠信之道》对"忠信"之德进行了全面深入的阐述，其云：

不诡不谄，忠之至也。不欺弗智，信之至也。
大久不渝，忠之至也。……至忠亡诡，至信不倍，夫此之谓也。④

按照《忠信之道》的论述，持有"忠信"之德的人有如下行为思想特征：不诈、不疑、永久不变是最高境界的忠；不欺骗、不自作聪明、不背叛是最诚挚的信。同时对"忠信"之德的政治意义进行了深入讨论：

君子其施也忠，故蛮亲傅也。
忠积则可亲也，信积则可信也。忠信积而民弗亲信者，未之有也。

---

① 李零：《郭店楚简校读记》，北京大学出版社2002年版，第131页。
② 《礼记正义》，《十三经注疏》，中华书局1980年版，第1531页。
③ 同上。
④ 刘钊：《郭店楚简校释》，福建人民出版社2005年版，第160页。

忠，仁之实也。信，义之期也。是故古之所以行乎蛮貊者，如此也。①

第一句中的"傅"古通"附"②，第一句是说君子行为忠厚，外夷就来亲附。第二句的意思是凝聚忠德就会可亲，积聚诚信就值得信赖。积聚忠信而万民不亲近信任他的情况还从来没过。第三句说忠是仁的实际内涵，信是义的最高目标，正因为如此古来忠信能远播蛮貊聚居之地。《忠信之道》篇目较为短小，但从中不难看出"忠信"在当时是统治者极为推崇看重的政治品格，具体规定了符合"忠信"之德的"六不"行为标准：不诈、不疑、不变、不欺、不智、不背，显然统治者充分认识到"忠信"之德对亲和宗族、平定四方、长治久安的重要意义，这表明"忠信"之德的教化绝不是脱离实际政治行为的空谈，或者说是对政治前景、"乐德"文明的理想化展望，而是已经形成关于品格与行为的极具操作性的评价体系，由此"中"德理念延伸为"忠信"之道的思想路向也更为明晰。

而且"忠信"理念也正是儒学思想体系的"仁""义"观念的核心思想元素，如孔子云："言忠信，行笃敬，虽蛮貊之邦，行矣。言不忠信，行不笃敬，虽州里，行乎哉?"③ 这足以说明"中"德思想教化是经过了长期的实践过程才成为王权政治思想的核心理念，并直接影响儒学思想内核的形成，因此"忠信"思想对诸子时代文化阶层精神品格的影响是直接的、持久的。上博简《中弓》篇也是记载孔子"为政"思想的重要篇章，其中着重谈到"忠""敬""孝"三德的教化，而且明确倡导"德教不倦"，现将有关简文选录于下。

简6：孔子曰："夫祭，至敬之。"
简17：孔子曰："刑政不缓，德教不倦。"

---

① 刘钊：《郭店楚简校释》，福建人民出版社2005年版，第160—161页。
② 同上书，第166页。
③ 《论语注疏》，《十三经注疏》，中华书局1980年版，第2517页。

简 21：孔子曰："雍，古之事君者，以忠与敬，唯其难也。"①

孔子在《中弓》以"忠敬"之德、"孝顺"之德为重心的这些讨论显然是围绕西周政治思想的核心内涵进行的，而孔子对德教的提倡也证明"乐德"教化理念在诸子时代作为人格教育的重要目标对士人阶层仍发生重要影响。由是观之，郭店简《忠信之道》印证了"乐德"作为颇具操作性的价值标准对诸子时代文化阶层思想行为的实际规范力，同时充分证实西周是"乐德"教化思想的成熟期，诸子时代是"乐德"教化持续践行并产生广泛影响的阶段。"小德川流，大德敦化"绝非先秦儒者的虚妄梦幻，《诗》《书》《礼》《乐》《易》《春秋》穿过历史长河共同映现着那个经典辈出的时代，那个"乐德"精神熠熠生辉的时代。"经典"既是政治理念、哲学精神的展露，也是诗人、艺术家才情、胸怀、品格的向外投射，印证了诸子时代"经世致用"诗学精神的成熟。至汉代，"中庸"思想伴随经学的昌盛而持续受到文化阶层的推崇，甚至深刻影响了中国历代文化阶层的人生理想、人格精神的建构。

综上，"周礼"的政治形态决定了"乐德"教化的核心内涵与实践方式，促成了礼乐演诗仪式与"乐德"教化的密切对应性。《诗》不仅在礼乐仪式中呈现为歌诗表演形式，而且是作为礼乐教化的范本在上自庙堂、下至乡野的社会政治空间具体践行着"乐德"教化。随着礼乐演诗仪式的有序频繁展开，"中和祗庸孝友"的精神理念深刻影响了诸子时代文化阶层的精神世界、人生追求以及具体的行为方式。可见，"乐德"教化由伦理亲情入手而渐次提升的品格教化进程是深入心灵的修为，《诗》作为以"中和祗庸孝友"为思想内涵的仪式歌集承载的不是或文学的，或政治的，或思想的文化时代，而是透射着礼乐文化的全景天地，并展现了诸子时代文化群体凭借自信与睿

---

① 马承源：《上海博物馆藏战国楚竹书》（三），上海古籍出版社2001年版，第267—278页。

智继续书写的风雅精神。

第三节 "形于内谓之德之行"："演诗"与"演德"

郭店简《五行》云："仁形于内谓之德之行，不形于内谓之行。义形于内谓之德之行，不形于内谓之行。礼形于内谓之德之行，不形于内谓之（行。智形）于内谓之德之行，不形于内谓之行。圣形于内谓之德之行，不形于内谓之行。"[1] "仁义礼智圣"代表了诸子时代"君子"的人格养成目标，统称为"五行"，并且皆以"形于内"为"德之行"的标准。而且《五行》还认为"德之行五和谓之德"[2]，又云："五行皆形于内而时行之，谓之君（子）。"[3]《五行》篇的这三则文献不仅说明"仁义礼智圣"是诸子时代文化阶层的"成德"标准，而且显然精神境界的提升是品德养成的关键。"乐德"教化是礼乐实践活动的宗旨，因此诗歌、音乐、舞蹈统合的礼乐仪式也是"乐德"教化的流程。相比于乐器演奏、舞蹈表演，歌诗凭借明确的表意功能成为礼乐仪式表演的中心，并且承担着更为重要的"乐德"教化使命，这客观上决定了以《诗》为中心的礼乐仪式表演必然与"乐德"精神保持密切的统一。礼乐演诗流程全方位地承载"乐德"精神、传达"乐德"思想、致力于"乐德"养成，礼乐演诗仪式即"形于内"的"乐德"教化流程，以"中和祗庸孝友"内涵的"乐德"精神成为演诗仪式的思想纲领，由此形成"演诗"与"演德"如影随形的礼乐文化景观。

进入"诸子时代"，诸子竞跃，百家争鸣，文化思想愈来愈呈现多元化特征，中国迈入了第一个文学、哲学的黄金时代。但是简帛文献与传世文献同样也在不断证实，"崇德"仍是诸子时代政治文化的主要特征。如帛书《周易经传·要》载：

---

[1] 李零：《郭店楚简校读记》，北京大学出版社2002年版，第78页。
[2] 同上。
[3] 同上。

子曰：《易》。我后其祝卜矣！我观其德义耳也。幽赞而达乎数，明数而达乎德，又□□者而义行之耳。赞而不达于数，则其为之巫，数而不达于德，则其为之史巫之筮，向之而未也，恃之而非也。后世之士疑丘者，或以《易》乎？吾求其德而已，吾与史巫同途而疏归者也。君子德行焉求福，故祭祀而寡也；仁义焉求吉，故卜筮而稀也。祝巫卜筮其后乎！①

孔子对《周易》的认识、理解已然超越了巫祝卜筮的非理性层面，而是以"观德义""达乎德"为目的。孔子主张减少祭祀、卜筮，提倡通过学习《周易》以"求德"，凭借德行、仁义求得福佑吉祥，可见诸子时代以"德义"为核心的理性文化精神在不断取代巫祝文化的蒙昧中渐趋成熟。孔子的思想对儒家后学影响很大，孔子的"成德"思想主张在诸子时代文化阶层中很具代表性，如《周易·系辞》载孔子云："夫《易》，圣人之所崇德而广业也"，可见，在"乐德"精神的直接影响下，成就"君子"人格成为诸子时代儒家群体致力于实现的人生理想。

一 "德成而上"——《诗》的德性——演诗的原则

西周统治者在与殷商部族的政治斗争中充分感到天命无常，怀疑天命意味着人类的自觉行为与主观意志将获得更为广阔的生长空间。由商人周首先迎来的就是政治文化的转型，这一重大的文化转型明确显现出对人文力量的期许，开启了"乐德"精神高扬的时代。西周政治文化转型突出呈现为封邦建国的政治体制建设，西周政治集团为确保王权的中正地位，以血缘亲疏分封诸侯，在尊尊亲亲的伦理情感基础上建立宗法政治秩序，西周政治体制显现着明晰的封建人文色彩。郭店简《五行》谓："中心辩然而正行之，直也。"中正人格精神的塑造是"乐德"教化的首要目标，进而也成为诸子时代衡量君子人格境界的重要标准，并构成孔子"中庸"思想的核心

---

① 裘锡圭：《长沙马王堆汉墓简帛集成》（三），中华书局2014年版，第118页。

内涵。

与政治交相呼应的礼乐文化建设充分地鲜明地印证着西周政治思想的人文理性特征，道德的、精神的力量奏响了礼乐文化的最强音。《周礼·春官》有载："大司乐掌成均之法以治建国之学政而合国之子弟焉，凡有道者有德者使教焉……以乐德教国子，中和祗庸孝友；以乐语教国子，兴道讽诵言语；以乐舞教国子，舞《云门》《大卷》《大咸》《大韶》《大夏》《大濩》《大武》。"据文献所载，大司乐遵照"成均"之法掌理国学体系。对"均"郑司农这样解释："均，调也"，"成均"之法即"成调"之法。徐复观曾指出："'成均'一名之自身所指即系音乐，此正古代以音乐为教育之铁证。"[①] 由大司乐掌理的国学体系是在严格的礼乐法度制约下操作运行的，这意味着诗乐舞统合的演诗仪式与技艺传授都有严格的法度可循。由于艺术技能的培养与表演都有其各自的一般规律，演诗需要由专业的艺术人才担当，因此必须设立专门的教育机构训练、培养专业人员，但西周的国学体系显然不仅仅是专业艺术技能的培训机构。因为礼乐仪式中艺术表演与技艺培养被称为"建国之学政"，并要求教师不仅"有道"，还必须"有德"，而且乐语、乐舞教习的宗旨是"乐德"的养成，由此而言西周的音乐教育绝不是单纯的艺术教育，更不会只停留于道技层面的传授，而是与国家政治体制建设密切相关的"乐德"教化与养成。《礼记·乐记》谓："德成而上，艺成而下，行成而先，事成而后。"西周统治者充分认同精神品格对实际行为的制约力，深刻意识到品德教化对王权巩固的重要意义。从这个意义上讲，以"中和祗庸孝友"为内涵的"乐德"思想理念无异于礼乐教化的灵魂，而诗乐舞统合的礼乐仪式则是"乐德"教化的流程，"诗言志，歌永言，声依永，律和声"的演诗仪式是"乐德"精神的载体，而"志"则应特指以"乐德"为思想支撑的胸怀志向。西周礼乐文化不仅是演诗艺术生长成熟的文化土壤，而且规定了演诗是以巩固王权为目的，以"演德"为宗旨，以"乐德"为思想内涵，以诗乐舞为表现形式

---

① 徐复观：《中国艺术精神》，华东师范大学出版社2001年版，第2页。

的仪式流程。

　　有周一代是崇德的时代，但检视先秦文献不难发现，商代已经有了"德"的观念，只是甲骨文的"德"字没有"心"符，字形从行从横目形，可以理解为目视路途而前行。甲骨文的"德"虽然强调的只是人的具体行为，但是人类的目光毕竟已经出现在迈向文明的旅程中，因此严格说甲骨文的"德"强调的应是人的主体选择、辨识下的前行。晁福林《先秦社会思想研究》一书曾详细论述先秦时期"德"观念的起源与发展，晁福林认为："卜辞中的'德'，多用如'循'，如卜辞中'王德于止（此）若'、'王德出'等，其中的'德'字皆为行走、出行之意，并无道德的观念在内。"[1] 诚如所言，"德"最初并没有道德观念在内，但仍然值得关注的是：由于殷商甲骨文字主要用于记录王者的政治外交活动，因此"德"的意义无一例外地关涉重大的政治事件，进而生成政治层面物质利益的得到、获取之意。如《尚书·盘庚》载："古我先王将多于前功，适于山，用降我凶，德嘉绩于朕邦。"这里的"用降我凶，德嘉绩于朕邦"，意思就是为邦国减少祸患、取得"嘉绩"，"德"是取得、得到之意。西周金文中的"德"有了"心"符，说明"德"的心灵内容得到关注，明显被赋予人格精神特征，如《鲁颂·泮水》云："济济多士，克广德心。"这里"德"的意义指向已经全面超越物质利益的获取而体现为"礼乐"这一特定文化氛围中的精神性诉求，即以"中和祗庸孝友"为核心内涵的"乐德"精神。

　　虽然目前先秦大量传世文献都是在诸子时代结集成书，但诸子时代的传世文献仍然有限，而且多数传世文献的真伪也长期饱受争议，因此对西周"乐德"教化的考察不妨部分结合出土文献加以佐证，如西周金文就能够为"乐德"文明提供充足实证。如：

　　　　《何尊》云"王恭德裕天，训我不敏。"[2]

---

[1] 晁福林：《先秦社会思想研究》，商务印书馆2007年版，第98页。
[2] 王辉：《商周金文》，文物出版社2006年版，第42页。

《大盂鼎》云："今我隹即井禀于文王正德。"①
《班簋》云："允哉显，唯敬德，亡攸违。"②

在以上三段文献中，恭谨、中正、祗敬等品格都是作为王者的优秀精神品质得到赞颂与尊崇。此外，还有共王时期的《师载鼎》中曾同时提到"孔德""胡德""烈德""懿德""大德"，用于称颂王者的优秀政治品格。"德"在西周金文中经常出现，一方面证实周人政治观念中已具有明显的"尚德"倾向，而且"德"最初专指王者伟大的精神人格，这是因为"德"始终与王权、与政治兴衰密切相关。王者是重大政治行为的执行者并获取实际的政治利益，这种执行力本身在崇尚英雄的时代化为崇高的人格典范而具有示范意义，即"德"的人格示范意义最初源自对王者政治人格的崇拜，并因此作为部族的精神财富而世代传颂。正因为如此，西周"乐德"的精神内涵全面受制于宗法政治制度，礼乐"德"化实际是巩固王权统治的重要手段，强调礼乐精神照耀下的政治人格的养成。对此王国维在《殷周制度论》曾明确指出"周之制度典礼，实皆为道德而设……周之制度典礼乃道德之器械"。③ 演诗仪式的"乐德"教化目标正是对西周核心政治理念的具体反映，以"中和祗庸孝友"为内涵的"乐德"精神代表着西周政治思想体系的核心理念。

"德"化是西周礼乐教化的根本目标，《周礼》称为"乐德"。"乐德"教化致力于"中和祗庸孝友"六种政治品格的养成，对于这六种品格，郑玄做了解释："中，犹忠也。和，刚柔适也。祗，敬。庸，有常也。善父母曰孝。善兄弟曰友。"④ 按照郑玄的解释，"乐德"教化的宗旨主要设定为忠正刚毅、温柔敦厚、祗敬有常、孝顺友爱等政治品格的养成，同时也代表了礼乐文化精神的核心思想内涵。如康王时期的井侯簋铭文中记载的就是周公旦的长子邢侯向康王表达

---

① 王辉：《商周金文》，文物出版社2006年版，第66页。
② 同上书，第100页。
③ 王国维：《观堂集林》，中华书局1959年版，第453—454页。
④ 《周礼注疏》，《十三经注疏》，中华书局1980年版，第787页。

忠心的内容:"拜稽首,鲁天子受厥频福,克奔走上下帝,无终命于有周,追孝对,不敢坠。"① 邢侯向康王宣示的敬仰与忠心具体显现为"孝"德,这表明中正、祗敬的品格正是由宗族关系中的"孝"道生发而来,即伦理意义上的"孝"德生成了政治意义上的中正祗敬的精神品质,由"孝"而至"忠敬"的思想映射路径正是西周宗法政治制度的独特之处。

相比而言,康王时期的大盂鼎铭文对西周政治理念的呈现更为充实,大盂鼎铭文记载了康王对盂下达的命辞,周康王在宗周册命盂,盂为了答谢康王的美意,因此制作了纪念祖父南公的宝鼎,这一年是康王在位的第二十三年。命辞提供了这样几个重要的信息,现将释读后的部分原文录于下:

> 汝昧辰有大服,余唯即朕,小学汝。……今余唯命汝盂昭荣,敬雍德经,敏朝夕入谏,享奔走,畏天畏威。……盂,若敬乃正,毋废朕命。②

"汝"句表明周代针对胄子有专门的小学,既然有小学也就必有大学,说明西周为童蒙未开的胄子设立了专门的小学进行启蒙教育,之后进入大学进行"乐语""乐舞""乐德"的礼乐教化,全面培养执政能力、君王威仪、政治品格;"今"句表明祗敬雍和是作为衡量臣子政治品格的重要标准;"盂"句中对"敬"的重申一方面体现康王对政治意义上的"忠敬"之德的看重,"若敬乃正"则进一步说明西周统治者充分认识到"敬"德的养成对于王权中正地位的实际意义。而且,大盂鼎铭文记载康王全面秉承文王、武王的德政功绩,并反复强调、告诫臣子遵守恭敬忠信之德,说明"祗敬"之德在康王时期就已经是付诸政治实践的品格评价标准。

同是康王时期的作册麦方尊铭文有这样一段:"唯归,将天子休,

---

① 王辉:《商周金文》,文物出版社2006年版,第60—61页。
② 同上书,第66页。

告亡尤。用恭义宁侯，尹孝于邢侯……用受德，绥多友，享奔走命。"①铭文中的"恭"即"敬"，"尹"即"显"，"绥"即"安"。铭文记载的是邢侯赞颂康王以君臣相敬之礼对待他，并且在祭祖仪式中向他示范了"孝"的美德，邢侯诚敬地接受康王的德化而决心忠心辅佐康王，凝聚宗族友邦，为周王勉力奔走。铭文中"敬""孝""友"三德同时出现，其政治意义的指向是毋庸置疑的。另外，在西周恭王时期的史墙盘铭文中有"唯辟孝友"②句，"孝""友"连在了一起使用，说明孝顺、友爱的品格不仅关系到室家和睦、宗族团结，更是西周统治者为凝聚天下人心而积极倡导的优秀人格精神。通过对上述金文文献的分析，不难发现《周礼·春官·大司乐》所记载的关于周代"乐德"教化的核心内容——"中和祗庸孝友"在西周中期之前既已逐渐生成并日益清晰，在西周政治实践活动中"乐德"精神品格已然成为周王切实衡量诸侯、臣子政治行为与人格境界的重要标准，即以"中和祗庸孝友"为思想内涵的"乐德"精神在西周具体的政治生活中已然发挥着实质性的影响，这种影响不仅体现为对具体政治行为的制约，而且还体现在精神品格的塑造上。

以"中和祗庸孝友"为具体标准的西周"乐德"教化按照"成均"法度紧密伴随演诗仪式全面展开演德的仪式流程，以"中和祗庸孝友"为核心内涵的政治观念也全面体现在演诗仪式中，《诗》成为"乐德"精神的载体。"先王之教民也，始于孝弟。"③"孝"德在《诗》中是重要的表现内容，如《周颂·载见》有云："率见昭考，以孝以享。以介眉寿，永言保之，思皇多祜。烈文辟公，绥以多福，俾缉熙于纯嘏。"诗歌以"以孝以享"表达对先祖的深长思念，但"以孝以享"的目的还在于"永言保之，思皇多祜"，诗中思念先祖之情不可不谓真诚，但感化先祖、希求福佑之意更直接迫切，维护王权永固显然是终极目的，即"孝"德指向了政治层面的"中"德，

---

① 王辉：《商周金文》，文物出版社2006年版，第76页。
② 同上书，第146页。
③ 李零：《郭店楚简校读记》，北京大学出版社2002年版，第132页。

目的在于确立周王的中正政治地位而高扬忠诚、祗敬的精神品格。如《周颂·闵予小子》云："于乎皇考，永世克孝。念兹皇祖，陟降庭止。维予小子，夙夜敬止。于乎皇王，继序思不忘。"诗歌表现成王期待以"永世克孝"的政治品格以及对先祖的深长思念感化先祖，祈祷先祖护佑大周基业。成王面对世代先王首先表达的是恪尽孝道的孝子情怀，而之后表现的则是王者勇于担当政治大任的自信和威严，以祗敬、恭谨的人格精神为天下立范，伦理情感层面的孝道生发为政治层面的中正祗敬的王者风范。

诚如所见，"孝"德本是依据血缘而设定的基本行为法则，当这种法则化为必备的人格尺度，就意味着在周部族内部甚至在多个部族之间提供了凝聚在一起的情感依托，因此"孝"德之后必然跟随着友爱精神，这种友爱精神往往蕴藉在轻松欢快的氛围中，并在亲情叙旧中得到升华。如《小雅·伐木》首章云："伐木丁丁，鸟鸣嘤嘤。出自幽谷，迁于乔木。嘤其鸣矣，求其友声。相彼鸟矣，犹求友声。矧伊人矣，不求友生。神之听之，终和且平。"诗以鸟声嘤嘤发出求友的呼声，"神之听之，终和且平"，暗示诗人想要求得的正是同祖同族的友爱亲情，友爱相助在由血缘关系结成的特定群体内部成为重要的精神支撑。又如《小雅·彤弓》尾章云："彤弓弨兮，受言櫜之。我有嘉宾，中心好之。钟鼓既设，一朝酬之。"放松的弓弦，亲切的慰问，发自内心的喜悦，友爱精神发挥着和合人心、凝聚力量的感染力。《国风》也不乏类似篇章，如《卫风·木瓜》首章云："投我以木瓜，报之以琼琚。匪报也，永以为好也。"又如《秦风·无衣》首章云："岂曰无衣，与子同袍。王于兴师，修我戈矛，与子同仇。"宗族的友爱亲情一旦面临外族侵犯就化为强大的合力共同应对生死挑战，周部族也正是依靠这种由共同的血脉先祖维系起来的孝敬友爱的精神从而同仇敌忾、团结和合、平成天下。由此可见，演诗仪式流程也是演绎"乐德"精神的流程，忠正刚毅、敦厚宽和、祗敬有常、孝顺友爱等精神品格化为具体的行为规范，对西周政治秩序产生着实际的制约作用，对日常生活、文化生活也产生了重要的引导作用，特别对周代文化阶层的精神境界、人生追求的影响重大，"在心为德，施之为行①，西周礼乐文化土壤下生长成熟的艺术演诗流程实践着"德性"向"德行"演绎转化，对此郭店简《尊德义》有云："教以礼，则民果以劲。教以乐，则民淑德清壮。"② "乐德"教化只有由内而外，才能成就"德之行"，可见礼乐成德的过程是陶冶、净化人的原始情性的过程，"成德"根本是通过精神境界的提升进而达到自觉主宰行为的目的，从中能够充分体会诸子时代文化群体对西周"乐德"文化精神的仰慕承继。

二 "导广显德"——《诗》的德行——"演诗"的流程

西周礼乐演诗仪式是以"演德"为宗旨的思想教化、品格陶染的流程，因此"乐德"教化所涵纳的"中和祗庸孝友"思想必然地成为演诗仪式彰显的主题。如《国语·楚语》云："教之诗，而为之导广显德，以耀明其志；教之礼，使之上下有则；教之乐，以疏其秽而镇其浮。"礼乐教化的宗旨在于移风易俗、启迪思想，约束人的原始本性欲望，建立严格的行为规范，实施"乐德"思想教化，并通过上自庙堂、下至乡野的演诗活动将"乐德"精神理念远播四方。在有周一代的礼乐之光照耀下，"乐德"文明不仅体现在庄肃的庙堂祭祀中，也表现为诗酒弦歌的君臣宴饮、乡党间的序齿觥酬，当一唱三叹的歌诗、庸庸喤喤的乐音、英气勃发的乐舞伴随四季轮转汇入历史文化进程，以"中和祗庸孝友"为具体内涵的"乐德"精神点亮了诸子时代，中正敦厚、祗敬雍和、孝顺友爱成为诸子时代文化阶层毕生努力修成的品格，即"君子"人格。《五行》谓："五行皆形于内而时行之，谓之君子。"《论语·里仁》亦云："君子喻于义"，《秦风·小戎》云："言念君子，温其如玉。"《周易·乾卦》云："天行健，君子以自强不息"，又云："君子以成德为行，日可见之行也"，这足以说明西周"乐德"精神对诸子时代的影响深刻而直接。不同在于，西周"乐德"教化主要针对"国子"、贵族进行，施教范围较

---

① 《周礼注疏》，《十三经注疏》，中华书局1980年版，第730页。
② 李零：《郭店楚简校读记》，中华书局2001年版，第78页。

小，而诸子时代官学下移，以成就君子人格为目标的文化教育更具普遍性。

　　出于巩固王权的政治目的，"中"德养成为西周"乐德"教化的首要目标。如周公继承武王遗志除患安邦而建成洛邑，于是成王迁都洛邑昭告天下"余其宅兹中国"①，这标志着西周王权"中"位的确立，因此洛邑又称成周。王权确立之后首先面临着守成天下的政治难题，于是部族英雄的"中"德精神常常作为礼乐活动呈现的主题贯穿于演诗仪式流程。受此影响，诸子时代也将"中正"品格作为君子人格的首要标准，如《周易·乾卦》载孔子阐释"见龙在田，利见大人"时这样说道："龙德而正中者也。……《易》曰'见龙在田，利见大人'，君德也。"乾卦第二爻的爻辞描绘了苍龙七星从地平线升起的景象，不仅以此象征君王的盛德精神，并且象征王权在统治集团中的"中正"地位。而君德的精神力量不仅在于此，还在于将忠信之德植入君子人格的核心价值体系，如《周易》之《乾·文言》载孔子云："君子进德修业。忠信所以进德也。"进入诸子时代，一面是诸侯争霸角逐，一面是"乐德"精神不断转化为"君子"人格精神，这意味着"乐德"精神对华夏民族精神世界的影响将是深刻而持久的，而这一切是在诸子时代完成的。

　　具体而言，西周祭祀仪式最为彰显君王的"中正"人格精神。如经典舞剧《大武》就是围绕伐商立周的历史展开叙事，以牧野之战为舞剧表演的高潮，以武王为主角，辅以太公望、周公、召公等配角，武王极天蟠地的"中"德品格在舞剧表演中得到着力渲染，将"中"德的人格力量发挥到了极致。对此《乐记》这样描述：

　　　　《武》乱皆坐，周、召之治也。且夫《武》，始而北出，再成而灭商，三成而南，四成而南国是疆，五成而分周公左、召公右，六成复缀以崇。天子夹振之而驷伐，盛威于中国也。分夹而

---

① 王辉：《商周金文》，文物出版社2006年版，第41页。

进，事蚤济也。久立于缀，以待诸侯之至也。①

《大武》表演分为六场：第一场是"始而北出"；第二场是"再成而灭商"；第三场是"三成而南"；第四场是"南国是疆"；第五场是"五成而分周公左召公右"；第六场是"复缀以崇"，这是以舞剧形式艺术化模拟式地再现武王克殷的战斗场景与战事发展进程。为了突出武王的英武果敢与雄才伟略，舞剧特别设计了以"武王"为中心的舞阵表演，象征诸侯、百官、民众被武王伟大的功烈精神所征服，诸侯、百官、民众团结一致环绕在武王周围，发扬蹈厉、同仇敌忾，甲子日一举灭商，又四次向南出击，可谓战无不胜、天下毕从。正如《史记》所载："武王持大白旗以麾诸侯，诸侯毕拜武王，武王乃揖诸侯，诸侯毕从。"② 这段历史记载与《乐记》相互印证，足以证明牧野之战是武王在诸侯中确立中正地位的标志。毋庸置疑，武王中正地位的确立凭借的是赳赳武力，但是王权中正地位的巩固更应依赖于思想的、人格的力量。《大武》舞剧六场循序渐进地围绕武王的"中"德人格精神展开宏大叙事，气势恢宏的《大武》舞剧极具震撼的艺术表演充分显现了"中"德人格的强大精神力量。《大武》表演一面以舞剧形式选取牧野之战作为典型场景史诗化再现武王中正刚毅的英雄品格，一面升歌《周颂·武》"於皇武王，无竞维烈。允文文王，克开厥后。嗣武受之，胜殷遏刘，耆定尔功"。称颂武王的功勋难以超越、无以匹敌，对武王的崇敬与信奉是显而易见的，甚至是一种毫无保留的膜拜、尊崇，武王秉承文王之德也作为重要的功绩大加赞扬，《大武》歌诗无异于《大武》舞剧的点睛之笔。礼乐活动以演诗的实践方式不仅彰显武王在西周政治秩序中不容僭越的中正地位，并以武王的"中"德人格为西周政治文化群体树立了品格范式，在有周一代发挥着重大的道德的、精神的引领作用。

然而，"中"德与"和"德交融才是演诗艺术实践的真正完美之

---

① 《礼记正义》，《十三经注疏》，中华书局1980年版，第1642页。
② 司马迁：《史记》，中华书局1959年版，第124页。

处。西周统治者为了维护政权稳固一面不曾松懈对武王"中"德精神的盛赞,但显然血腥残忍的面目也亟待温情面纱的敦化,"偃干戈,振兵释旅,示天下之不复用也"。①血雨腥风之后迎来了礼乐文化的盛大登场,"八音克谐""毋相夺伦"的礼乐教化正是为了消解《武》乐表演中过度张扬的武力与戾气,武王的"中"德精神的发扬需要揖让式的"和"德融汇其中。如《论语》曾载孔子在齐国闻《韶》乐三月不知肉味,并对《韶》乐发出尽善尽美的赞叹,而称《武》乐尽美未尽善。其中的主要原因在于,相传舜揖让而取天下,无须干戈,天下归一,而后作《韶》乐,因此孔子称赞《韶》乐尽善尽美。《武》乐虽完美诠释了武王的"中"德精神,但难掩武力夺取天下的血腥,在品格层面难免逊于揖让有礼的《韶》乐,这显示出西周统治者面临政权巩固的重大问题时及时实行了政治转向。基于此,礼乐教化一面强调王权的绝对政治地位不容僭越,一面一定要用和敬、和顺、和亲的方式传达、确认、实施,"和"德教化是"中"德精神顺利贯彻实施的润滑剂。同理,西周乐悬体系中的金奏组合是王者地位的象征,演奏时大钟震撼低回,编钟喧喧雍和,一方面显示了王者的至尊威仪,另一主面也是对人臣中正、祗敬、雍和政治品格的感召,偏偏又配以编磬平和清透、宛转灵动的乐音,清流般柔和地诉说子孙的孝道,娓娓道来兄弟的友爱,由孝敬先祖、兄弟友爱等普遍的人类情感而至长幼有礼、宗族团结的有序和谐,最终达成王权至上的天下和合。"中和祗庸孝友"的交融生长成为礼乐政治思想成熟的重要标志,代表了一代宗周始终追求的政治理想、品格范式,"乐德"精神鞭策下的艺术演诗也成为肩负这一重要政治使命与文化责任的"德化"活动。由此而言,承载"乐德"精神的礼乐艺术演诗仪式是彰显"乐德"精神的流程。

与此同时,礼乐演诗仪式也是普适道德的载体,如《周易》乾卦第二爻云:"见龙在田,利见大人。"王弼注云:"德施周普"②,具体

---

① 《尚书正义》,《十三经注疏》,中华书局1980年版,第129页。
② 同上书,第13页。

表现为西周统治者将礼乐活动从庙堂延伸至乡党，从祭祀、飨燕、大射等涉及重大政治外交事务的礼乐活动扩展为乡人层面的乡饮酒礼、乡射礼等活动，中正敦厚、祗敬庸和、孝顺友爱的品格标准在更为广阔的时空深刻持续地影响着周人的生存方式，不断引导着、启发着周人关于生存方式的思考，为中国文化阶层提供了永恒的精神追求。如乡饮酒礼与乡射礼是在乡里国人中举行的"乐德"教化仪式，以建立尊尊孝道、有序友爱的伦理秩序以及行为规范为主要目的。《诗》之《国风》即乡乐，歌乡乐是燕射仪式和乡饮酒礼、乡射礼仪式中重要的艺术演诗环节，《国风》所言之"志"较多呈现为伦理道德的意味，往往选取宗族和谐、室家和睦作为教化的切入点，伦理意味浓厚。如战国楚竹书《诗论》简10云："《樛木》之时、《汉广》之知、《鹊巢》之归、《甘棠》之报、《绿衣》之思、《燕燕》之情，曷？曰：终而皆贤于其初者也。"①《周南》之《樛木》《汉广》与《召南》之《鹊巢》《甘棠》，是《国风》中极具代表性的四篇诗歌，分别以"兴"言志，显现了"乐德"教化移风易俗的实践意义。

《樛木》首章云："南有樛木，葛藟累之。乐只君子，福履绥之。"诗以南土樛木枝叶下垂，葛藟层层攀附，上下繁茂兴盛，象征后妃宽和善待地位卑下者，和谐众妾，适时侍奉进御君子。而"福履绥之""福履将之"，终至"福履成之"表现君子因为有妇德的辅助而家兴业旺，安享福禄。楚竹简《诗论》简12云"《樛木》福斯在君子"②，又简11云"《樛木》之时，则以其禄也"③。这是由自然界中樛木的生长形态、习性象征贤妇善于辅助夫君成就福禄，因此《诗论》发出"《樛木》之时"的赞美，顺时而动、和睦有礼的室家生活突出了"和"德温情款款的一面。

《汉广》首章云："南有乔木，不可休息。汉有游女，不可求思。汉之广矣，不可泳思。江之永矣，不可方思。"南方乔木枝叶高竦无

---

① 李学勤：《〈诗论〉简的编联与复原》，《中国哲学史》2002年第1期。
② 同上。
③ 同上。

法庇荫，因此乔木之下不可休息，如同广阔不息的汉水不可横越，象征汉水之滨的游女洁清贞顺不可违背礼义而追求。因此楚竹简《诗论》简 12 云《汉广》"不攻不可能，不亦知恒乎"。又简 11 云"《汉广》之知，则知不可得"。"知"通"智"，不可得之事必违礼之行，故不求，楚竹简《诗论》以为《汉广》"不求游女"是遵守礼仪的明智之举，汉水好似"中正"品格的衡量标准淘洗着周人的情感世界，随着对本能欲望的规范，温柔敦厚的人性展露光彩。

《鹊巢》首章云："维鹊有巢，维鸠居之。之子于归，百两御之。"诗以鹊巢鸠占兴国君婚嫁，以鹊筑新巢赞国君勤勉功成；鸤鸠从上至下喂食，晚上从下至上育雏，对待幼仔平均如一，因此以鸤鸠均一育儿的习性象征国君夫人有从一而终的美德；国君功成，夫人教成妇德，是室家和谐幸福的典范，是恪尽孝道的起点。楚竹简《诗论》云"《鹊巢》之归"，"归"谓嫁女，以国君与夫人的婚配立范显然是强调婚嫁对于室家和睦、宗族团结乃至和同天下的重要意义。

《甘棠》首章云："蔽芾甘棠，勿翦勿伐，召公所拔。"《诗小序》云："美召伯也。召伯之教，明于南国。"召伯在甘棠树下断判男女诉讼，如今虽已离去，众人仍然敬重热爱甘棠，因为甘棠就好似召伯的化身，因此诗以护爱甘棠象征对召伯的敬爱。楚竹简《诗论》简 13、简 15 云《甘（棠）》："及其人，敬爱其树，其报厚矣。甘棠之爱，以邵公（之故也）。"[1] 简文的阐释与《甘棠》的"兴"句所言意义相同。召公以明德获得了子民的敬重与拥戴，显示出部族英雄人格精神的德化力量。

《国风》将樛木、乔木、汉水、鹊巢、甘棠这些自然物象赋予美善的人格象征，进而正面传达男女和合而家国昌盛的思想理念，可谓小中见大。室家秩序作为家庭基本单位得到强调表明"乐德"教化已经深入社会的基本层面。乡乐《国风》在统治集团看来是"乐德"教化中的起点、基础，乡党有序和睦是实现移风易俗、天下皆宁的政

---

[1] 黄怀信：《上海博物馆藏战国楚竹书〈诗论〉解义》，社会科学文献出版社 2004 年版，第 19 页。

治理想的民情基础,因此称《周南》《召南》为"正始之道,王化之基"①。

礼乐演诗仪式遍布于上自庙堂、下至乡野的广阔地域空间,延伸在春生夏长的时间河流中。礼乐演诗活动的广泛实行本身足以说明以维护王权为目的而形成的人格养成目标在西周时期不仅日益明确清晰,而且已然建立了成熟的品格评价体系,这种颇具理性光辉的政治韬略引领周人实现了思想观念、品格境界的全面提升,当然其根本目的还在于实现对具体的政治行为乃至日常行为的有效规范,"导广显德"的礼乐演诗仪式呈现的正是礼乐文化普适"乐德"精神的具体实践路径,原始本真的情感世界在"乐德"精神的淘洗与净化中生成特定思想内涵——"志",郭店简《五行》云:"士有志于君子道谓之志士。善弗为无近,德弗志不成,智弗思不得。"②作为君子必是"立德"然后立志,而后所言才称为"言志",即遵循立德—立志—立言—言志的路径。由此可见,"诗言志"理论强调的正是西周"乐德"精神对演诗艺术形态与思想内涵的引导、规范,西周"乐德"文化精神是"诗言志"理论成熟的重要思想语境,而这之间的理论联系是在诸子时代全面建立起来的。

三 "耀明其志"——"德"的诗化——"致用"艺术观的形成

"情动于中,故形于声"③明确指出人类情感决定着艺术的发生,并且诸子时代艺术理论也充分关注自然万物是激发人类情感的重要因素:"音之起,由人心生也。人心之动,物使之然也。"④既然人心是情感发生的地方,而万物是人心旌摇荡的源头,那么对"物"的控制就具有根本意义。西周礼乐文化正是遵循艺术的发生理论以文化的力量取代了纷乱的"物"对情感走向的无序影响,并建构"乐德"

---

① 《毛诗正义》,《十三经注疏》,中华书局1980年版,第273页。
② 李零:《郭店楚简校读记》,北京大学出版社2002年版,第78页。
③ 《礼记正义》,《十三经注疏》,中华书局1980年版,第1527页。
④ 同上。

教化目标，力图通过"乐德"精神约束情感走向、规范情感表达，进而实现有序和谐的政治理想。西周礼乐活动不仅肩负着实质性的政治外交功能，更以"诗言志，歌永言，声依永，律和声"的综合艺术演诗成就"乐德"品格，从这个意义上说《诗》无异于代"乐德"而发声的媒介，集中反映着"乐德"精神的核心内涵。礼乐演诗仪式将随物婉转的原始情感融汇于"乐德"教化流程中，从情入手净化升华而生成"志"的精神境界，这决定了"志"具有明确的"乐德"精神指向，"耀明其志"也因此成为诗乐舞统合的演诗仪式始终环绕的艺术重心。由此"乐德"精神在诗化的仪式流程中被不断照亮，成就了"演诗"与"演德"相伴相随的艺术形态。"德"的诗化印证了中国文学对理性精神的强调，奠定了中国诗歌的缘情性以及始终以理性思考为价值支撑的创作传统。

"乐也者，情之不可变者也。礼也者，理之不可易者也。"① 意谓礼乐文化是情理交融的精神实践活动，礼乐演诗仪式以"言志"形式践行"乐德"思想理念实现对人类原始情感的淘洗升华。演诗仪式利用人类原初的情感特征，迎合人类返祖、生存、群居、饮食等基本社会行为而创设艺术化的虚境空间，通过虚实相生的诗化流程实现"耀明其志"的艺术效果，进而达成"乐德"教化目的。在演诗流程中，"乐德"精神以诗化的方式得到强化。例如，周王在祭祖仪式中首先就是要创造人与鬼沟通的幻境，专门在宗族孙辈中占筮一位与先祖音容笑貌相似的男性按照先祖生前的模样装扮起来，称为"尸"。"尸"在祭祀仪式中扮演先祖，代替先祖安享敬奉的酒食和平和的大乐，并虚拟后代与先祖对话交流的情境，代先祖接受祈福，并表达对子孙的祝福。祭祖仪式伴随安和悠长的乐悬德音、宽和伸舒的升堂弦歌，祈福祷祝，一气呵成。《周颂·烈文》云："烈文辟公，锡兹祉福。惠我无疆，子孙保之。"诗中的先祖形象显然是西周王权中正地位的象征，其人格风采是稳固江山、和成天下的重要精神支撑。祭祖仪式的歌诗表演在虚拟情境中的出场犹如点睛之笔，神圣的仪式感照

---

① 《礼记正义》，《十三经注疏》，中华书局1980年版，第1537页。

亮了《诗》的"乐德"精神。

与祭祖仪式不同,大飨礼、燕礼等仪式,甚至包括乡党间经常举行的饮酒礼仪式则是以存在感极强的饮食快感带动群体思想、情感有序交流的美感。如《左传·昭公五年》载:"设几而不倚,爵盈而不饮。"在大飨礼仪式中,特设的几案不用来依靠,满杯的酒却不饮,几案与酒杯都只是虚设的道具用以彰显君主威仪,传达大飨礼"主敬"的思想意图,所谓"古之为享食也,以观威仪,省祸福也"[①],大飨礼仪式的"和敬"氛围的预设正是为了突出歌诗《大雅·文王》的表演,诗云:"文王在上,于昭于天。周虽旧邦,其命维新。"歌诗充溢着王者祇敬庸和的精神气度,王者的人格精神在歌诗中得到强化,歌诗显然是艺术表现的中心,而饮、食环节更在于为歌诗表演营造庄肃祥和的情境。与飨礼相比,燕礼、乡饮酒礼更多地突出和亲、和顺、和宁的主题,其仪式中严密结合无算爵环节特别设置无算乐,即在无次无算的演诗艺术表演伴随下饮酒无算,《国风》诗篇弦歌环绕,觥筹交错,无次无算,但不醉乱。《郑风·女曰鸡鸣》有云:"宜言饮酒,与子偕老。琴瑟在御,莫不静好。"人类与饮酒狂欢相生的本能情欲消解在温柔敦厚的风雅弦歌中,无次无算的觥筹交接氤氲生成的亲和情境点亮了仪式歌诗敦化风俗、和顺室家、和宁天下的宴席。《庄子》有云"虚而待物"[②],艺术虚境的创设使意义生成与思想延伸成为可能,歌唱、器乐与舞蹈统合的演诗艺术共同营造的虚拟情境全面烘托出《诗》在"乐德"教化流程中的核心地位。《诗》的"志"向被艺术照亮而闪耀着更为夺目的"乐德"精神之光,"演诗"仪式即"演德"的流程,"乐德"精神构成了《诗》所言之"志"的主要内涵。

为了配合"乐德"教化,礼乐演诗仪式专门设计了歌诗表演环节,以歌唱形式充分发挥《诗》的表意功能。歌诗表演是演诗仪式的重要环节,歌诗必须升堂而歌,而且由专门乐工以琴瑟为歌诗伴

---

① 杨伯峻:《春秋左传注》,中华书局1990年版,第869页。
② 陈鼓应:《庄子今注今译》,中华书局2001年版,第117页。

奏，歌诗在仪式演诗流程中的核心地位由此可见一斑。《诗》用于礼乐仪式，因此《诗》必须附属于演诗仪式整体的政治宗旨。但与音乐、舞蹈相比，《诗》是语言的艺术，因而具有更为清晰明确的表意功能，自然成为演诗仪式情感、思想传达的中心环节。时至今日，曾经的歌曲、旋律已随时代变迁而销声匿迹，但《诗》仍记载下了周人的心灵款曲、风雅精神，一部《诗》全面呈现了周人的世俗情感、政治理想以及艺术追求。诗中有少男少女的两情相悦："邂逅相遇，与子皆臧。"（《郑风·野有蔓草》）有迎娶的喜悦："之子于归，宜其室家。"（《周南·桃夭》）有琴瑟和谐的夫妻之情："宜言饮酒，与子偕老。"（《郑风·女曰鸡鸣》）有对母亲的感念："有子七人，母氏劳苦。"（《邶风·凯风》）也有故国之思："彼黍离离，彼稷之苗。"（《王风·黍离》）有君臣相敬之情："我有嘉宾，鼓瑟吹笙。"（《小雅·鹿鸣》）有对天地的敬畏之情："敬之敬之，天维显思。"（《周颂·敬之》）有对先祖的诚敬之思："穆穆文王，於缉熙敬止。"（《大雅·文王》）《诗》可谓全面涵容了人类的普遍情感。

但显然《诗》在礼乐活动中的具体使用情形决定《诗》不能仅满足于表达人类的普遍情感。"乐者，德之华也"①，《诗》在周代礼乐仪式表演中的核心地位决定了《诗》缘情而发、终于"言志"的本质特征，而且"言志"的内容与"中和祗庸孝友"的精神内涵保持密切的对应性。如"宜其室家""与子偕老"既是夫妻亲情的写照，也是室家和谐的典范；如"鼓瑟吹笙"既传达的是君臣相和的情感，也是对君臣温柔敦厚精神品格的艺术显现；而"母氏劳苦"也不仅是表达对母亲的思念牵挂，更是对"孝"德的称颂。又如《唐风·杕杜》云："独行踽踽，岂无他人……人无兄弟，胡不佽焉。"这首诗先是表达孤独无助的失落情绪，转而发出的感叹就明显是强调宗法制社会极为看重的友爱精神。这种团结友爱的品格在《诗》中屡屡得到倡导，如《秦风·无衣》："修我戈矛，与子同仇。"又《小雅·棠棣》："兄弟既翕，和乐且湛。"《小雅·頍弁》：

---

① 《礼记正义》，《十三经注疏》，中华书局1980年版，1536页。

"尔酒既旨，尔肴既时。岂伊异人，兄弟具来。"上述三首诗充分表明兄弟手足之情对于室家、宗族、王权的实际意义。综上可见，礼乐演诗仪式往往专注于高扬友爱精神，注重在室家、在宗族、在朝堂全面营造和乐且湛的情感氛围，为成就温柔敦厚的君子人格创设诗化情境，进而自然婉曲地传达和合政治理念。礼乐演诗仪式从人类的普遍情感出发，以"乐德"精神为主线、以"耀明其志"为艺术表现中心的话语形态不仅代表西周的"乐德"文明，同时直接影响了诸子时代文化群体对"乐德"思想的继承，成就了诸子时代文化思想的核心精神内涵之——"崇德"。"乐德"精神对诸子时代文化精神的影响在很多典籍中都有所反映，如郭店简《五行》载："和则乐，乐则有德，有德则邦家兴。"①话语中礼乐成德的精神内涵显而易见，并且《五行》还涉及"乐德"精神的具体思想内涵，如："远而庄之，敬也。敬而不懈，严也。严而畏之，尊也。尊而不骄，恭也。恭而博交，礼也。"庄敬严谨、尊让恭和是礼乐教化致力于塑造的重要精神品格，"乐德"精神在诸子时代文化阶层中的影响之深由此略见一斑。

随着"德"的诗化形态定型，《诗》的仪式化演绎形式以及承载的"乐德"教化目标使得仰观、俯察之间而触动的情思经过淘洗、净化而提升为蕴含"中和祗庸孝友"精神内涵的"志"，因此"志"代表了《诗》的品格境界，"诗言志"命题是关于仪式演诗的艺术形态与思想内涵的经典描述："命汝教胄子，直而温，宽而栗，刚而无虐，简而无傲，诗言志，歌永言，声依永，律和声，八音克谐，毋相夺伦，神人以和。"②即礼乐仪式以"诗言志，歌永言，声依永，律和声"的综合艺术演诗除了完成"神人以和"的具体显性目的以外，更重要的是教化贵族青年成就忠直敦厚、宽和谨慎、刚毅仁惠、平易谦和的精神品格，为国家培养政治人才，这与《周礼》所载"中和祗庸孝友"的"乐德"精神可谓相得益彰。由此可见，"乐德"教化

---

① 李零：《郭店楚简校读记》，北京大学出版社2002年版，第79页。
② 《尚书正义》，《十三经注疏》中华书局1980年版，第131页。

是"诗言志"理论成熟的实践基础,"演诗言志"有力印证了《诗》与乐对于齐家、治国、平天下的致用意义,印证了诸子时代艺术观念的"致用性"。

　　始自"乐德"文明的时代,"诗言志"传统贯穿于中国诗学精神的发展历程,伴随经学的几番兴盛、衰落的历史,以"中和祗庸孝友"为具体内涵的"乐德"精神不断深刻影响着中国历代知识分子的人格养成与精神追求,诸子时代文化阶层中就不乏对"乐德"精神的崇拜者、继承者,如郭店简《六德》在谈到君臣、夫妇、父子的关系及品德修养时就特别指出:"观诸《诗》《书》则亦在矣,观诸《礼》《乐》则亦在矣,观诸《易》《春秋》则亦在矣。"[①] 诸子时代文化阶层已将研习"六经"作为君子人格养成的重要途径,自此文学、艺术、历史、政治交汇而成的华夏文化河流深深浸润着世代文化阶层的心灵世界,开启了中国文化阶层将文学、艺术与家国命运、与人生悲喜合一自适的心灵行进之旅。"六经"蕴含的礼乐风雅精神不断激励历代知识分子秉持高尚的品格,坚守"经世致用"的文学理想。这种将文学视为经国大业、不朽盛事的"致用"文学精神在极大程度上避免了中国古典诗歌沦为私情和滥情的宣泄之域。

[①] 李零:《郭店楚简校读记》,北京大学出版社 2002 年版,第 131 页。

第四章 "乐言情"与"诗言志"的理论意义

西周政治集团的职官体系由贵族构成，因此贵族自幼就接受严格的礼乐教化，"乐"与"诗"融入他们生命中的不同阶段，与他们的儿女情长、忠孝意气、志士胸怀、家国理想相伴相随。"音乐须把这种'心声'加以强化，塑造成为乐曲。……凡是内心生活愈不易表达于语言的地方，抒情诗也愈需要音乐的协助。"[1] 西周统治集团充分利用乐与诗的缘情特征，将歌诗、音乐、舞蹈统合为一，展开礼乐演诗流程，上博简《诗论》谓："诗亡隐志，乐亡隐情，文亡隐言。"道出了"乐言情"与"诗言志"两个文学理论命题之间的内在联系，而且足以说明礼乐文化是促进中国早期文学、音乐、舞蹈生长、成熟的重要动力，也是中国早期文艺观念成熟的特定文化空间。鉴于中国早期艺术及其理论形态与礼乐文化之间紧密而特殊的内在联系，致使深受西周礼乐思想影响的诸子时代文化阶层对于文学、艺术的认识以及关于文艺的理论论述仍然洋溢着礼乐精神特质，特别是以孔子为代表的儒家文化群体始终高扬礼乐精神，积极致力于礼乐文化传承。无论是在礼崩乐坏的春秋时代还是在征战四起的战国时代，诸子群体对礼乐文化精神的阐释从未间断，"乐言情"与"诗言志"往往是文化阶层热衷于讨论的话题，这大大促进了"乐言情"与"诗言志"两个重要的文学思想命题的体系化。

---

[1] ［德］黑格尔：《美学》（第3卷），朱光潜译，商务印书馆1981年版，第217页。

第一节 "性情论"与"乐情论"

音乐与情感的联系源自天然,即使最初的音乐只是简单的节奏,也由人类的情感生发而来。伴随文明的步伐,音乐不断成长,与先民的关系也越发紧密。歌诗与音乐相结合的仪式化演诗是西周礼乐教化的重要实践流程,"歌奏舞"统合的艺术表演统称为"乐",但"乐"必须严格按照"礼"所提供的仪式规程展开艺术表演,因此"乐"即"礼乐"。如《礼记·乐记》谓:"乐由中出,礼自外作。乐由中出,故静。礼自外作,故文。……乐至则无怨,礼至则不争。揖让而治天下者,礼乐之谓也。"西周政治集团一登上政治舞台就一改伐商之战的凶悍面目,期待着以揖让有礼的文化力量维护、巩固政治地位,礼乐相成,内外兼顾,人心静和而无怨,温文有礼而不争,显然"乐"的力量在于感动心灵,在于发人深思,在于美情移性,礼乐教化寄托着天下大治的政治理想,西周政治集团充分利用"乐"的表演性、缘情性将其礼仪化,并贯注礼义思想内涵。郭店简《性自命出》谓:"凡至乐必悲,哭亦悲,皆至其情也。"① 上博简《诗论》云:"乐亡隐情。"西周礼乐文化无疑是"乐言情"命题得以确立的原生文化土壤,也因此成为中国早期文学、艺术问题讨论中无法忽略的文化语境,与活跃在诸子时代的儒家文化群体共同促进了"乐言情"思想的体系化成熟。

一 "性—情—义"与"声—音—乐"

郭店简《性自命出》云:"喜怒悲哀之气,性也。"② 又云:"性自命出,命自天降。道始于情,情生于性。始者近情,终者近义。"③ 喜怒悲哀之气与生俱来,是原始天然的人性使然,人的情感也从中酝

---

① 李零:《郭店楚简校读记》,北京大学出版社 2002 年版,第 106 页。
② 同上书,第 105 页。
③ 同上。

酿生成，同时情感又是理性精神生长的源泉。《性自命出》首先明确了"性"与"情"的差异，"性自命出"一语道出"性"是天赋使然，是指未经人文教化的生理需求、情感欲求，呈现为不可控的情绪化特征，具有原始性。"情"源自天性，但初经人文教化，是心灵经过深层触动而生发的人文情怀，在这种情怀的引领下，人类不仅改善原始性，摆脱情绪化，理性精神也不断被激发并获得生长。文献中所谓的"道"犹如礼乐文明之路，"文明以止，人文也"。① 在礼乐人文精神的照耀下，人类完成"性—情—义"三种境界的提升，这表明礼乐文明的价值最终体现为人的精神成长，特别是理性精神的壮大。

鉴于统治集团对"人"、对"乐"的深刻认识，故而自周公"制礼作乐"始，历代周王不断加强礼乐教育体系的建设，针对贵族阶层设立专门的国学体系，积极展开礼乐思想教化。如《礼记·乐记》谓："人心之动，物使之然也。感于物而动，故形于声。声相应，故生变，变成方，谓之音。比音而乐之，及干戚、羽旄，谓之乐。"万物感动人心，故而口发心声，众声清浊交互应和，变而成章谓之"音"，"音"按照次比之序演奏，配合执干戚的武舞和执羽旄的文舞，这就是"乐"。可见，声为心声，是天赋的自然性情的直接展露，粗犷、原始、单纯，如《吴越春秋·弹歌》载："断竹，续竹，飞土、逐害②。"这首原始的歌谣展现了先民群体狩猎的劳动情景，歌谣的节奏简洁明快，抑扬顿挫之间生动映现出先民在劳动实践过程中的粗犷、奔放的古朴情怀，《宋书·谢灵运传论》谓："歌咏所兴，宜自生民始也。""音"亦为心音，贯注着由原始性情生发的喜怒哀乐爱恶惧等多种情感欲求，如《卫风·氓》一诗中凝聚着两情相悦的欢愉、扯不断的相思、不尽的悔恨和万般无奈之后的决绝之情，情感内涵丰富深厚。诗歌虽难脱儿女情长的主题，但其中蕴含的生命意识和人生况味无疑是复杂而深刻的。"乐"则是"比音"，是按照既

---

① 《周易正义》，《十三经注疏》，中华书局1980年版，第37页。
② （汉）赵晔：《吴越春秋·勾践阴谋外传（第九）》下卷，《四部丛刊》本，上海书店出版社1989年版。

定的次比秩序的演奏、合舞表演,次比相承的乐序不仅是对"音"的规范,而且犹如对人的情感欲求的规范,这意味着"乐"缘情而生但同时具有约束情感、提升情感境界的文化力量,《卫风·氓》中的女主人公虽经受爱人的背叛、抛弃,但仍以较为冷静客观的态度回顾这段坎坷的情感经历,进而对世间女子明确发出劝诫,诗歌缘情而生却在理性反思中收尾。《周南·关雎》也是开篇以雄鸟求偶的鸣叫起兴,象征君子对淑女的爱慕不过是见色起意并因此遭到淑女的拒绝,而后诗以钟鼓之乐象征君子谨遵婚礼规范而圆成夫妻之礼,诗歌最终在夫妇共同祭祀神明、先祖的钟鼓之乐中结束。这都能够说明"乐"不仅缘情而生,而且以情动人,发人蒙昧,"乐"是情理交融的艺术世界,饱含情感,处处闪现睿智哲思,进而达成规范行为、教化思想的政治宗旨,是见证周人理性精神生长的文化丰碑。因此,虽然声、音、乐三者皆源于人心之动,但显然具有本质性差异,如《礼记·乐记》谓:"是故知声而不知音者,禽兽是也。知音而不知乐者,众庶是也。唯君子为能知乐。""知声—知音—知乐"三种不同的艺术境界与禽兽、众庶、君子三种不同层次的生命形态和人格境界存在着明显的对应性,这足以说明唯有经历"乐"的人文教化,才能实现"性—情—义"的精神蜕变,对"声—音—乐"三者的系统性讨论实质上是强调礼乐文化移人性情、发人深省、移风易俗、化成天下的教化意义,由此足见"乐"的缘情与言情特质是人的"性—情—义"这一提升过程得以完成的关键,礼乐文化为"乐言情"思想的生长提供了充分的实践空间。

综上所述,"乐缘情"和"乐言情"思想的体系化成熟必然是在礼乐文化语境下完成的。如《性自命出》云:"凡至乐必悲,哭亦悲,皆至其情也。"[1] 上博简《诗论》亦谓:"颂,平德也……其乐安而迟,其歌引而逸。其思深而远,至矣。"[2] 至乐即大乐,指西周最

---

[1] 李零:《郭店楚简校读记》,北京大学出版社2002年版,第106页。
[2] 朱渊清、廖名春:《上博馆藏战国楚竹书研究》,上海书店出版社2002年版,第60页。

高规格的礼乐表演，即颂乐。颂乐专用于周王祭祀礼，为了表达对天神、地祇、人鬼的膜拜、崇敬，颂乐的曲调平和凝重、韵律徐引绵长，以寄托深切悠长的思念，情到深处，感人至深，这不仅明确了"性"与情的界限，也明确了礼乐文化空间与原始自然空间、世俗空间的界限。在周人看来，唯有经历礼乐精神的洗礼，才能实现由"性"而至"情"的跨越，实现向"人"、向"君子"的转化提升，"风以动之，教以化之"的礼乐文化才体现出其思想价值与教化意义。

《礼记·乐记》谓："情动于中，故形于声。"诗大序云："情动于中而形于言"，上述两则文献都强调了音乐、诗歌等艺术的缘情特征，强调情感是艺术发生、艺术创造的重要动力，这说明"乐缘情"的艺术观念已是诸子时代文化阶层的共识。但是随着诸子时代"礼崩乐坏"的进一步发展，诗乐分离已成事实，诗歌、音乐、舞蹈构成的综合艺术表演——"乐"的缘情和言情特征被"诗言志"命题部分遮蔽。特别是陆机在《文赋》中提出"诗缘情而绮靡"的观点，"诗缘情"仿佛是新的文学思想命题而受到了古今文人、学者的格外关注，这些学者认为"诗缘情"命题反映了与"诗言志"命题不同的诗歌观念，诗歌由重视"志"转向"情"，有的当代学者甚至认为"诗缘情"命题体现了对"诗言志"命题的发展，其实这其中是有误解的。误解集中体现在以下三点：1. 忽视了"乐"的艺术形态具体呈现为诗乐舞统合的仪式流程，因此难以深刻认识到诗乐舞统合的礼仪形态对西周、诸子时代诗学观念的影响。2. 基于第1点的误解将礼乐的"情"等同于一般意义上的情感，即更接近于《性情论》中的"性"。3. 基于第1、2点的误解导致对"诗言志"命题的理解偏颇。而实质上，"诗言志"和"乐言情"这两个重要的文学思想命题共同生长成熟于礼乐文化语境，"诗"特指礼仪用诗，诗、乐、舞统合称为"乐"，即笔者所谓演诗艺术，因此《礼记·乐记》中所谓"情动于中，故形于声"和《诗大序》中"情动于中而形于言"这两则文献所包含的艺术观念不仅是"乐缘情"，还有"诗缘情"，而且与"乐言情""诗言志"也密切相关。因此陆机提出的"诗缘情"命题实质上是对礼乐文化语境中生成的"乐缘情"艺术观念的继承和阐发。而相比于"乐缘情"艺术观念，在诸子时代发展成熟的"乐言情"思想更为注重在艺术的创造、形态、情感内涵、思想文化意蕴等方面全面观照艺术与情感的内在联系，与"诗言志"理论互为补充，呈现明晰的体系化特征，体现了诸子时代文学思想的重要进步。

虽说"乐言情"命题中的所谓"情"源自人类朴素原始的天性，但由于"乐"并非狭义的音乐，而是指特定的"礼乐"，具体是指西周礼乐制度规范下的诗乐舞统合的礼仪演诗艺术，是周礼制度借助音乐、诗歌、舞蹈艺术与人类本性的天然联系展开礼乐思想教化，进而有效、有序节制人的情感不断向着道德层面、理性层面净化、提升的礼仪流程。如郭店简《性情论》云："凡学者求其心为难，从其所为，近得之也，不如以乐之速也。"[1] 由于人心对"乐"的天然的亲近感，因此"乐"的动人、入情的艺术效果得到了西周政治集团的充分利用，"乐"也因此获得超乎寻常的发展空间。与此相类似的论述也见于《礼记·乐记》："诗，言其志也。歌，咏其声也。舞，动其容也。三者本于心，然后乐器从之。是故情深而文明，气盛而化神，和顺积中，而英华发外。"诗、乐、舞缘情而发，唯其情感深挚故文采斐然，唯其精气旺盛故出神入化，唯其和顺充实于胸故文质彬彬，由此足见西周礼乐文化是孕育"乐言情"诗学命题的原始文化语境，因此"情"绝非泛指人类的世俗情感，而是特指经过礼乐濡染、提升的情感，是有境界的情感，这份情感是经过礼乐精神洗礼的、脱尽轻佻肤浅、华而不实之后的敦厚深刻、宽和沉稳，是与理性世界的相通的情感境界。故《性自命出》谓："诗书礼乐，其始出皆生于人"[2] "其声变，则心从之；其心变，则其声亦然。"[3] 礼乐演诗由情而入，以礼约束、规范情感表达的向度，在以情动人的基础上完成既定向度的思想教化与人格养成。随着礼乐教化在宗庙、乡里、闺

---

[1] 李零：《郭店楚简校读记》，北京大学出版社 2002 年版，第 107 页。
[2] 同上。
[3] 同上。

门中的频繁展开，也开启了情感世界的陶染与提升。由是观之，诸子时代"乐言情"诗学命题是对礼乐人文情怀的反映，这一诗学命题与中国诗论的"开山的纲领"——"诗言志"紧密相连，对中国传统诗论产生深远影响。

二　"人情可悦"与"乐象美情"

《礼记·乐记》谓："乐也者，情之不可变者也。"情感在心，唯有形之于乐，方能发挥礼乐仪式的教化功能，因此如何将情感赋形，如何圆全地实现情以动之、教以化之的目的，显然是经过礼乐文化创造者、礼仪流程设计者的精心的琢磨和构想，而诸子时代文化阶层正是阐释这些伟大创造与构想的重要文化群体。如上博简《诗论》谓："乐亡隐情"，而且可贵的是"乐亡隐情"这一观点是与"诗亡隐志""文亡隐言"一同提出的，这显然是对综合演诗艺术特征的体系化总结，并且这意味着讨论"乐亡隐情"的问题，必须与"诗言志"，与"文言"联系起来综合考察。这似乎说明"乐"是一种特殊的话语符号，正如《周礼·春官》谓"以乐语教国子"，"乐"应该拥有丰富多彩、完备成熟的话语系统，唯此才有必要在西周的成均大学由大司乐专职教授。因此，如果说语言问题是文学的基本问题，那么"乐言情"的问题就应该是"诗言志"和"文言"的基本问题。

歌诗、乐奏、舞蹈统合的礼乐演诗艺术缘情而发，终而言志，并完成思想品格提升的这一过程中是充分运用"意—象"路径展开的。由于情感抒发激荡活跃、丰富复杂，而思想传达需要思路明晰、透彻深刻，音乐和舞蹈对于情感表达方面纵然有其优长，但显然缺乏明确清晰的指向性，不足以独自实现这一过程。《诗》是语言的艺术，具有语言的表意优长，但同时不容忽视的是《诗》在礼乐演诗仪式中配合颂乐、雅乐、乡乐呈现为不同的歌诗艺术形式。总体而言，《诗》的篇幅字句有限，往往重章叠句，《诗》在抒情、表意方面同样存在"言不尽意"的缺憾。《周易·系辞》有云："书不尽言，言不尽意。"而孔子针对这一问题提供了这样的解决方法："立象以尽意,设卦以尽情伪,系辞焉以尽其言,变而通之以尽利,鼓之舞之以尽神。"孔子连用五个"尽"字强调文字表述、语言表意的缺憾可以通过立象尽意、设卦尽情、系辞尽言、变通尽利、鼓舞尽神等多种路径得以全面弥补。孔子的观点在诸子时代很具代表性,章学诚在《文史通义·易教下》中曾道:"战国之文,深于比兴,即其深于取象者也。"《周易》《老子》《诗》《论语》《庄子》无不充分调动"比兴""卦象""意象"等话语方式辅助情感的抒发和思想的传达,尤其是"兴象传统深刻浸润于晚周诸子文章的精神世界,深于比兴已成为中国古典诗学的基本表达方式"。① 因此孔子上述观点的形成是诸子文化阶层在长期总结礼乐艺术实践经验的基础上逐步形成的。如《礼记·乐记》谓:

> 凡奸声感人,而逆气成象。逆气成象,而淫乐兴焉。正气感人,而顺气应之。顺气成象,而和乐兴焉。……发以声音,而文以琴瑟,动以干戚,饰以羽旄,从以箫管。奋至德之光,动四气之和,以著万物之理。是故清明象天,广大象地,终始象四时,周还象风雨。

为了防止奸声、淫乐而以正气感人,为了杜绝逆气成象而创造了顺气成象的礼乐艺术表演。礼乐仪式综合不同艺术形式,如歌诗表演、琴瑟演奏、执干戚表演的武舞、执羽毛表演的文舞、箫管吹奏等,并充分发挥这些艺术样式各自的优长,充分利用歌诗、器乐演奏、舞蹈综合表演的艺术形式,模拟天地的清明、广大,彰显王者的至德之光;遵循四季春萌、夏长、秋枯、冬藏的节律布局起承转合的礼仪流程,生发和乐之情;遵循情感向度传达宗法伦理观念、周礼政治思想,歌声、乐音如自然中的风雨一般随风潜入心灵深处,润泽精神的生长;由此礼乐艺术实践成为巩固王权的极为有效的途径,从中体现出善于变通的伟大智慧。《礼记·乐记》谓:"声音之道,与政

---

① 傅道彬:《诗可以观:礼乐文化与周代诗学精神》,中华书局2010年版,第178页。

通矣。""变通"的观念成为联结艺术与政治的思想桥梁,由此歌诗、乐器、舞蹈的"立象"优长在礼仪流程中得到充分发挥。不论是抒情性强、表意模糊的音乐、舞蹈,抑或是表意相对明确的歌诗,共同在礼乐流程中构成了一套综合的"兴象"系统,通过"兴象"的构筑达成人与人之间传情、言志、表意的目的。

《礼记·乐记》云:"使亲疏、贵贱、长幼、男女之理,皆形见于乐,故曰:'乐观其深矣。'"乐与礼相成、合流的仪式空间为情感、为思想造形,由此民情风俗、政治理想、审美趣味等丰富深刻的时代文化意蕴在礼乐仪式中得以充分显现。郭店简《性自命出》云:"君子美其情,贵其义,善其节,好其容,乐其道,悦其教,是以敬焉。"[1] 礼乐制度表面上虽然更着力在人类族群内部辨别贵贱、尊卑,但事实是以人类的血缘亲情为基准而建构起来的关于人伦亲疏的、政治秩序的价值体系与思想体系,是情与理融通的思想文化系统。如《礼记·中庸》谓:"践其位,行其礼,奏其乐,敬其所尊,爱其所亲,事死如事生,事亡如事存,孝之至也。"礼乐仪式中的一切环节既是向尊者致敬,也是向先祖、先妣表达亲爱之情,就如同死者犹生、亡者犹存,情真意切。为此祭祀先祖前三天主祭斋戒静思:"齐之日:思其居处,思其笑语,思其志意,思其所乐,思其所嗜。齐三日,乃见其所为齐者。"主祭对先祖的日常起居、音容笑貌、志向怀抱、喜爱、嗜好都一一深思回味,如此三天先祖如在目前,这样做的目的就是为祭祖仪式的正式举行酝酿诚挚、深沉的凄怆之情,因为周人相信"事死如事生"的深情与精诚可以感召人鬼,进而获得先祖的福佑。诚如所见,周礼制度不仅体现为严格的政治、伦理关系的等级秩序,用以严格规定区分君臣、贵贱、长幼、夫妇之间的身份地位,而且闪现着人类以血缘为纽带建立的宗法亲情和友爱。《性自命出》云:"凡人情为可悦也。苟以其情,虽过不恶。不以其情,虽难不贵。苟有其情,虽未之为,斯人信之矣。未言而信。"[2] 音乐是真

---

[1] 李零:《郭店楚简校读记》,北京大学出版社2002年版,第106页。
[2] 同上书,第107页。

诚情感的流露，也是动人心扉的艺术，乐与情交融的礼乐象征仪式使得演诗成为"未言而信"的艺术，成为"美情"的艺术。

进入诸子时代，礼乐盛世不再，但是文化阶层仍然坚信唯有真诚深厚的情感与"礼乐"教化的融通和一，才能成就君子人格的养成、实现家国安和的政治理想。即使在诸侯争锋愈发激烈的诸子时代后期，礼乐文化温柔敦厚、平和中正的精神风范对文化阶层的思想理念仍发挥强大的感召力，如郭店简《语丛一》云："礼，因人之情而为之节文者也。"① 郭店简《性自命出》亦谓："凡声其出于情也信，然后其入拨人之心也够。"② 这无疑是对"乐言情"文学观念的集体回应：情感是音乐、诗歌、舞蹈艺术发生的源头活水，情感为尊卑分明的宗法政治思想体系注入了感动心灵的力量，为礼乐教化的深入人心创造了可能性，点亮了情理交融的礼乐文明之光。郭店简《性自命出》谓："未言而信，有美情者也。"③ 礼乐教化由情而入，在言情的同时担当着情感规范、思想教化、人格养成的使命，并最终达到巩固王权的目的。由是观之，礼是"乐"的灵魂，因此"礼"全面统摄着"乐"的艺术形态以及"乐"所贯注的情感意蕴与思想内涵，这意味着"礼"必然主宰着乐所言之情与诗所言之志，由此可见"乐言情"与"诗言志"思想命题在生成过程中的同源同构关系，基于此唐代孔颖达提出了"情志合一"论，体现了孔氏对"乐言情""诗言志"理论命题的原生文化语境的强调。

三 "礼作于情"与"致乐治心"

周礼制度是为维护西周宗法政治秩序而建立的，如《周礼·天官》载："惟王建国，体国经野，设官分职，以为民极。""极"是"中"的意思，"中"的建立预示着以周王为权力中心的周礼制度的成熟完备，也意味着在周礼制度规定下的政治秩序的建立。由于

---

① 李零：《郭店楚简校读记》，北京大学出版社2002年版，第159页。
② 同上书，第35页。
③ 同上书，第107页。

"礼"是制度、是秩序、是规范，"礼"的实施客观上必然具有强制性。但同时周礼制度在具体实行过程中面临的关键问题之一就是如何最大限度获得主观认同，如何将外部强制转化为主观自觉。为此西周统治集团充分利用了血缘亲情建立礼制体系的情感维度。例如，西周以血缘为纽带形成大小不同的宗族组织，周王就是周部族的宗主，代表周部族的大宗，周王按照与自身的血缘亲疏分封不同等第的诸侯，如鲁国的封地最为辽阔，不仅因为周公摄政有功，还因为在血缘上周公与成王原本也是至亲，可见"礼"在严苛明确、不容僭越的政治制度层面之下隐含人类天然的血缘亲情。

不仅如此，西周礼制体系还充分发挥了"乐"深入人心的艺术特质，通过诗、乐、舞统合的演诗艺术强化、照亮"周礼"所涵盖的思想理念与文化精神，成就了礼乐相成的文化景观。郭店简《性自命出》有云："礼作于情，或兴之也。"① 乐之"象"与诗之"比兴"通过"立象以尽意"的艺术路径营造情境、言情达意，这是对周礼内涵的诗性演绎，故《性自命出》谓："乐，礼之深泽也"②，又云："道始于情，情生于性。始者近情，终者近义。"③ 情感源自人的天性，因此显露人类理性精神的"道"也要从人的天性出发、以人的情感为契合点加以引导，因此"道"的教化由情开始，最终修成符合道义标准的精神品格，《性自命出》简洁扼要地道出了礼乐流程缘情而终于思想教化、人格养成的总体路向，即《礼记·乐记》谓："情见而义立。"

礼乐文化"礼作于情"的实践特征在吉礼、凶礼、宾礼、嘉礼中各有不同的体现。吉礼包括祀天神、地祇和祭人鬼的仪式。祭祀天神、地祇的仪式流程庄敬威严、恭肃雍和，相比于敬奉天神地祇的祭祀礼，人鬼祭礼的体系更为完备。周王祭祀先祖的制度是吉礼中最为重要的一类，仪式繁缛，共有"六礼"，也称"六享"，整体上分为

---

① 李零：《郭店楚简校读记》，北京大学出版社2002年版，第106页。
② 同上。
③ 同上书，第105页。

三级：首先是太祖庙合祭先祖的仪式最为隆重；其次是馈食先王的禘礼；最后是春、夏、秋、冬四季的小祭。毋庸置疑，祭祀人鬼的仪式是孝子缅怀思念先祖、恪尽孝道的重要礼乐活动，但是国家政权主宰者举行的人鬼之礼则会在血缘之中、亲情之上附着政治的考量，君王借祭祀敬奉先王的仪式巩固政治地位。但也正因为如此，周礼制度客观上为"乐"的艺术形态的成熟创造了充足的文化空间。例如，据大量文献记载，礼乐演诗流程是由歌诗、赋诗、讽诗、诵诗等多种艺术表演形态构成，并因此促成《诗》的结集以及"四始"篇章结构的形成。而且据考古发现，西周时期"八音"乐器俱全，乐悬制度完备，乐器形制多样，乐器数量庞大。此外，舞蹈表演也很成熟，按照规格而言有大舞、小舞之分，在内容上而言主要有武舞和文舞两大类，上述种种无不是在周礼的严格制约下、规定下完成的。这充分表明"礼作于情"的教化实践特征是"乐情论"思想成熟的重要文化动力。

周代也有专门的凶礼制度，如《周礼·春官·大宗伯》载："以凶礼哀邦国之忧，以丧礼哀死亡，以荒礼哀凶札，以吊礼哀祸灾，以禬礼哀围败，以恤礼哀寇乱。"凶礼包括丧礼、荒礼、吊礼、禬礼、恤礼五种，是友邦盟国之间救患分灾的互助保障制度。友邦中的任何邦国遭遇亲人死亡、疫病饥馑、水火之灾，以及面临围败、寇仇等危难时，其他邦国不仅要致意慰问，而且通常会提供实际的救助支援，可见政治舞台上演的不仅是利益争夺和军事角逐，邦国间还流动着温暖的同情与敦厚的友谊。不仅如此，为了亲附邦国，为了增进邦国友谊，周王经常举行宾礼，如《周礼·春官·大宗伯》载："以宾礼亲邦国，春见曰朝，夏见曰宗，秋见曰觐，冬见曰遇，时见曰会，殷见曰同，时聘曰问，殷覜曰视。"宾礼分为八类，是配合朝聘制度而举行的礼仪，宾礼的划分很细致完备。按照宾礼规定，东、南、西、北四方诸侯严格遵循春、夏、秋、冬时节分别朝觐周王，称为朝春、宗夏、觐秋、遇冬四种，此外还有随时会见聘问的礼仪以及四方诸侯同来朝见周王的仪式。总体而言，密集举行、仪式繁复的宾礼反映了周王通过这一礼仪制度向四方诸侯昭示统御权力的政治意图，周王可以借此考核、奖惩诸侯的政绩，四方诸侯按时朝见周王，向周王殷勤致意，表达尊崇之情，进而在周王与诸侯之间构成和谐有序的情感交流空间，显然宾礼的实行始终以情感为基础。相比于吉礼的整肃庄严、宾礼的隆重盛大，西周的嘉礼更为平易，目的在于亲和万民。嘉礼包括饮食礼、婚冠礼、宾射礼、飨燕礼、脤膰礼、贺庆礼六种，这六礼更专注于沟通情感，并且各有侧重。饮食礼通过宴饮方式为宗族兄弟创造和乐融洽的交流情境，最为常见的就是燕礼仪式和乡饮酒礼仪式，如《周礼·春官·大宗伯》载："以饮食之礼，亲宗族兄弟；以婚冠之礼，亲成男女；以宾射之礼，亲故旧朋友；以飨燕之礼，亲四方之宾客；以脤膰之礼，亲兄弟之国；以贺庆之礼，亲异姓之国。"兄弟友爱、夫妇和美、主宾和乐、友邦亲和、邻国友好，无论是宗族、室家之内，还是社会交往、政治外交，情感氛围笼罩在各种礼仪场合中。可见，西周统治者一面通过完善礼制，在室家、宗族、邦国分别设定严格的规矩，严格维护政治秩序、伦理秩序，不容僭越；一面利用祭祀、聘问、宴饮、乐射、婚冠等礼乐活动放大情感的力量，用敬重、孝顺、相亲、友爱弥合由"礼"造成的疏远、隔膜，疏解怨怼，平抑怨愤。

综上分析不难看出，究其根本西周宗法政治制度是按照与周王血缘的亲疏关系建立的政治等级制度，因此用于维护西周宗法政治秩序的周礼必然地由情感出发而终于君臣和敬、长幼和顺、闺门和亲、天下和合的政治展望，《礼记·乐记》谓"致乐以治心"。又谓："是故乐在宗庙之中，而君臣上下同听之，则莫不和敬；在族长乡里之中，长幼同听之，则莫不和顺；在闺门之内，父子兄弟同听之，则莫不和亲。"由此不难理解，礼乐的缘情和言情特征是西周思想教化得以顺利实施的重要保障，同时重"情"的礼乐教化实践不仅是"乐缘情""乐言情"文艺思想命题提出的原生语境，也是促进"乐情论"体系化成熟的实践动力。

第二节 "世亡隐德"与"诗亡隐志"

郭店简《唐虞之道》有云:"尧舜之行,爱亲尊贤。爱亲故孝,尊贤故禅。孝之施,爱天下之民。禅之传,世亡隐德。"① 尧舜尊贤、爱亲、孝敬,因此帝尧依照禅让制让位于虞舜,尧舜的美好盛德也因此广大远播后世。贤圣、先王的优秀精神品格在诸子时代仍是文化群体津津乐道的话题,表明礼乐精神的余绪对文化阶层仍有较大的影响,儒家群体极力倡导成就君子人格,"言志""守志"也是他们热衷讨论的话题。如郭店简《缁衣》云:"此以生不可夺志,死不可夺名。故君子多闻,质而守之;多志,质而亲之。"② 对"志"的执着、坚守是为了成就君子之质,博闻也是为了守志、守名,为了成为君子,生命并不重要,可见"守志"在君子人格养成中的重要地位。但对"志"的执守并不是始自诸子时代,《尚书·舜典》曾云:"诗言志,歌咏言,声依永、律和声","言志"传统自古有之、渊源有自,而且"言志"最初是以诗、乐、舞统合的综合演诗艺术进行的,而综合演诗的目的是教化胄子成就"直而温,宽而栗,刚而无虐,简而无傲"③ 的政治品格,这表明以"诗言志"为艺术表现核心的综合演诗艺术是以品格养成为宗旨的教化仪式,演诗仪式是文化阶层实现"立德"不朽人生境界的重要实践路径。

另据《周礼·春官·大司乐》载,西周专门制定"成均之法",建立大学,通过教授国子"乐语""乐舞",培养国子成就"中和祗庸孝友"的政治品格。西周的"乐德"教化是通过诗乐舞统合的"乐语"形式——演诗艺术完成的,歌奏舞协合完成的"乐语"艺术实践使得"乐德"思想教化的顺利实施成为可能,并提供了具体可行的操作方式,由此形成了《诗》的语义指向与"乐德"思想内容

---

① 李零:《郭店楚简校读记》,北京大学出版社 2002 年版,第 63 页。
② 同上。
③ 《尚书正义》,《十三经注疏》,中华书局 1980 年版,第 131 页。

的全面对接。《诗》作为礼仪流程中的重要"乐语",按照礼仪用途分为《风》《雅》《周颂》三部分,其中《雅》又分为《大雅》《小雅》。《周颂》集录的是周王祭祀演诗仪式的歌诗曲目,《大雅》《小雅》中的诗篇是周王或诸侯举行飨燕仪式时的表演曲目,因此《周颂》《大雅》《小雅》的歌诗表演都在庙堂之上,统称雅乐。《国风》为乡乐,主要用于乡饮酒礼、乡射礼仪式,不同的礼乐仪式承担着不同的教化内容,以"中和祗庸孝友"为内涵的"乐德"思想在《诗》中得到了全面呈现。对此上博简《诗论》有这样的讨论:

颂,平德也,多言后,其乐安而迟,其歌引而遫,其思深而远,至矣!《大雅》,盛德也,多言……(简2)
……也,多言难而怨怼者也,衰也,小矣。《邦风》其内物也博,观人俗焉,大敛财焉。其言文,其声善。(简3)

评述显然是以礼乐演诗仪式的具体用途为阐释"乐德"意义的标准,对《诗》的各部分艺术风格给予了"崇德"式的鉴赏,如"平德""盛德""小德""声善",这显然是对《诗》的"乐德"思想意蕴的体系化总结。周人在礼乐文化的淘染下自觉地体味《诗》中的"乐德"精神,这段礼乐昌盛的时代记载了周人从政治、艺术中汲取理性、收集文明的历史,郭店简《尊德义》云:"德者,且莫大乎礼乐焉。"[1] 演诗作为礼乐文化最为生动直观的艺术展现形式,决定了《诗》与礼乐制度及其致力于实现的"乐德"教化之间必然存在紧密的对接与呼应关系,这意味着礼乐文化语境中的"言志"是对"乐德"教化实践意义的全面强调。

一 "乐亡隐情"与"太上立德":

"乐德"的养成是礼乐教育体系的根本培养目标,决定了"乐德"的精神内涵与仪式"乐语"在本质上必然具备对应性。在诗乐

---

[1] 李零:《郭店楚简校读记》,北京大学出版社2002年版,第139页。

合流的仪式表演体系中，《诗》作为"言志"的重要乐语必然最为直接、清晰地承载蕴含"乐德"思想内涵。同时由于《诗》是在歌唱、奏乐、舞蹈等艺术形式的综合辅助下缘情入乐、言情入理，完成对"乐德"思想的诠释，这意味着"乐语"凭借多维立体的综合艺术形式展开的思想教化既是以情动之，又是以"礼"服之，对"乐德"思想的阐释既是全面的也是深刻的，因此"乐语"仪式不愧是"乐亡隐情"的艺术流程，也是"世亡隐德"的教化流程。

  出于对礼乐精神的认同和钟爱，诸子时代文化群体积极继承、传播"乐德"文明，如《左传·襄公二十四年》就记载叔孙豹提倡"立德"为先的思想，以孔子为代表的儒家群体也以成就"君子"人格作为毕生追求，而且《周礼》《礼记》、上博简《诗论》、郭店简《性自命出》、帛书《周易经传》等这些最具代表性的文献集中呈现了由西周至诸子时代礼乐精神的传承之路，记录了文化阶层在这一进程中的理性反思和伟大发现。从中可见，儒家文化群体对于西周历史、文化的忠诚和仰慕，他们对"乐语"艺术的描述以及文化精神的阐释不断让后人萌生对礼乐文化精神的怀想，中国古典文艺理论体系也正是在他们的守望中建构并成熟起来的。

  周礼制度规定下的"乐语"艺术是演绎、传达"乐德"思想的重要形式，郭店简《语丛三》云："乐，服德者之所乐也。"[1] 又郭店简《五行》云："不乐亡德"[2]，《礼记·乐记》亦云："乐者，所以象德也"，可见"立德"是"乐语"艺术的教化宗旨，"乐语"艺术充分发挥音乐缘情、言情特质以及诗的"言志"功能移性、动情、引人深思、敦风化俗，展开情理相融的"乐德"教化。颂乐是周王祭祀礼的专门用乐，是最为精湛的"乐语"艺术表演，表演规模宏大，升堂弦歌，八音克谐，神人以和，百官俱备，天下大服。《史记·周本纪》就曾记载成王"兴正礼乐，度制于是改，而民和睦，颂声兴"。这说明《周颂》的创作、合乐乃至表演不仅是对西周初年

---

[1] 李零：《郭店楚简校读记》，北京大学出版社2002年版，第149页。
[2] 刘钊：《郭店楚简校释》，福建人民出版社2005年版，第69页。

周部族强盛国力的炫耀，也是对艰苦卓绝的奋斗历程的反思，也包含对政治体制精心的谋划设计，大周政治文化的理性光辉以及雄霸天下的壮志豪情不断得到文化阶层的高扬，上博简《诗论》对颂乐的评价就是最好的证明。

上博简《诗论》简2对颂乐这样评价："颂，平德也，多言后，其乐安而迟，其歌引而逖，其思深而远，至矣！"《周颂》是专用于周王祭祀礼仪式的演诗曲目，祭祀礼是西周最为盛大雍容的礼乐活动，祭祀礼种类丰富，仪式繁复，仪节严苛，颂乐肃雍平和，情思深远："祭不欲数，数则烦，烦则不敬。祭不欲疏，疏则怠，怠则忘。是故君子合诸天道，春禘秋尝。霜露既降，君子履之必有凄怆之心，非其寒之谓也。春，雨露既濡，君子履之必有怵惕之心，如将见之。乐以迎来，哀以送往，故禘有乐而尝无乐。"①"春禘秋尝"，谓祭祀有时，合诸天道，不数、不烦，不疏、不怠、不忘，以"敬"德为核心；"乐以迎来，哀以送往"，谓祭祀仪式中交织着迎神的喜悦与送神的哀伤，《颂》诗表演必须合乎子孙的"凄怆之心""怵惕之心"，用安和舒缓的音乐充分准确地表达"乐与哀半"的复杂情感，营造虔敬肃穆的人神、人鬼沟通的情境，是彰显"敬"德与"孝"德为主的仪式流程，故上博简《诗论》简2谓："颂，平德也"，"德"即德音，如《礼记·乐记》云："弦歌《诗·颂》，此之谓德音，德音之谓乐。""平"即"平和"，如《礼记·乐记》云："感条畅之气，而灭平和之德。是以君子贱之也。"因此"平德"意谓赞美周王祭祀仪式的颂乐是"平和德音"，具体风格为："多言后，其乐安而迟，其歌引而逖，其思深而远，至矣。"颂乐的平和之德主要体现在内容、表演形式和思想意义三个方面。"多言后"是说《颂》主要表现先王的后代恭敬侍奉祭祀、励精图治的政治成就，这是就内容而言；"其乐安而迟，其歌引而逖"是描写合乐的曲调安平和缓、徐引悠长，显然是评价合乐的艺术风格；"其思深而远"是说《颂》的礼义思想深刻广远，这是对《颂》的"乐德"意义的概括总结。不

---

① 《礼记正义》，《十三经注疏》，中华书局1980年版，第1592页。

可否认，上博简《诗论》对祭祀颂乐的品评是全面而系统的，不妨在此做进一步的分析。

"多言后"是关于《周颂》叙事主题的归纳，显现出《周颂》由"孝"德放大至"敬"德的思想路径。毋庸置疑，对后世政治功业的赞美是《周颂》的重要主题之一，即以其成功告于神明。如《昊天有成命》为郊祀天地之乐歌，云："成王不敢康，夙夜基命宥密"，赞美成王夙夜励精图治，不敢懈怠。《雍》为禘大祖的乐歌，云："有来雍雍，至止肃肃。相维辟公，天子穆穆"，参加祭祀的诸侯群臣雍容而来，肃敬站立，避让天子，礼待天子穆穆而入。《赉》言大封于庙，王国维以为是《大武》乐章之一，诗云："文王既勤止，我应受之"，颇有承担政治伟业的气魄与胸襟。郭店简《性自命出》有云："《赉》、《武》乐取，《韶》、《夏》乐情。"① 可见周王祭祀《颂》歌是为了明确地向先祖禀告政治上的成功，向群臣表白宏图大志，勉励臣子和谐同心完成政治大略。《周颂》既饱含孝子贤孙对祖先的"孝敬"之情，同时宗族意义上的"孝敬"又体现为周王对先王政治功勋的敬奉，以及诸侯、臣下对周王政治地位的尊崇，周王在政治上与宗族中所拥有的双重身份决定了《周颂》的特殊地位，祭祀仪式的"平德"合乐也因此更具有代表意义。

上博简《诗论》这样评价祭祀仪式的"平德"合乐："其乐安而迟，其歌引而遬"，意谓音乐风格和缓庄肃，弦歌《周颂》悠远舒展，宽和伸舒。祭祀仪式的"合乐"，即特指礼乐规格最高、乐器种类最丰富、表演形式最繁复、参与人员众多的《颂》诗艺术表演。如《礼记·乐记》谓："圣人作为鼗、鼓、椌、楬、埙、箎。此六者，德音之音也。然后钟、磬、竽、瑟以和之，干、戚、旄、狄以舞之。此所以祭先王之庙也，所以献、酬、酳、酢也，所以官序贵贱各得其宜也，所以示后世有尊卑长幼之序也。"《礼记·祭统》亦云："夫大尝禘，升歌《清庙》，下而管《象》，朱干玉戚以舞《大武》，八佾以舞《大夏》，此天子之乐也。"西周乐器种类丰富，包括击乐

---

① 李零：《郭店楚简校读记》，北京大学出版社2002年版，第106页。

器、弦乐器、管乐器，"钟鼓磬"组合的金奏乐悬是最高的用乐规格，表演形式有金奏、弦歌、大舞，参礼人员的官阶等级最高，艺术表演的水平也最高，音乐总体风貌正如《周颂·有瞽》中所描绘的"喤喤厥声，肃雍和鸣"，金奏喤喤、鼓声渊渊、管声嘒嘒与磬声相依，成就了雍和庄肃、悠扬平和的德音，与孝子"乐与哀半"的情感、与周王功成祈福的志向，与贵贱、尊卑、长幼相敬相和的氛围相得益彰。

此外，颂乐的平和德音还易于凸显《周颂》宽和伸舒的歌声。《周颂·清庙》歌曰："於穆清庙，肃雍显相。济济多士，秉文之德，对越在天。骏奔走在庙，不显不承，无射于人斯。"笔法简洁，落处却雍容凝重，宏阔的天地之间浓重地蕴藉着文王伟岸慑人的精神力量，《礼记·仲尼燕居》云"升歌《清庙》，示德也"。和缓庄肃的乐声中，回荡着舒展宽和的歌声。《周颂》凡31篇，皆一章，字数最多的为《载芟》31句，《良耜》次之，23句；不足十句的有17篇，超过二分之一，《维清》最短，只有五句，《周颂》诗篇简短整饬的语言风格呈现与和缓庄肃的祭祀演诗艺术风格的融合，《颂》歌与《颂》乐不仅以平和德音寄托对神明、人鬼的膜拜、敬奉，而且勉励后世秉承文王之德，成就"乐德"风范，怀柔四方，安和天下，其思想意义可谓深远！故《礼记·乐记》云："朱弦而疏越，一倡而三叹，有遗音者矣。"又《国语·周语》曾载伶州鸠言：

> 夫有和平之声，则有蕃殖之财。于是乎道之以中德，咏之以中音，德音不愆，以合神人，神是以宁，民是以听。若夫匮财用，罢民力，以逞淫心，听之不和，比之不度，无益于教，而离民怒神，非臣之所闻也。

中德配中音，神鬼安宁歆享祭祀，万民受教听命，在平和的大合乐中向天下四方宣示王者的自信与威仪，"安而迟，引而远"的乐声中熔铸着"立德"不朽的思想境界，《礼记·乐记》谓："乐文同，则上下和矣"，在"乐亡隐情"的演诗艺术流程中，"乐德"精神得到全面彰显，上下和合团结，这正是西周王权集团致力于实现的政治理想。

二 "诗亡隐志"与"有德兴邦"

《尚书·舜典》首先提出了"诗言志"命题，其云："诗言志，歌永言，声依永，律和声"，《礼记·乐记》谓："诗言其志也。歌咏其声也。舞动其容也。"《左传·襄公二十七年》载："诗以言志"，《左传·文公十三年》载："赋诗言志"，《国语·鲁语下》云："诗所以合意"，《庄子·天下》云："诗以道志"，上博简《诗论》云："诗亡隐志"，上述文献无不突出《诗》的"言志"功能，而且显然《诗》最初是以歌唱的形式与音乐、舞蹈配合完成艺术表演，构成礼乐仪式流程，实行"乐德"思想教化，这意味着《诗》的艺术形态与思想内涵根本上服从于"乐德"教化的需要，因此如若以为"诗言志"命题就是传达"诗是强烈情感的自然流露"这一观念，不免失于褊狭。

"诗言志"理论是中国诗论的开山纲领，它开创了中国诗歌的"言志"传统，对历代诗歌的创作、鉴赏以诗歌理论体系的建构都意义深远，但上述关于"诗言志"理论的认识仍是抽象的简单化的。实际上，"诗言志"命题的提出，以及理论体系的建构无不与特定的时代、与政治、与文化、与诗人紧密相连，因此对"诗言志"思想的研究应是回归其原生的礼乐文化土壤，在礼乐仪式中复现《诗》的艺术表演形态，结合《诗》的用途探究、总结《诗》的艺术特征与思想内涵，唯此才是对"诗言志"理论切实深刻而有意义的研究。因为只有回到原生的文化语境和艺术表现空间，才能真正理解以"诗言志"为核心的礼乐演诗仪式本质上是"乐德"思想教化的流程，由此才能根本区别"乐"与《诗》、"情"与"志"的差异与相通之处，唯此才能理解"乐缘情"与"诗缘情"命题、"乐言情"与"诗言志"命题之间的相成关系，从而准确把握命题各自强调的文艺观念。

《诗》是礼乐文化的重要成果，因此对《诗》的讨论、对"诗言志"理论意义的分析、阐释首先就要回到其原生的文化语境。西周实行了分封制，实际上是通过"惟王建国，辨方正位"①建立起以周王、诸侯为代表的王权政治集团，周王居于政治集团的核心地位，以周王为中心按照血缘亲疏"封邦建国"并确定爵位等级，亲者近、疏者远，各等级之间有着明确严密的隶属关系，对此王国维进行过透彻的分析："天子之尊，非复诸侯之长，而为诸侯之君……盖天子、诸侯君臣之分始定于此。此周初大一统之规模实与其大居正之制度相待而成者也。"②为此，西周王权集团经常举行彰显王者尊崇地位的礼制活动，如"吉凶宾军嘉"五礼，礼仪流程中最为精彩的是演诗艺术表演，乐官和乐工组成专门的表演团队，分工合作，各司其职，按照既定的程式、曲目表演歌诗、奏乐和乐舞艺术，贵族阶层在弦歌乐舞、肃雍和鸣、美善相乐的"演诗言志"流程中实现"乐德"教化。

从时间的维度看，"言志"的演诗活动是定期举行的，并且是按照一定周期长期循环往复地举行，即具有定期化、周期化、长期化的特点，上述特点在祭祀演诗活动中体现得尤为突出。如《周礼·春官·大司乐》记载，周王祀天神在冬至，祭地示在夏至。

> 乃奏黄钟，歌大吕，舞《云门》，以祀天神。乃奏大蔟，歌应钟，舞《咸池》，以祭地示。……凡乐，圜钟为宫，黄钟为角，大蔟为征，姑洗为羽，雷鼓雷鼗，孤竹之管，云和之琴瑟，《云门》之舞，冬日至，于地上之圜丘奏之，若乐六变，则天神皆降，可得而礼矣。凡乐，函钟为宫，大蔟为角，姑洗为征，南吕为羽，灵鼓灵鼗，孙竹之管，空桑之琴瑟，《咸池》之舞，夏日至，于泽中之方丘奏之，若乐八变，则地示皆出，可得而礼矣。

周人认为冬至为阴阳交接之限，冬至之后阳气日盛一日，是为了

---

① 《周礼注疏》，《十三经注疏》，中华书局1980年版，第639页。
② 王国维：《观堂集林》，中华书局1959年版，第467页。

迎接一阳日的来到，因此要在冬至这天祭天；夏至也是阳阴交接之限，夏至后阴气日盛一日，在夏至这日祭地是为了迎接一阴日的到来。在冬至，祭祀演诗活动以"圜钟为宫，黄钟为角，大蔟为征，姑洗为羽，雷鼓雷鼗，孤竹之管，云和之琴瑟，《云门》之舞"，歌诗合奏大吕乐，象阳气日升，天神皆降；在夏至，演诗的配乐以"函钟为宫，大蔟为角，姑洗为征，南吕为羽，灵鼓灵鼗，孙竹之管，空桑之琴瑟，《咸池》之舞"，歌诗合奏应钟乐，象征阴气生成，地祇皆出；祭祀天地的演诗活动中八音克谐，按序奏乐，用乐奏曲目区分天神、地祇的祭事，而且季节的更迭也附会为阴阳交接，阳日祭天神，阴日祭地祇，乐奏音律也分阴阳，自始至终排列构成演诗艺术流程。《周颂》中不乏用于祭祀天地的诗篇，如《昊天有成命》云："昊天有成命，二后受之。成王不敢康，夙夜基命宥密。於缉熙，单厥心，肆其靖之。"诗的大意是：昊昊苍天降下成就天下的神圣使命，文王、武王受命，成就大周天下，不敢有半点儿安逸，早起夜卧都诚敬地奉持天命，勉力为政，不敢懈怠，实行宽和的政治，奋发前进，殚精竭虑，天下安定。祭祀天地的乐歌大肆渲染领受天命的周部族的诸位先王精诚为政、宽和爱民的精神风范。诗虽然是用于祭祀天神、地祇，但与其说是善待天地，毋宁说是在借用一种被广泛认同的演诗艺术形式积聚政治力量，监察其管领下的诸侯，通过乐歌表达对西周先王宽和勤勉、诚敬仁爱精神品格的崇尚与尊奉，这本身就是政治导向明确的精神引领与行为规范，证实了"乐德"思想理念在西周政治意识形态中的重要地位。又如《周颂·思文》云："思文后稷，克配彼天。立我烝民，莫匪尔极。贻我来牟，帝命率育。无此疆尔界，陈常于时夏。"诗的大意是：追念文德辉煌的始祖后稷，您的文德功绩可与天相配。您教导子民种植谷物，使天下众民得以生存，众民耕种时都以您的传授为准则。上帝馈赠给我们小麦、大麦，命我养育天下的子民，在中国地域不分疆界，颁布地税制度。后稷是周族的始祖，相传是尧舜时代的农官，后人奉他为谷神。可见，中国的农业发明很早，很早就与先民的生存息息相关，发展农业自古也就成为立国大计。限于当时的认知水平，周人认为农事活动不是辛勤劳动与技术水平能够掌控的,于是为了配合农事活动,周王要举行演耕藉田之类的盛大的祭祀活动,在乡里也要严格遵循常规开展祭祀田神的仪式,目的无非是祈求谷物丰收,《周颂》中这类诗篇还有《噫嘻》《丰年》《载芟》《良耜》。

总之,一年四季都要以祈田为目的展开多种多样的演诗活动,在《国风》《小雅》中也有表现祭祀田神的诗篇,如《豳风·七月》首章云:"七月流火,九月授衣。一之日觱发,二之日栗烈。无衣无褐,何以卒岁?三之日于耜,四之日举趾。同我妇子,馌彼南亩,田畯至喜。"诗中的"田畯"就是田神①,这一章描写的是每年的二月,正值初春,马上就要开始新年一年的耕种,于是农人要进行祭祀田神的活动,于是农人与妻子、子女一同携带祭祀的酒食,来到南亩祭祀田神。《周礼·春官·籥章》中也有相关记载:"中春昼击土鼓,龡《豳诗》以逆暑。中秋夜迎寒亦如之。凡国祈年于田祖,龡《豳雅》,击土鼓,以乐田畯。国祭蜡,则龡《豳颂》,击土鼓,以息老物。"《礼记·明堂位》亦云:"夏礿、秋尝、冬烝、春社、秋省而遂大蜡。暑日、中秋吹《豳诗》,春季祈年吹《豳雅》,冬季祭蜡吹《豳颂》。"四季更迭、寒暑交替,《七月》之龡回响在周人生命中的四季,春萌秋谢的生命过程凭借"言志"的祭祀演诗活动艺术化了。

"天地𬘡缊,万物化醇;男女构精,万物化生。"② 人类面对天地汇通、日月交替、四时更迭、万物化生的自然生态,日益萌生天人合一的生命意识,这成为"和合"政治理念的先声。周人在一年四季的周而复始中连接着天与地,在自然的天地之间感悟生命,享用自然的馈赠,但又用勤勉与真诚告慰天地,不忘以最优美的最诗性的音乐与话语表达感恩。从自然中周人获取的不仅仅是风调雨顺、谷物丰登,还应该有与天地交通、与自然为一的和谐理念,以及对天地孕育生灵的伟大力量的敬奉情怀,并通过体察自然的有序运行而模拟出人

---

① 姚小鸥:《吹埙奏雅录·田畯农神考》(北京广播学院出版社2004年版)有翔实、清晰的考辨论述,此略。
② 《周易正义》,《十三经注疏》,中华书局1980年版,第88页。

类生存的常态秩序。如《周易·系辞上》云："天尊地卑，乾坤定矣。卑高以陈，贵贱位矣。动静有常，刚柔断矣。"又云："圣人有以见天下之赜，而拟诸形容，象其物宜，故谓之象。……拟之而后言，议之而后动，拟议以成其变化。"这是人类模仿天地、乾坤、动静而生成的关于尊卑、贵贱、刚柔之间的二元对立与和谐统一的辩证思考，这种思辨性也体现在"乐德"思想体系中。如《礼记·乐记》云：

  圣人作乐以应天，制礼以配地。礼乐明备，天地官矣。天尊地卑，君臣定矣。卑高以陈，贵贱位矣。动静有常，小大殊矣。方以类聚，物以群分，则性命不同矣。在天成象，在地成形，如此，则礼者，天地之别也。地气上升，天气下降，阴阳相摩，天地相荡，鼓之以雷霆，奋之以风雨，动之以四时，暖之以日月，而百物化兴焉。如此，则乐者，天地之和也。

  作乐应天，制礼配地，礼乐明备，于是"天尊地卑，君臣定矣。卑高以陈，贵贱位矣。动静有常，小大殊矣"。礼乐与天地的比附，是为了形象地彰示高贵与卑贱的根本性差异，由此建立以"祗敬"为核心的政治秩序，并对社会行为发挥常态性的规范作用，这是对"礼"的制约力的阐述。与此同时，"乐"的作用在于和同，演诗仪式通过诗乐舞统和的艺术形式和同天地、阴阳、四时、日月，最终借助"乐"实现了"百物化兴"的功能，这其中显然包含祗敬与和合辩证统一的"乐德"思想理念。

  朝觐礼也是重要的礼制活动，并随四季更迭频繁举行，而且朝觐期间必然伴随大飨礼、大射礼、燕礼等礼乐演诗活动，演诗曲目主要出自《大雅》《小雅》，尤其注重"祗敬"与"中正"品格的教化。行朝礼的根本目的在于别君臣、尊卑之分。如《周礼·春官·大宗伯》载："春见曰朝，夏见曰宗，秋见曰觐，冬见曰遇。"这是就诸侯朝天子的朝礼而言，关于具体方式，《左传·昭公五年》记载的薳启强的一段话这样概括："圣王务行礼，不求耻人，朝聘有珪，享觌有璋。小有述职……设机而不倚，爵盈而不饮；宴有好货，飧有陪鼎，入有郊劳，出有赠贿，礼之至也。"也就是说，小国执圭朝见大国，执璋朝见后夫人，小国要向大国陈述所履行的职责义务，而且在此期间还要举行庄肃的飧礼，来的时候君王派专人迎接慰劳，走的时候有馈赠。在朝觐礼过程中，君主是仪式的中心，仪式着力彰显君主凛然不可僭越的神圣地位，而诸侯的行为完全处于被动的、谦卑的、恭顺的状态。如"还玉圭"的环节就很能说明问题，《白虎通阙文·朝聘》云：

> 所以制朝聘之礼何？以尊君父，重孝道也。夫臣之事君，犹子之事父，欲全臣子之恩，一统尊君，故必朝聘也。诸侯来朝，天子亲与之合瑞信者何？正君臣，重法度也。觐礼经曰："侯氏坐取圭，升致命，王受之玉。"①

"还玉圭"是朝觐礼仪式中的必备环节，表现了对"合瑞信"这一重要礼节的（也即"合符信"）重视，如《白虎通瑞挚·右论五瑞制度》云："合符信者，谓天子执瑁以朝，诸侯执圭以觐天子。瑁之为言冒也，上有所覆，下有所冒也。……珪所以还何？以为珪信瑞也。"② 这里"合瑞信"是指诸侯执圭朝觐天子，仪式进行中先由诸侯以坐位取圭，然后升堂奉予天子，天子接受玉圭，用玉瑁覆盖玉圭，如果大小相当，正好相合，证明玉圭原本为天子所赐，若不同，证明玉圭为伪件。这个过程首先是对"辨方正位""尊卑有等"政治理念的象征性演示，凸显周王对诸侯的绝对制约力，如陈立《白虎通疏证》引《尚书大传》云："诸侯执所受圭，以朝天子。……无过行者复其圭以归其国，有过行者留其圭，能改过者复其圭。三年圭不复，少绌以爵。六年圭不复，少绌以地。九年圭不复，而地毕削。"③

---

① 陈力：《白虎通疏证》，中华书局1994年版，第583页。
② 同上书，第353—355页。
③ 同上书，第583页。

这说明"还玉圭"环节一方面突出王权的尊崇，另一方面更在于树立诸侯恪尽本分、效忠天子的范式，目的在于成就祗敬、中正的政治品格，同时在仪式流程中，天子与诸侯瑁圭相合的情景鲜明也充分体现了以"和"为前提的"中正"思想教化。

《诗经》中不乏对朝觐礼的描写，主要集中在《大雅》中。如《大雅·崧高》第五章云："王遣申伯，路车乘马。我图尔居，莫如南土。锡尔介圭，以作尔宝。往近王舅，南土是保。"申伯为周宣王时代的贤臣，宣王封申伯至南邦，临行前送别申伯，赠予路车乘马，并特别叮嘱将玉圭作为至宝倍加珍惜，玉圭与路车乘马都是宣王的赏赐、慰劳之物，在诗中还特称申伯为王舅，俨然是一幅亲和相敬的画面。但画面中真正点睛的一笔是"锡尔介圭，以作尔宝"，"玉圭"象征的是天子赋予申伯的政治使命，使命就是保卫大周的南邦，深层次的内涵是君对臣的统领与制约，是臣子对天子的绝对服从与效忠。又《大雅·韩奕》记载的是韩侯朝觐周宣王的事，诗第二章云："四牡奕奕，孔修且张。韩侯入觐，以其介圭，入觐于王。王锡韩侯，淑旂绥章，簟茀错衡，玄衮赤舄，钩膺镂钖，鞹鞃浅幭，鞗革金厄。"韩侯遵循觐礼按时来朝，执大圭觐见周王，周王赐韩侯旗、车马饰、命服、路车、乘马等。可见，诸侯觐礼必执玉圭朝觐天子，表示对天子的尊崇与臣服，待完成天子以瑁覆之的环节，视诸侯的履职情况决定是否还圭或何时还圭，政治的主动权全部掌控在君主一方，因此"圭""瑁"相合既是君臣和合互信的象征，同时说明朝觐礼是周王制约诸侯的有力措施，表明王权对地方诸侯已经具备相当的政治制约力。

而且在诸侯朝觐期间，周王必设大飨礼示相敬之情，飨礼是天子、诸侯招待贵宾的隆重礼节，仪式的政治意味浓厚，飨礼的任何一个细节的失误都有可能引起重大的政治波澜，同时飨礼的成功举行又是捍卫国家尊严、解决政治冲突的重要契机，仪式规程谨严繁复，设几不倚，爵盈不饮，酒饮至齿而不入口，是彰显"敬"德的重要政治仪式，这决定了飨礼演诗艺术实践的表现主题与艺术风格。飨礼仪式的演诗曲目主要选自《大雅》，据《毛诗正义》小、大雅谱云：

"文王受命，武王遂定天下。盛德之隆，大雅之初，起自《文王》，至于《文王有声》，据盛隆而推原天命，上述祖考之美。"① 确实，翻开《大雅》诗篇，不难发现，其中到处洋溢着对祖考的政治功绩、精神道德品格的夸饰赞美，与西周初期盛德之隆的政治景象、统治者踌躇满志的政治自信极为协调。据此可知，上博简《诗论》对《大雅》"盛德"的定位应是对《大雅》的思想内涵及其艺术表演形式的全面概括。为了有更清晰的认识，不妨将《大雅》与《周颂》进行比较分析。

诗大序云："《周颂》，美盛德之形容，以其成功，告于神明者也。"② 文王、武王、周公、成王的政治成就、自信睿智的政治谋略以及宽和仁德的胸怀屡屡成为《周颂》的表现内容，就这一点而言，《周颂》的"盛德"与《大雅》"盛德之隆"属于同一主题。但上博简《诗论》认为《周颂》是"平德"的，《大雅》是"盛德"的，这显然说明《周颂》与《大雅》之间的艺术风格差异并不是取决于思想主题，反而是由艺术形式决定的，即特定的"场"决定演诗艺术的风格，这意味着仪式的用途决定君主了"盛德"之志可以由"平德"或"盛德"两种不同的艺术风格加以展现。例如，《周颂·清庙》是赞颂文王的乐歌，一章八句，诗有云："於穆清庙，肃雍显相。济济多士，秉文之德，对越在天。"静穆神圣的清庙，庄肃雍和的助祭者，秉承文王精神的誓愿，一切都沉浸在肃敬而雍和的氛围中，与祭祀礼"乐与哀半"的情感基调吻合，《周颂》用于祭祀礼仪式的重要功能决定了"平德"的艺术风貌。又如《大雅·文王》，诗歌共七章，每章八句，开篇就赞美文王盛德，受到天神的青睐，领受天命成就大周伟业；次章叙述文王嫡庶子孙承继天下，百世受禄；第三章写忠臣济济一堂，文王安享；后四章再次赞颂文王盛德品格，终致殷商诚服，天下信顺。这首诗用于大飨礼仪式，配合《文王》歌诗的音乐也隆盛宏大，贲鼓逢逢、庸钟喤喤、磬管锵锵共同谱写

---

① 《毛诗正义》，《十三经注疏》，中华书局1980年版，第401页。
② 同上书，第272页。

《大雅》的"盛德"乐章。《文王》七章铺陈，洋洋洒洒，用词盛美，如"文王在上，於昭于天""亹亹文王，令闻不已""穆穆文王，於缉熙敬止"，这些诗句热烈，充满激情；上博简《诗论》简22云："'文王在上，於昭于天'，吾美之。"这是在夸赞乐奏震撼、庄重以及《文王》歌诗盛美、宏大。总之，《大雅·文王》叙述文王成就大周天下政治大同的景象，寄托着后继者永葆天下的期望，《文王》为《大雅》首篇，《文王》的盛美诗句与《大雅》盛乐的相互配合成就了《大雅》的整体艺术风貌，《大雅》"盛德"的富丽文字与大飨礼庄重盛大的演诗流程共同烘托出充塞天地的帝王风范。《礼记·乐记》云："德盛而教尊"，《大雅》的"盛德"风范与西周青铜礼器粗犷深刻的线条、遒劲有力的铭文辉映着周人豪气高韵的政治情怀，这份情怀的涌动、奔突，成就了"英华发外"的"盛德"之风。

  周礼规定，大飨礼后必设燕礼款待诸侯。燕礼是以和乐为宗旨的宴饮活动，如《小雅·鹿鸣》描绘了天子与群臣宴饮的欢乐场面。相比于飨礼，燕礼的氛围轻松随意得多，演诗艺术形式也较为灵活，分正歌、无算乐、《陔》乐三部分，正歌包括升歌、笙奏、间歌、合乐四节，正歌结束时由乐正宣布"正歌备"，燕礼进入自由宴饮阶段，演诗曲目也进入"无算乐"阶段，或间歌或合乐，尽欢而止最后奏《陔》乐，即奏《陔夏》，为送宾曲，其主要礼乐规程在《鹿鸣》中有生动的呈现。如"鼓瑟吹笙""吹笙鼓簧""鼓瑟鼓琴"，并且用"和乐且湛"准确提炼出燕礼典乐的表现主题与音乐风格，此外，"人之好我，示我周行""德音孔昭""君子是则是傚"等诗句也表明，在觥筹欢娱之间，德音婉转萦回，臣子的效忠换来天子的赞誉和抚慰，君臣和合相善，这应该是最为生动的"中和"之美。又如《小雅·常棣》，《诗小序》云："燕兄弟也。"诗云：

    常棣之华，鄂不韡韡。凡今之人，莫如兄弟。
    死丧之威，兄弟孔怀。原隰裒矣，兄弟求矣。
    脊令在原，兄弟急难。每有良朋，况也永叹。
    兄弟阋于墙，外御其务。每有良朋，烝也无戎。

>   丧乱既平，既安且宁。虽有兄弟，不如友生。
>   傧尔笾豆，饮酒之饫。兄弟既具，和乐且孺。
>   妻子好合，如鼓瑟琴。兄弟既翕，和乐且湛。
>   宜尔室家，乐尔妻帑。是究是图，亶其然乎。

《周礼》郑玄注云："善兄弟曰友。"① 《毛诗》孔颖达疏云："兄弟者，共父之亲。推而广之同姓宗族皆是也。"② 对周王而言，与兄弟和谐友爱关乎宗族的团结强盛，推而广之对社稷安危举足轻重，诗中一句"凡今之人，莫如兄弟"，正表现了对兄弟之情的看重，危难发生时互相救助，天下安宁时，九族欢聚，昭穆有序，尊尊亲亲。诗歌特别在第五、六、七章着力渲染宗族友爱、兄弟欢聚的和乐气氛，长幼之间的有序与友爱得到充分的展现。在周代礼乐制度的规定下，"乐德"思想的教化恰到好处地融汇在"和乐且湛"的礼乐氛围中。

实际上，《小雅》由于总体的创作时间多在西周中期以后，国势衰微，政治动荡，礼制松动，《小雅》中的怨诗相对较多，上博简《诗论》也特别谈及："多言难而怨怼者也，衰也，小矣。"如果与《乐记》中的一段话对读，对于意义的理解会更为明确，《礼记·乐记》云："乱世之音，怨以怒，其政乖。亡国之音，哀以思，其民困。"《小雅》中的怨诗是对西周政治由盛转衰的历史图景的客观反映。鉴于西周的政治与艺术相生相变的实际情况，这种呈现必然是出于政治目的刻意而为的，由于创作本身是目的明确的，作品也必然具有特殊的政治意义，即充分发挥诗的劝谏教化作用。如《小雅》中的怨诗，主要是针对西周末年的厉王、幽王执政时期的衰颓之势发出感慨，并依据古礼提出具有建设性的改良方针。经过统计，《小雅》从《六月》以后，凡五十八篇，都是衰世所以言衰的怨诗，在《小雅》中占将近四分之三的比重。如《节南山》云："弗躬弗亲，庶民不信，弗问弗仕，勿罔君子"，讽刺幽王乱政、君民失信，天下失和；

---

① 《周礼注疏》，《十三经注疏》，中华书局1980年版，第787页。
② 同上书，第407页。

《十月之交》云："彼月而微，此日而微。今此下民，亦孔之哀"，讽刺君臣失道无序致使灾害将至，庶民哀伤；《雨无止》云："凡百君子，各敬尔身。胡不相畏，不畏于天？"讽刺君臣失位，劝谏周王、朝臣以古礼为范式恢复君臣有位的政治秩序；《小雅》中类似的诗篇较多，从中可见作者正是用"多言难与怨悱"的方式反映衰世的种种违背古礼的政治痼疾，并希望古礼所倡导的"乐德"教化能够挽江山之欲颓，郭店简《五行》曾谓："有德则邦家兴。"①

《礼记·乐记》云："夫歌者，直而陈德也。"《大雅》与《小雅》"盛衰"之德的差异，不正说明《大雅》符合飨礼庄肃严正、盛大富丽的演诗风格，而《小雅》用于燕礼流程，燕欢和乐是其演诗艺术实践的主调，曲目活泼生动、灵活多变，于是以《鹿鸣》为代表的"正小雅"歌诗是燕礼正乐的必备曲目，为"乐德"教化树立典范。此外，正如所见反映政治衰颓的亡国之音、乱世之音也大量出现在《小雅》中，谓之"变小雅"，目的在于规范、劝谏违背礼制的行为，显然在"礼崩乐坏"的时代，变小雅曲目的教化意义更具有针对性。由此足以说明以"诗言志"为核心的演诗艺术与"乐德"思想教化如影随形，不可分离，因此礼乐演诗艺术流程既是"诗言志"理论命题确立、成熟的实践空间，也是进行"乐德"思想教化的仪式空间，并由此形成"志"与"乐德"思想内涵的密切对应性，郭店简《缁衣》谓："长民者章志以昭百姓"②，又《礼记·乐记》云："乐章德"，"志"与"乐德"两者思想内涵上的同一性显而易见，这决定了"诗言志"即"诗言德"，"诗亡隐志"即"诗亡隐德"。因此对"诗言志"的理论意义的探讨首先必须基于礼乐文化语境，其次密切结合礼乐演诗艺术实践，并将《诗》所言之志与"乐德"思想理念相互对应，唯此才能找到《诗》、"演诗"艺术、"乐德"理念、礼乐教化之间原生性的内在联系——"言志"，唯此对"诗言志"理论意义的探讨才可能是深刻的。

---

① 李零：《郭店楚简校读记》，北京大学出版社2002年版，第79页。
② 同上书，第61页。

三 "文亡隐言"与"世亡隐德"

上博简《诗论》谓："文亡隐言"，孔子云："文以足言，言以足志"，郭店简《缁衣》云："君子道人以言，而恒以行。"① 这说明诸子时代文化阶层已经深刻认识到修饰、美化语言对于"言志"、明志、引导品德提升的重要意义，并且长期坚守、践行，因此"文言"实践已是诸子时代文化阶层自觉进行的语言实践活动。虽然孔子提倡的"文言"实践的宗旨是达成礼乐思想教化，但仅凭自觉地文饰语言这一行为本身足以证明"文言"实践已无愧为成熟的文学实践活动，文学、音乐得天独厚的艺术魅力是"乐德"教化顺利实施的重要保障，郭店简《五行》谓："金声而玉振之，有德者也。"②

"乐德"教化为西周贵族、诸子文化群体提供了从事社会实践的道德行为准则，"乐德"教化的六项品格标准分别为"中和祗庸孝友"，它们代表了西周王权集团倡导的核心政治理念。"中和祗庸孝友"作为"国子"应具备的一系列精神品格并没有局限于概念化的表述，而是具象化为"言志"的演诗艺术，具体化为涉及政治、社会、家庭等诸多层面的行为方式，"乐德"精神品格中凝聚了西周宗法政治的主要思想精髓，因此礼乐演诗活动又是以"言志"为艺术表现中心的"乐德"教化活动，对此《文心雕龙·乐府》有这样的表述："诗为乐心，声为乐体；乐体在声，瞽师务调其器；乐心在诗，君子宜正其文。"③ 在刘勰看来，《诗》是乐的灵魂，或者说是核心，乐声是乐的形体，相当于是乐的全面的承载之体，也就是说"诗以言志"传达的是乐的精神理念，故刘勰云："乐心在诗，君子宜正其文。"对此，笔者认为，不妨将刘勰所谓"乐心"理解为"乐德"，那么刘勰认为的"诗文"与"乐心"的对应，实际上也就是"言志"与"乐德"的对应，由此以"言志"为核心的演诗流程就必然应然

---

① 李零：《郭店楚简校读记》，北京大学出版社2002年版，第62页。
② 同上书，第79页。
③ 周振甫：《文心雕龙今译》，中华书局1986年版，第70页。

地与"乐德"思想教化同步,这不仅决定了《诗》与西周礼乐制度及其致力于实现的"乐德"教化之间必然存在紧密的对应关系,同时意味着西周礼乐文化语境中的"诗言志"命题是对"乐德"教化意义的全面强调。而孔子称赞《诗》之《国风》"其言文,其声善",显然是对《诗》的"文言"性质和"乐德"思想内涵的充分肯定。

郭店简《性自命出》云:"《诗》,有为为之也。《书》,有为言之也。礼乐,有为举之也。"[1]《诗》在周公"制礼作乐"之后大量频繁用于礼乐仪式,并因此结集。《论语·子罕》就曾记载孔子的这样一段自述:"吾自卫返鲁,然后乐正,雅颂各得其所。"孔子显然曾经为了保存礼乐文化传统而"正乐",自此雅乐、颂乐各自保持了原有的艺术风貌。孔子这种做法无非是因为《诗》、礼乐文化是西周政治文化的结晶,是对"乐德"文明的记录和怀想。《书》即《尚书》,主要记载的是商、周两代王者发布的训诰、政令。由于《诗》《书》和"礼乐"是西周政治文化的重要成果,因此文献中的所谓"有为"应是指由君王、诸侯、卿大夫、士构成的统治集团,他们在政治上大有作为,是建功立业的典范,"为""言""举"三个动词极为生动形象地凸显出王权集团的政治主导地位以及由此衍生的文化霸权,令人不禁联想到叔孙豹所倡导的"立言"并不是一般化的日常性的言论主张,而是与政治思想、与文化思想、与王者的精神品格息息相关的、严肃郑重的著述,因此"立言"应是对政治理念的艺术显现,闪现着君子人格的光芒,蕴藉着建功立业的凌云之志,经由文饰的语言而传承不朽。孔子谓:"言之无文,行而不远",意谓唯"文以足言"方有永恒不朽的价值,此谓之"立言"不朽,由此可见"立言"思想与"文言"思想的内在联系。上博简《诗论》这样赞美《诗》:"乐亡隐情,诗亡隐志,文亡隐言。"一方面赞美《诗》是诗体"文言"的典范,另一方面说明《诗》的"文言"艺术特征及其思想意义是在礼乐演诗艺术空间,通过"乐德"教化得以显现出来的,这意味着"乐德"教化将"乐言情""诗言志""立言""文言"等诗

---

[1] 李零:《郭店楚简校读记》,北京大学出版社2002年版,第106页。

学命题紧密联系在一起,"乐德"教化是促进了中国古典诗论体系建构、成熟的重要动力。

"文亡隐言"的《诗》在诸子时代作为重要的诗教范本,为王权集团塑造了一批批政治精英,他们具备果敢睿智、德艺俱佳、温柔敦厚、文质彬彬的"君子"精神风范,肩负着治理、保卫邦国、宗族的政治使命,他们坚守王德、君德、臣德,以成德有为、建功立业、经天纬地为人生的终极目标,成就"世亡隐德"的人生理想。由此《诗》的命运与政治、与文化、与人生、与人世、与人格紧密交织在一起,这难道不正是文学的应有之义吗?以此类推,"立言""文言""诗言志""诗以言志""诗亡隐志"同样不愧为真正的诗学命题,它们共同印证了中国古典诗论体系的成熟、完备。不仅如此,上博简《诗论》对《诗》的赏鉴并没有局限于《诗》与"志"之间的单向唯一的视角,而是相对于"诗以言志"反向提出"诗亡隐志"的诗学命题,并将"诗亡隐志"置于"乐亡隐情"的礼乐文化语境中,同时从文学的基本问题——语言入手,盛赞《诗》的语言具有"文亡隐言"的艺术魅力和思想深度。而且显然孔子对《国风》情有独钟,上博简《诗论》谓《国风》"其言文,其声善",在孔子看来,《国风》的魅力不仅取决于语言的艺术化,还在于通过歌诗传达的善思,可见唯《国风》达到了"美善相乐"艺术境界。

综上所述,《诗》的艺术表现形式、文本内涵,都与时代政治水乳交融,《诗》中蕴含的理性思索往往诉诸政治的兴衰与道德的教化,周礼制约下的礼乐仪式是以政治意义为前提的歌奏舞统合的演诗艺术实践,《诗》的各部分自觉形成符合礼乐教化宗旨的艺术风格,《颂》"平德",《大雅》"盛德",《小雅》"小德",《邦风》"言文声善",上博简《诗论》通过对《诗》的思想意蕴、艺术形式的体系化总结,肯定了《诗》在"乐德"教化仪式中的核心地位。但这并不意味着《诗》的艺术魅力全面超越了音乐与舞蹈,因为语言虽然兼有抒情和表意的优长,但语言在意义表达上并不完美,特别是语言对于复杂的情感、深刻的思想往往无能为力,"言不尽意"的缺憾时有发生。因此实际的情况是,音乐与舞蹈强化情感的能力大大超越语言，如郭店简《性自命出》云："凡至乐必悲，哭亦悲，皆至其情也。"① 这无疑是对"乐亡隐情"极为有力的回应。鉴于此，原始先民很早就用音乐和舞蹈表达对天地自然的膜拜，这时先民的自我意识既不复杂，也不甚明晰，限于这种文明程度，音乐、舞蹈宣泄情绪、抚慰情感方面的能力极为突出。当先民拥有了复杂的内心世界势必追求语言更为充分、准确、生动的表达效果，语言在表意上的局限性也就日益突出，而音乐、舞蹈恰恰能够运用形象化的表演完美弥补语言的这一缺陷。西周"乐德"教化体系就充分地发挥诗、乐、舞统合的演诗艺术缘情、言情和言志的功能，情以动之，教以化之，充分、明确表达深刻的思想内涵，从而达成"乐德"教化使命。《诗》对礼乐思想阐释必然存在的语义空白、意义缺失，借助乐歌、乐奏、乐舞等综合艺术形式得以填补、充实乃至丰富，情感、志向和思想都得到了淋漓尽致的传达，故而孔子赞曰："乐亡隐情，诗亡隐志，文亡隐言"，这难道不是为我们指出了"诗缘情""诗言志"理论命题的来路吗？

郭店简《唐虞之道》曰："夫圣人上事天，教民有尊也。下事地，教民有亲也；时事山川，教民有敬也。亲事祖庙，教民孝也。大学之中，天子亲齿，教民弟也。"② 这说明西周"乐德"政治精神是有明确的文化来路的。尧舜圣道通过举行祭祀天神、地祇、山川、先祖、乐祖的礼乐活动以及宗族的序齿之礼，教化子民，移风易俗，尧舜时期实行的尊上亲下、恭敬有序、孝悌友爱的情感教育和人格教化与西周"乐德"教化可谓如出一辙。上博简《孔子诗论》简2云："颂……其思深而远，至矣。"③ 颂乐、颂诗寄托着对先祖的"深远"情思，"唯深也，故能通天下之志"。④ 先王的音容笑貌渐行渐远，但文王、武王，或是成王、周公仍牵系着部族的集体记忆，并且凭借

---

① 李零：《郭店楚简校读记》，北京大学出版社2002年版，第106页。
② 同上书，第95页。
③ 释读从李学勤《〈诗论〉的体裁与作者》，《上博馆藏战国楚竹书研究》，上海书店出版社2002年版，第60页。
④ 《周易正义》，《十三经注疏》，中华书局1980年版，第81页。

"言志"的演诗活动获得了超越时间、空间的永恒意义。尽管随着时代的更迭，关于民族、英雄的定义会有新的内涵加入，但长久以来"中和祗庸孝友"始终都是衡量民族精英的重要标准。何以如此？因为"乐德"精神在诸子时代是作为一种优秀的政治文化传统被继承、传播的，如《唐虞之道》明确提出："先圣与后圣，考后而甄先，教民大顺之道。"传承是文化绵延不绝的唯一路径，诸子时代儒家群体对西周礼乐文化的传承与发展的功绩由此可见一斑，"乐德"精神与"诗言志"思想也在其中。总之，"乐德"精神作为重要的文化传统对民族品格的养成提供了基本目标，"诗言志"作为重要的文学思想传统也为文学的创作和品评提供了重要标准。

伴随"演诗言志"的礼乐仪式，"乐德"精神延伸在四季轮回的礼乐文化河流中，"中和祗庸孝友"的"乐德"思想理念不断充实着周人的精神境界，在广阔的时空维度影响着周人的政治文化生活，甚至同"乐言情""诗言志"的文艺观念一同在诸子时代文化阶层的生活中继续产生非比寻常的影响，《诗》《书》《礼》《乐》《易》《春秋》仍是诸子时代文化阶层修养浩然正气、充实人生的文化经典，"乐言情"与"诗言志"也因着文化阶层对"乐德"文明的钟情而成为指导文学、艺术实践的可贵传统，并不断提升为古典文艺理论的经典命题，"乐德"观对诸子时代历代文化阶层的深远影响可以想象。《老子》《庄子》针对"有为"思想提出"无为"之道，也从另外一个角度证实"乐德"理念在诸子时代政治思想体系中的主流话语地位，这一主流话语地位的取得为儒家群体建构中国古典诗论体系提供了文化语境以及思想理念的支撑，"世亡隐德"思想传统也一直激励历代文化阶层不惜付出一生的努力成就"君子"人格，将家国命运、建功立业作为人生目标，并且热衷于用文学、音乐等艺术形式抒发情感、平抑悲愤，注重文化传承，积极著书立说。毋庸置疑，功业不朽、精神不朽已是他们一生致力于达成的崇高理想，他们共同经历过的缘情而发、终而言志的演诗艺术实践也因此具有了文学典范意义，"诗言志"思想成为始终引领中国文化阶层显现情感温度、思想深度、人格境界的重要文学传统。因此不唯诗歌，中国历代文学创作在

"缘情""言志"传统的启发下尤其重视在诚挚的心灵书写中贯注理性精神,提倡文学"言之有物",倡导文雅庄重的文风,追求"文质"彬彬的艺术境界。

第三节 论《老子》[①]对"三不朽"思想的解构

进入"诸子时代",尽管西周王权的正统地位日渐衰颓,礼乐文化不断受到冲击,但礼乐精神仍深刻影响着文化阶层,成德、有为、著书立说的理想依旧深深吸引着他们,主宰着他们人生目标的设定。例如,《左传·襄公二十四年》曾载:"豹闻之:'太上有立德,其次有立功,其次有立言。'虽久不废,此之谓不朽。"叔孙豹听闻的"三不朽"目标以"立德"为尊,其次建功立业,再次著书立说,三者依序相成,千古不废,意谓唯其如此方能真正实现"不朽",由此不难看出"三不朽"目标实质上代表了这一时代文化阶层的集体精神诉求。此外,以孔子为代表的儒家群体出于维护王权的目的,积极继承礼乐教化传统,竞相阐释礼义思想,因此"三不朽"思想在儒家经典中也有更为具体全面的反映,如《左传·襄公二十四年》云:"德,国家之基也。……有德则乐,乐则能久。"《礼记·乐记》云:"德成而上,艺成而下。行成而先,事成而后。"《礼记·少仪》亦云:"士据于德,游于艺。"《论语·宪问》亦载孔子云:"有德者必有言",又如《孟子·公孙丑下》提倡"尊德乐道",《论语·季氏》载:"不学诗,无以言。"《周易·系辞》云:"备物致用,立成器以为天下利,莫大乎圣人。"可见"乐德游艺""学诗立言""成事立器""致用利天下"等儒家经典集中探讨的问题与"三不朽"思想之间明显存在紧密的思想关联。众所周知,"诸子时代"是百家腾跃、思想争鸣的时代,文化阶层围绕着共同关心的政治问题、文化问题展

[①] 鉴于帛书《老子》是迄今所见较早也较完整的版本(简本《老子》是目前所见最古的版本,但文字缺失较多),因此笔者除了个别有歧义之处征引了传世本、简本《老子》,其余都尽量征引了帛书本。

开讨论，因此在道家典籍中也不乏对"三不朽"思想的回应，如《老子》提出"尊道贵德""无为而无不为""知者弗言"等主张，认为所谓王权至尊、王德至上不过是王者矫天地自命的政治谎言，提倡以"真德"为本修成涵容滋养天下的溥德，以"清静""无为"成就"恒自然"的大道之世，这些主张明显表现出与礼乐文明全面对立的思想特征，甚至是对"三不朽"思想的全面解构。

一 "乐终德尊"与"尊道贵德"

儒家群体极为重视礼乐精神的传承，提倡成就"君子"人格。如帛书《五行》云："君子之为德也，有与始也，无与终也。"① 又云："君子集大成。能进之，为君子。不能进，各止于其里。"② 可见儒家所定立的"君子"人格标准是为文化阶层树立了一个倾其一生致力于完成的品格境界，而实际上"集大成"不过是个只能不断接近而终于难以实现的目标。同时儒家还强调"君子"人格养成对于建功立业、家国兴衰的重要意义，帛书《五行》曾谓："和则乐，乐则有德，有德则国家举。文王之见也如此，《诗》曰'文王在上，於昭于天。'此之谓也。"③ 自西周"封建亲戚"④，建立藩屏，秉承文王之德就成为历代周王的政治座右铭，文王之德始终被周人奉为引领国家实现昌平盛世的伟大精神力量，文王的人格精神也成为西周政治集团敬奉、崇拜的典范，为此西周政治集团设立官学，分别在小学、大学阶段相续完成对"国子"和俊选之士的"乐德"⑤ 教化，可见"大学"正是"王德"精神传播的重要途径，"大学"阶段主要开展礼乐教化，这一时期是国子政治品格养成以及建功立业、著书立说的理想建立并坚定的重要人生阶段，此谓之："乐终而德尊。"⑥ 因此"乐

---

① 裘锡圭：《长沙马王堆汉墓简帛集成》（四），中华书局2014年版，第58页。
② 同上书，第59页。
③ 同上书，第58页。
④ 《春秋左传正义》，《十三经注疏》，中华书局1980年版，第1817页。
⑤ 《周礼·春官·大司乐》载："以乐德教国子：中和祗庸孝友。"见《周礼注疏》，《十三经注疏》，中华书局1980年版，第787页。
⑥ 《礼记正义》，《十三经注疏》，中华书局1980年版，第1537页。

"德"教化本质上是诉诸王权意志的政治活动,是培养国子成就政治品格的教育活动,因此享有教育特权的文化阶层理所当然地认为唯以"立德"为先方可完成"立功"的政治使命,而且唯有政治品格的养成与成就政治功绩之后,"立言"才有意义,这说明"立言"的价值判定实际是由是否有利于传承发扬特定的"乐德"精神传统决定的,这也正是"三不朽"思想的真实内涵,同时不难理解为什么所谓"立言"的目的并不是"吟咏性情",而是成为"君子",是实现"集大成",是"经世致用",终而成就"不朽"。而且这种影响一直延续至战国时期,例如《孟子·公孙丑下》就明确提出"尊德乐道",由衷表达对王德的致敬、对王道的期许,由此足见"尊德"思想在诸子时代对儒家群体的影响仍然是深刻的。

　　由于礼乐文化的"尊德"特征,也由于"三不朽"思想以"立德"为先,因此《老子》对"三不朽"思想的解构也由此展开。如帛书《老子甲本·德篇》云:"道生之,德畜之,物形之而器成之,是以万物尊道而贵德。道之尊也,德之贵也,夫莫之爵也,而恒自然也。"① 道萌生万物,德畜养万物,然后万物呈现而成器,因此万物尊奉道、珍视德。但尊道贵德并不是在爵位制度规定下形成的,而是"恒自然"的。《老子》认为"道"与"德"是能够滋生万物的、包容万物的、恒自然的"道"与"德",与王权统摄下的封建爵位制度以及"乐德"思想传统截然有别。不仅如此,《老子》所谓恒自然的"道"具有"玄德"的品格特征:"生而弗有也,长而弗宰也,此之谓玄德。"② "道"孕育万物但不占有万物,滋长万物而不主宰万物,"玄德"之"道"是哺育万物成长的怀抱,是万物化成的原始出处,却不会因此自诩为万物之王,并独霸天下。《老子》甚至明确质疑王权的合理性,其云:"道大,天大,地大,王亦大。国中有四大,而王居一焉。"③ 如《老子》所言"王权"专享着祭祀天地等自然神的

---

① 裘锡圭:《长沙马王堆汉墓简帛集成》(四),中华书局2014年版,第4页。
② 同上书,第40页。
③ 同上书,第42页。

特权，祭祀的目的无外乎是向万民昭示"王权"至上是天道使然，而周王不过是受天命而治天下，对此儒家经典多有表述，如《周易·系辞》《礼记·乐记》都曾明确提出"天尊地卑，乾坤定矣。卑高以陈，贵贱位矣。"尊卑贵贱的政治秩序如同是天上地下一般注定而不容僭越，因此《老子》中"王亦大"和"王居一焉"两句一方面是对当时王权专制的政治现状的揭示，并不是对王权的认可。另一方面，值得注意的是《老子》将"王"与"道""天""地"并举时多用一个"亦"字，显然是有意为之，鄙夷"王"与"道""天""地"比肩的狂妄自大，"而王居一焉"句又用一个转折连词"而"明确表达了否定之意，其真实用意又在其文后有所反映："万物归焉而弗为主，可名于大。是以圣人之能成大也，以其不为大也，故能成大。"① 这无疑是在揭露"王者"自诩为"四大"之一而主宰万民的独裁本色，可谓切中要害。通过否定王权霸主地位的合理性，《老子》重新将恒其然的、涵育万物的、永恒尊贵的"道德"重新介入文化阶层的人生观照视野，进一步加大了对"王德"的至尊地位以及典范意义的否定力度。

由于《老子》提出的"贵德"思想是以"尊道"为绝对前提，这无疑是对以王权为绝对前提"乐德"教化传统的重大挑战。不仅如此，《老子》又将品格养成的境界做了明确的划分："修之身，其德乃真；修之家，其德有余；修之乡，其德乃长；修之国，其德乃丰；修之天下，其德乃溥。"② 万物由道而生，由德的涵纳滋养而生长，因此无论修身、修家、修乡、修国、修天下都需要完成相应的修德过程，即首先通过修身实现对"真德"的滋养，唯有不断滋养"真德"才能达到"真德"有余、壮大、丰实、无所不包这四种境界。由是观之，《老子》所谓的"修德"过程实际是"真德"养成的历程，其目的是畜养万物而不是主宰万物，是为了涵容天下而不是王霸天下。因此"溥天之下，莫非王土。率土之滨，莫非王臣"的政

---

① 裘锡圭：《长沙马王堆汉墓简帛集成》（四），中华书局2014年版，第42页。
② 同上书，第4页。

治景象也在《老子》中遭到批判:"侯王自谓曰孤、寡、不穀,此其贱之本口(欤)?非也。……天下之所恶,唯孤、寡、不穀,而王公以自名也。"① 又云:"天地不仁,以万物为刍狗。圣人不仁,以百姓为刍狗。"②《老子》不仅将王权作为天下共同怨怼、厌恶的对象,又深刻揭露了自美为圣人的王者奴役天下百姓的自私本质。《老子》认为随着观照对象的变化,考察的立足点也应相宜对应地转变,而不应始终以王权意志统摄个体、家族、邦国甚而天下,如《老子》有云:"以身观身,以家观家,以国观国,以天下观天下。"③ 这客观上难道不是对修身、齐家、治国、平天下的儒家政治理想的彻底否定吗?不仅如此,《老子》向王权意志一统天下的政治制度明确发出了警告:"为之者败之,执之者失之。"④ 上述讨论虽然是由个体、室家说起,但最终归结为以邦国、天下为观照视野的政治问题,对"贵德"的讨论最终成为建立怎样的政治制度的探讨,这无不表明《老子》是专注于时代政治的哲学阐释,从理论上全面否定了以"王德"为典范,以"中和祗庸孝友"为内涵的"乐德"教化传统,也是对"立德"思想的彻底批判,由此完成全面解构"三不朽"思想的最重要一步。

对于文艺而言,由于《老子》主张"尊道贵德",否定"乐终德尊",理论上消解了"乐德"精神传统与人格养成之间密切的对应关系,并为文化阶层重新规划出真德、余德、长德、丰德、溥德五种"道德"境界。而且这五种境界皆以"真德"为基础,真德有余可以修一家,真德获得生长可以修乡里,真德盛美可以修邦国,真德广大可以修天下。《老子》提倡"真德"的养成,提倡将"修身"作为修德的基本起始阶段,也就是将滋养、永葆人类本真的、自其然的精神形态——"真德"作为"修德"过程的原点,这意味着修德过程实质上是"真德"的不断生长、丰实,直至壮大、丰美的过程,因为

---

① 裘锡圭:《长沙马王堆汉墓简帛集成》(四),中华书局2014年版,第3页。
② 同上书,第40页。
③ 同上书,第4页。
④ 同上书,第5页。

在《老子》看来"真德"才是完成修家、修乡、修国、修天下的伟大使命的原动力，而非矫天命而自诩"有为"的王者意志。由于《老子》的"贵德"思想是以"尊道"为绝对前提，从而决定了其修德过程是"真德"成长的生命进程，由此将人格的修养、提升过程全面从王权意志的制约下解脱，这无疑是一次心灵的松绑，无疑是对文艺应有的"恒自然"的无限时空的复原。从《老子》开始，王权意志不再是文艺的第一主宰，文艺可以是为了呈现"恒其然"的"真"，还可以是为了满足滋养"真德"的不断生长，文艺可以观照天赋的蓬勃的血肉、本真的活泼的情性，《老子》为文艺打开了真正的吟咏情性的艺术天空。

虽说以真情为贵的传统自古有之，但是在礼乐精神的影响下，文艺往往陷入"情以动之，教以化之"的固定格套，礼乐仪式正是充分发挥诗歌、音乐、舞蹈等艺术形式以情动人的优长致力于实现思想教化的实践过程，诗、乐、舞等艺术形式也是作为"乐德"教化的载体和途径才获得生长发展的空间，因此诗、乐、舞必然地成为王权意志的代言，加之儒家群体对"乐德"教化的推崇，"情礼相成"成为儒家始终坚持的重要"立言"标准，因此文献中"言情"论不胜枚举，例如，郭店简《性情论》云："凡人情为可悦也。苟以其情，虽过不恶。不以其情，虽难不贵。"[1] 又云："君子美其情，贵其义，善其节，好其容，乐其道，悦其教，是以敬焉。"《荀子·礼论》亦云："祭者，志意思慕之情也，忠信爱敬之至矣。"《性情论》和荀子似乎都主张"以真情为贵"，但实际不过是坚信人的本真性情可以在长期"乐德"教化的规范、约束、熏陶下不断向"礼"的精神接近，在儒家群体看来"礼"的教化并不违背人的天赋性情，而恰恰是顺应人的性情需要而进行的品格境界的提升，但最终情感必置于礼义的严格规范之下。《诗大序》就曾这样评价《诗经》之《国风》："吟咏情性，以风其上……变风发乎情，止乎礼义。发乎情，民之性也；

---

[1] 李零：《郭店楚简校读记》，北京大学出版社2002年版，第36页。

止乎礼义，先王之泽也。"① 所谓"变风"是相对于"正风"而言的，"变风"特指西自周厉王、周幽王为代表的周晚期直至"礼崩乐坏"的春秋时代期间的风诗，集中了乱世之音与亡国之音，诗篇以抒发哀怨悲愤之情为主，故称"吟咏情性"，即便如此经学家还是提倡这种吟咏抒发必须"止乎礼义"，强调礼乐传统对文艺的规范，文化阶层在礼乐成德思想的拘役下，仰望俯首间与天地的言说、对话都被王权话语着色、主宰，试问狭小的空间和单调的色彩如何给文艺贯注丰实的生命？但是此外也客观说明礼乐盛世不再的诸子时代的政治文化风貌已经发生了重大转变，文艺的变化也在其中，"变风""变雅"代替了"正风""正雅"，"新乐"代替"古乐"，祭祀《颂》乐的安和雍容与《大雅》诗篇的宏大豪迈一去不返，代之而起的是伤时感怀的心灵书写，对此傅道彬曾有这样的精辟论述："文学史也是心灵史，从外部的宏大历史叙事转向个体心灵世界的描绘，是春秋文学的重要转变。"② 诚如所言，由于时代政治的离乱沉浮，文学转向心灵的释放，因此可以说"是一场由政治革命引发的而波及思想、主题、风格、审美等广泛领域的文学革命"。③ 虽然经学家们还是可以发出"止乎礼义"的劝导，但是"吟咏情性"毕竟成为文学的重要艺术追求，这不仅是打破"乐德"文化传统的信号，也是文学思想转变的重要信号，预示着诸子群体"腾跃""争鸣"的思想黄金时代的到来。而《老子》处于这样一个时代的潮头，明确提出以"真德"作为品格养成的基点，这毫无疑问是文化阶层对王权意志发出的第一声挑战。由于《老子》将批判的锋芒首先指向了王权专制，因此"立德"—"立功"—"立言"的价值体系也失去了其思想根基和现实意义，儒家经典一贯提倡的"经世致用"精神也不再是放之四海皆准的真理。《老子》无异于在哲学领域发起了一场政治革命，也带来了诸子时代文艺观念的革新，从此中国古典文艺在崇尚"雅正"、提

---

① 《毛诗正义》，《十三经注疏》，中华书局1980年版，第272页。
② 傅道彬：《"变风变雅"与春秋文学的精神转向》，《文艺研究》2016年第2期。
③ 同上。

倡"言志"之外，同样重视对本真情性的书写，开启了中国文学真正意义上的"言情"传统。陆机《文赋》强调："诗缘情而绮靡"，钟嵘《诗品序》云"吟咏情性……皆由直寻。"刘勰《文心雕龙·情采》也引用《诗大序》阐述"为情造文"的主张而没有如同经学家一般强调"止乎礼义"，其云："吟咏情性，以讽其上，此为情而造文也。"自此，虽然"诗言志"观念、"经世致用"的文学精神在中国传统文论中的地位仍然难以撼动，但是诗歌的"言情"特质在更多的诗歌创作、批评中不断被印证，而且"言情"性对文学的普遍意义也越来越得到认同，而这一切的转变显然都受到《老子》的"尊道贵德"思想的启发。由是观之，《老子》提倡以"真德"为基点的"道德"养成，全面否定"乐德"教化传统，这次首先在思想领域引发的革命开启了中国古典文艺观念向多元化转变的进程，一改由儒家文艺观全面统摄的局面，促进了中国文学"言情"观的成熟。不仅如此，"贵本真"也成为中国文学批评不可替代的重要标准，《老子》"尊道贵德"思想是开启中国古典文艺新乐章的前奏。

二 "立功有为"与"无为有益"

所谓"有为"是指政治上的建功立业，也即"立功"。"有为者"特指以文王、武王、周公为代表的王者，推而广之即以王者为核心的封建统治集团。由"有为者"构成的统治集团不仅拥有政治统治权力，而且掌握着礼乐文化建设的权力，全面主宰着"乐德"教化的内容及其形式。例如郭店简《性情论》云："《诗》，有为为之也。《书》，有为言之也。礼乐，有为举之也。"[①] 显然《诗》《书》、礼乐完全陷于"有为者"的掌控下。因此"有为"实质上成为封建王权证明其制度、其思想文化合理性的重要标签，"立功"成为王权集团激励文化阶层效忠王权而特别预设的人生目标，如郭店简《五行》有云："知而安之，仁也。安而行之，义也。行而敬之，礼也。"[②] 忠

[①] 李零：《郭店楚简校读记》，北京大学出版社2002年版，第106页。
[②] 同上书，第79页。

正敦厚、祗敬雍和、友爱孝顺的"乐德"政治理念在诸子时代转化为仁、义、礼的君子人格精神，王侯以平成天下为己任，儒家群体以"致用"为人生目标，以"诗书礼乐易春秋"为经典，共同促进了"经世致用"儒家文艺观的形成。

相对于封建王权不断鼓吹的"立功""有为"的价值准则，《老子》《庄子》不断阐述的"清静""无为""不争"的主张显然极具思想针对性。在"乐德"精神传统的影响下，文化阶层往往在"经世致用"精神的催促下首当其冲地陷入王权的禁锢，又不可避免地在政治角逐中被裹挟、被冲击，思想上易于沉入痛苦的旋涡，因此在"经世致用"的精神激励之外格外需要一片能够消解苦闷、释放天性的精神空间。《论语·先进》曾记载曾皙这样描述他的理想境界："暮春者，春服既成，冠者五六人，童子六七人，浴乎沂，风乎舞雩，咏而归。"曾皙向往在暮春时节，褪去笨重的冬衣，与五六冠者相约，与六七童子为伴，去沂水沐浴，在祈雨的高台随风起舞，然后哼着歌悠然而归。曾皙言语间充满对这种理想境界的热爱与憧憬，暮春时节、沂水之滨、雩台之上回荡着、活跃着的不仅是他们的笑声、歌声和翩跹舞姿，还跳动着与自然、与自我、与知己融通的理想追求，这份精神追求犹如春风温热了孔子的心灵，孔子禁不住发出"吾与点"的感叹。由是观之"东鲁春风吾与点"的境界不正是孔子在无计可施之外找到的一份心灵抚慰吗？但实际情况是文化阶层对文学、艺术的认识长期受到"经世致用"诗学精神的限定，甚至审美观念也深受影响，这在客观上确实限制了文学、艺术的生长，文学、艺术也同样需要一种力量突破这种束缚而生发新的姿态。《老子》正为文艺带来了这股新的力量，如《老子》云："上德无为而无以为也，上仁为之而无以为也，上义为之而有以为也，上礼为之而莫之应也，则攘臂而扔之。"[1] 这段文字依次列举分析了"上德""上仁""上义""上礼"四种为政者的高下之境，上德者以无为而达到恒自然的境界，上仁者有作为而能够顺应自然，上义的有为是有明确具体目的的作为，

---

[1] 裘锡圭：《长沙马王堆汉墓简帛集成》（四），中华书局2014年版，第3页。

上礼者追求有所作为但是得不到回应，于是伸手拉扯强迫就范。这段论述无疑是对"上德无为"的推崇，意谓唯上德者才能"无为"而始终处于"无以为"的恒自然的境界，否定"礼义"治国的实践意义，根本上否定了以效忠王权为理想的所谓"立功""有为"的人生目标的社会价值和现实意义，在哲学上实现了生命诉求、人格成长与封建政治、与王权意志的分离，为中国文化注入了一股清泉，为文化阶层在"经世致用"价值观念之外营造出一个无为自然的宁静家园。《老子》有云："清静可以为天下正"①，又云："故知足之足，恒足矣。"② 它为中国文化阶层在仕途进阶之外开辟了一片适宜本真心灵生长的田野，找到了精神栖息的家园，因此"无为""清静""知足"是挫败"有为""立功"的政治理想之后的一次"回家"。

《老子》还对礼乐文明一贯倡导的仁、义、礼、忠、信等人生信条明确表达了质疑与否定，其云："失道而后德，失德而后仁，失仁而后义，失义而后礼。夫礼者，忠信之薄也，而乱之首也。"③ 在《老子》看来，尊礼是失义、失仁、失德、失道后的行为，尊礼必然导致毫无道德、仁义可言。相反，郭店简《五行》云："闻道而悦者，好仁者也。闻道而畏者，好义者也。闻道而恭者，好礼者也。闻道而乐者，好德者也。"④ 将上、下两则文献稍作比较不难发现，《老子》是明确针对礼乐成德传统展开反驳的，因此在客观上成为对儒家群体一贯倡导的"道德""礼乐""仁义"等核心理念的批判，指出恰恰是"礼"使人与人之间的忠诚、信任变得越来越淡薄，并且说道："大丈夫居其厚而不居其薄，居其实而不居其华。故去彼而取此。"⑤ 老子认为"大丈夫"应自觉摒弃导致人情淡薄、华而不实的礼乐道德。

同时，《老子》之所以否定"有为"，其目的无外乎是肯定"无

---

① 裘锡圭：《长沙马王堆汉墓简帛集成》（四），中华书局2014年版，第4页。
② 同上。
③ 同上书，第3页。
④ 李零：《郭店楚简校读记》，北京大学出版社2002年版，第80页。
⑤ 裘锡圭：《长沙马王堆汉墓简帛集成》（四），中华书局2014年版，第3页。

为"对政治、对人生的价值,其云:"天下之至柔,驰骋于天下之至坚,出于无有,入于无间。吾是以知无为之有益也。不言之教,无为之益,天下希能及之矣。"① 至柔之所以能战胜至坚,是因为"无有"才可无所不至,所以无为才是真正的无不为,即谓之"无为有益"。故《老子》又云:"我无为也,而民自化。我好静,而民自正。我无事,民自富。我欲不欲,而民自朴。"② 并加以对比论证:"圣人之取天下,恒无事。及其有事也,又不足以取天下。"③《老子》认为"有为"必有所不为,而由王权意志主宰的"有为"的政治理想是以失道失德、失仁失义为代价的褊狭、鄙陋的境界,由此以"有为"为教育目标的"言教"也被根本否定,并主张"不言之教"④。不仅如此,《老子》以无为、清静、无事、不欲告诫统治者:以维护王权为宗旨的"有为"教化才是民风不化、不正、不富、不朴的根源所在,毫不避讳地将矛头戳向王权专制制度的"有为""不静""有事""贪欲"等政治痼疾。综上可见,《老子》提倡的"无为"政治理想是对"有为"政治理念的批判与超越,从而最终实现对王权专制的深刻批判。唯其如此文化阶层才能真正获得逃离思想专制、精神枷锁的可能,才有可能挣脱"有为"的人生路径,由此文化阶层的人生理想、精神世界也不必再与王权意志毫无悬念地缠绕联结在一起,"人皆可以为尧舜"⑤ 也不必再是文化阶层自我价值、社会价值判断的唯一标准。《老子》代表文化阶层第一次发出了摆脱思想专制、文化专制的集体精神诉求,带来了文化阶层生命进程与"有为""立功"的人生目标的第一次分离。即使这种批判更多仅限于哲学上的,而且最终仍陷入"愚民"的思想窠臼,但文化阶层还是在《老子》的鼓舞下得以自主选择向"清净""自然""无为"的境界敞开心灵。例如,庄子在《人间世》就进一步提出"无用之用"的"大用"境

---

① 裘锡圭:《长沙马王堆汉墓简帛集成》(四),中华书局2014年版,第194页。
② 同上书,第5页。
③ 同上书,第4页。
④ 同上。
⑤ 《孟子注疏》,《十三经注疏》,中华书局1980年版,第2755页。

界，这意味着对文艺审美价值的评判不再仅以"经世致用""中和""文质彬彬"等儒家审美观念为准则，文化阶层日渐孕育、滋生自适冲淡的山水田园情怀，为文艺审美尺度向多元化发展创造了可能。

综上，"无为而无不为"[①]的政治主张正是通过对封建王权的批判，通过否定"有为"的社会意义、人生价值进而否定王权的合理性，体系化解构了以"有为""立功"为核心尺度的王权价值体系。虽然这种批判在当时并没有付诸政治实践的可能性，但是"无为"价值标准的建立标志着文化阶层思想的一次重大转变。自此以后，"庙堂""立功"可以不再是文化阶层追求的唯一目标，田园、自适成为他们可以选择的另一种生存方式。而且在"经世致用"的价值判断之外，"不为而成"[②]的理想境界以及"大美"文艺精神在文化阶层中扎根萌芽，"隐逸"情怀也化为中国文学、艺术园地中的一股清新的泉流，生生不息、绵延不绝。历史证明，一旦他们的身心在与自然、与田园契合无间的吐纳交融中获得解放和安顿，就会更多地将自适而无所不适的情怀投射到文艺的创作与品评中。陶渊明与飞鸟相伴而归的自适冲淡不正是"田园"情结的展露吗！因此钟嵘在《诗品》中标举其为"古今隐逸诗人之宗"。此后，历代文化阶层中皆不乏主动盘桓山水之间、田园之境的文人墨客，谢灵运、王维、孟浩然可为代表。道家思想对文学理论和批评的影响也很大，如刘勰在《文心雕龙·神思》中就提出"疏瀹五脏，澡雪精神"是文学构思的必要准备，《二十四诗品》也明显呈现对自然冲淡艺术风格的赞赏。总之，"无为"的政治态度、生存方式深深启迪了思想家、诗人、艺术家、理论家的创作灵感，"自适"的情怀、"澄明"的境界、"冲淡"的风格也因此成为中国古典艺术表现的重心。

三 "君子立言"与"知者弗言"

"三不朽"的提出充分说明诸子时代文化阶层极为看重"立德"

[①] 裘锡圭：《长沙马王堆汉墓简帛集成》（四），中华书局2014年版，第4页。
[②] 同上。

对于成就"不朽"人生的价值与意义，他们认为"立功"与"立言"理想的达成必须以"立德"为绝对前提，显然文化阶层仍然高度认同礼乐教化对"立功"和"立言"实践的主导作用，这意味着文化阶层倾其一生不断向着"立功"不朽奋进的行动究其根本不过是致力于效忠王权、巩固王权的政治实践活动。同理，"立言"不朽则是特指文化阶层以维护王权、传达王权政治理念、理性反思为目的而著书立说并成就"经世"典范的话语实践活动。所以，在"三不朽"思想的影响下，文化阶层的生存形态、生命进程很难不与"经世致用"精神紧密联系在一起，因此《老子》首先以"尊道"为前提消解王权意志对人格养成的主宰作用就显得至为关键。因为唯其如此方可在此基础上提出"贵德""无为"的主张，颠覆以尊王为前提，以"崇德""有为"为核心尺度的王权价值体系，最终以"知者弗言，言者弗知"[①]彻底否定"立言"不朽的人生理想的实践价值以及思想文化意义，实现了对"三不朽"思想的全面解构。

与此相反，在"三不朽"思想的激励下，儒家群体不仅普遍重视人格养成，而且以"言志"作为君子"立言"的自觉艺术追求，"立言"也因此成为"君子"引以为傲的人生目标。例如，《尚书·舜典》云："诗言志"，上博简《孔子诗论》云："诗亡隐志"[②]，《论语·先进》有云："亦各言其志也"，郭店简《缁衣》载孔子云："君子道人以言"[③]，又云："君子言有物，行有格，此生不可夺志，死不可夺名。"[④]显而易见，在儒家思想体系中，君子以"立言"不朽作为人生的理想境界，因此"言志"显然是对"立言"的思想内涵的要求，即"立言"必须符合"言志"的标准，唯其"言志"方可"道人以言"，唯其"言志"方可视为"言有物"，与"乐德"教化、与君子人格养成紧密相连的"言志"艺术实践明显统摄了"立言"

[①] 裘锡圭:《长沙马王堆汉墓简帛集成》（四），中华书局2014年版，第4页。
[②] 马承源:《上海博物馆藏战国楚竹书》（一），上海古籍出版社2001年版，第123页。
[③] 李零:《郭店楚简校读记》，北京大学出版社2002年版，第62页。
[④] 同上书，第63页。

的思想倾向，进而全面规定了"立言"实践的思想内涵。因此"三不朽"目标首先强调"立德"的修为，《诗》《书》《礼》《乐》《易》《春秋》就是以"乐德"理念为本，在"立言"实践中不断完善成熟起来的重要文化经典，对儒家群体的影响至为深刻，是成就"君子"人格的必读典籍，这足以说明以"乐德"思想理念为核心的王权话语体系始终严格制约着"立言"实践的话语内涵。

正因为如此，文化阶层期望通过"立言"实践达成"不朽"的人生理想毫无悬念地遭到了《老子》的批判。郭店简《老子》（丙组）云："夫乐杀，不可以得志于天下。"① 周武王率领诸侯大军讨伐大商的牧野之战虽以天命自诩，但是以暴易暴的实质、流血漂杵的残酷被永远铭刻在历史记忆中。《老子》认为杀人如麻的王者绝不会永远得到天下四方的拥戴，也就更谈不上什么"得志"了，因此在"立言"不朽的思想催生下的所谓"经典"也不过是王侯及其统治集团建构的政治谎言而已。为此《老子》又明确提出"行不言之教"②，以此反驳以"言志"为主导的"乐德"文化传统，揭露以"言志"为目的"立言"实践的虚妄、欺诈本质。在《老子》看来，先民元初朴素的生命形态才是真正甘美安乐的桃花源，《老子》这样描绘相望相闻而不相霸陵的大道之世："甘其食，美其服，乐其俗，安其居，邻邦相望，鸡狗之声相闻，老死不相往来。信言不美，美言不信。"③ 与此相反，一贯标举敦风化俗的"乐德"教化实质上正是打破了这种自其然的古朴生活的罪魁祸首，"立言"实践也因为严重失实地美化王德、赞颂王者功业而难以令人信服，因此推崇"立言"实践无异于致使民众在接受思想教化之后而愈来愈远离洪荒蒙昧的原始生态，导致"邦之贼"④ 的产生，最终反而威胁政权，由此儒家群体奉为煌煌"立言"经典的《诗》《书》《礼》《乐》《易》《春秋》被归入"美言"之列遭到批判，由美食酯酒、华服威仪、古乐歌诗、明

---

① 刘钊：《郭店楚简校释》，福建人民出版社2005年版，第40页。
② 李零：《郭店楚简读记》，北京大学出版社2002年版，第5页。
③ 裘锡圭：《长沙马王堆汉墓简帛集成》（四），中华书局2014年版，第6页。
④ 同上书，第5页。

堂庙宇融汇而成的礼乐文明，以及儒家群体一贯推崇的文质彬彬的风雅精神，在《老子》朴素平易的田园文化情结面前遭遇到从未有过的尴尬。

《老子》不仅否定了"立言"不朽的意义，还提出了"贵言"的主张。郭店简《老子》（丙本）有云："信不足焉有不信，犹乎其贵言也。"① 不足信就得不到信任，因此"言"因少而珍贵，《老子》这是说能否得到信任关键不在于"立言"，而在于"贵言"，《老子》所谓"贵言"不同于儒家思想中的谨言慎行，《老子》倡导的"贵言"意谓言以稀为贵。在《老子》看来"知者弗言，言者弗知"，而实际上热衷于"言志"，并奉行"立言"不朽的正是所谓"有为者"，这些"有为者"因为在"立德""立功""立言"方面的成就而被儒家群体奉为圣人、智者，由此《老子》对王权、对"立言"思想的质疑和嘲弄显而易见。在道家哲学看来，真正的圣人、智者应该始终秉持"无为""不作"的信念，保有原生的天地之美，进而通达万物之理。《庄子·知北游》就这样描述："天地有大美而不言，四时有明法而不议，万物有成理而不说。圣人者，原天地之美而达万物之理，是故圣人无为，大圣不作，观于天地之谓也。"由天地、四时、万物构成的天地原道涵盖着无际的宇宙、永恒的时间、无数的生灵，其有大美、其有明法、其有成理。但由于道不可言，因此天地不言、四时不议、万物不说。唯一能够传达无限意味的是自然的"大象"②，语言反而是无意义的聒噪，为此《庄子·外物》描述了"得意而忘言"的境界，对得意之人看来语言无疑是多余的，"立言"不朽也不过是无意义的多此一举。在道家哲学思想的启发下，历代文化阶层抑或自主选择"不争"的生存方式，抑或是在不得不退出政治旋涡之后主动走进自然的怀抱，山水田园成为他们终极的精神家园。在他们笔下，诗、词、曲、小说、绘画多以"写意"为胜，山川造化、田园桑麻、柴门荆扉、戴月荷锄无不展露着生命的真意，《老子》实为历

---

① 刘钊：《郭店楚简校释》，福建人民出版社2005年版，第37页。
② 裘锡圭：《长沙马王堆汉墓简帛集成》（四），中华书局2014年版，第42页。

代文化阶层另外辟出了一处永恒自在的生存天地和文艺园地。

但在诸子时代，成就"君子"人格仍是儒家群体毕生竭尽成就的理想精神境界，如郭店简《五行》谓："五行皆形于内而时行之，谓之君子。士有志于君子道为之志士。善弗为无近，德弗志不成，智弗思不得。"① 帛书《五行》亦谓："君子集大成也者，犹造之也，犹具之也。大成也者，金声而玉振之也。"② 在儒家群体看来，"仁义礼智圣"是"君子"品格养成的五种境界，是志士德化的目标，加之建功立业的政治成就，实现"立言"的文化成就，方可称为"集大成"，而且"集大成"的境界是由"金声玉振"的"乐德"教化造就而成，显然这在本质上不同于"不为而成"的境界。对此传世本《老子》四十五章这样明确反驳道："大成若缺，其用不敝。大盈若冲，其用不穷。"王弼注云："随物而成，不为一象，故若缺也。大盈充足，随物而与，无所爱矜，故若冲也。"③ 王弼用"随物而成""随物而与"分别揭示出"大成"和"大盈"是不经刻意改造的恒自然的境界，它们都是不为而成、无为而与的、"自其然""全其真"的天赋境界。"大成"的境界之所以永不衰败是因为原就不是圆满的"一"，而是有缺陷的。同样"大盈"之所以充足是因为毫无偏爱、毫不自持地随势汇入，就如同虚而待物，因此源源不竭。《老子》通过意象描述呈现天赋的、自然全真的"大成""大盈"境界，并肯定了其永恒价值，客观上揭示出所谓以"集大成"为理想境界的"君子"人格标准只不过是王权意志的体现，并且由于违背了"恒自然"法则，因而向"集大成"行进的仕途只能是陷于王权主宰的邪僻小道，而且历史证明无数仁人志士正是沿着这条绝径而陷入绝境。与此相反，随物而成、随物而与的自其然的境界却因为天赋不足反而具有永恒存在的必然性。《老子》通过对"三不朽"思想的批判完成了对王权政治思想体系的解构，而且埋下了颠覆儒家审美观、文艺观的种

---

① 李零：《郭店楚简校读记》，北京大学出版社2002年版，第78页。
② 裘锡圭：《长沙马王堆汉墓简帛集成》（四），中华书局2014年版，第88页。
③ 王弼：《老子注》，《诸子集成》（三），中华书局1954年版，第28页。

子。继《老子》之后，文艺可以不再专情于文质彬彬的中和之美，文艺除了追求缘情言志、营造意气风发、完满圆融的艺术境界，残缺、朴拙、枯淡之境的独特审美价值终被发现，并成为文艺的重要观照对象之一。

综上所述，《老子》主张"尊道贵德"，提倡"真德"的养成，批判"乐德"精神、"立德"思想；提倡"无为"政治观，否定以"有为""立功"为目标的政治"致用"精神；又以"知者弗言"否定"立言"实践对文化教育、文化传承的指导意义，指出"乐德"精神、"君子"人格理想、儒家经典不过是文化阶层臣服于王权政治的体现，以及他们服务于、附属于王权意志的本质属性，进而根本否定了"三不朽"思想的普世价值、现实意义。由此显见，《老子》首先是一部政治哲学，然后才是人生哲学。《老子》提出的"真德""无为""不言"思想从政治哲学角度对王权政治发出了挑战，并完成了对"三不朽"思想的全面解构。因为唯其如此，才能真正疏解文化阶层的政治苦闷，才能吸引文化阶层走向田园小径，走进山川云海；唯其如此，才能将自然田园式的生存方式真正带入文化阶层的生命时空，自此他们在行走徜徉之间，在唇齿吟唱之时，多了一处超脱旷达、自适自在的精神归宿；唯其如此，才能真正促进文化阶层价值体系的再建，才能促进中国古典文艺观、审美观向多元化转变。因此，《老子》既是一部政治哲学，又如同文化阶层的人生向导，客观上为中国古典艺术精神的丰富、成熟提供了可贵的思想源泉，又为中国古典美学思想建构提供了重要的哲学基础。

第五章 "备物致用"：论诸子时代"经世致用"文艺观的形成

学术界不乏学者认为"经世致用"思想源自明末清初，也有学者认为始于唐代中叶杜佑的《通典》，殊不知"经世致用"思想源远流长。也有学者与上述两类观点不同，他们充分意识到"经世致用"思想与经学的关联、对史学的影响，这显示了相关研究的较大进展，并且有进一步细化的趋势。例如，有的学者认为"经世致用"之学肇端于孔子，当然"经世致用"思想的成熟与传承无疑大大得益于孔子的阐释与推介，但仅以孔子为视点又远没有回到"经世致用"思想生成的元初文化语境。笔者认为上述研究都不同程度地忽视了西周礼乐文化与礼仪演诗以及"诸子时代"在"经世致用"思想确立、成熟过程中的价值和意义，因此"经世致用"诗学精神的确立与成熟等相关问题的研究长期处于被忽视的境地。而实际的情况是，"经世致用"思想是肇端于西周礼乐制度的文化精神，所谓"六经"：《诗》《书》《礼》《乐》《易》《春秋》，无不深受礼乐文化的濡染，"这一时期的中国出现了孔子、老子等一大批伟大的思想家，而《诗经》、《周易》、《尚书》、《乐经》、《春秋》、《周礼》等以'六经'为代表的文化典籍也在这一时期成熟定型，成为影响中国人心灵深处的文化经典"。[①] 不仅如此，"诗言志""文言""意象""修辞"等重要的文学思想命题也在这个时代确立并成熟起来。而今，凭借这些典籍仍能感受到他们的风雅精神与思想力量，诸子时代文化群体基于政

---

① 傅道彬：《百家腾跃，终入环内》，《光明日报》2015年10月29日。

治、文化视角考量文学、音乐的艺术观念鲜明地映现出这一时代"经世致用"文学精神的话语力量。如果说西周礼乐文化是中国古典艺术精神原生的文化土壤,那么"诸子时代"应是中国古典文学精神形成的黄金时期。《周易·系辞》谓:"备物致用,立成器以为天下利。"诸子时代文化阶层在不断总结、阐释礼乐精神的过程中促进了"经世致用"诗学精神的成熟。

第一节 "制器尚象":"金奏"的"祗庸"话语象征

根据《周礼》记载,周礼制度规定由大司乐遵循"成均"乐法掌理礼乐教育体系,大司乐执掌下的乐官体系合聚天下国子及俊选之士,选择多才多艺、德高望重的瞽矇乐官担任老师,教学内容主要包括乐德、乐语、乐舞,并以频繁举行的礼乐演诗活动实行"乐德"精神为核心的德行修化、技艺传授以及艺术熏陶,实现对精神品格的提升,维护王权,巩固政治秩序。从这个意义上来讲,西周礼乐教育体系促成了艺术演诗与"乐德"理念的完美结合。鉴于周礼政治与艺术演诗的密切关系,礼乐教育体系的建构与完善必然依赖于演诗艺术水平的长足进步,然而西周盛极一时的歌乐舞统合的礼乐演诗仪式随着历史烽烟而音影模糊,所幸乐器作为先秦古乐的重要物质载体无可辩驳地证明了一代宗周的礼乐文明,特别是商周青铜类"金奏"乐器的大量发掘出土生动地延展开那一段歌舞诗颂、金奏喤喤的"乐德"文明时代,《诗经》中的乐器也因此焕发出新的生命,诗云:"钟鼓喤喤,磬筦将将",又云"钟鼓既设,一朝飨之",钟师、镈师或独奏或与鼓磬合奏,肃雍和鸣的金奏乐音回荡在祭祀天地、祖先的圜丘宗庙,萦回在朝觐聘问的飨燕堂间,象征周王在王权政治体系中的核心统治地位。"金奏"乐器作为礼乐文化的重要物质载体记录着中国上古时期政治与艺术交融依存的礼乐文化形态,《周易·系辞》谓:"制器者尚其象","金奏"乐器不仅是礼仪流程中的演奏乐器,还是致力于"祗庸"乐德教化的礼器,象征王者至崇无上的政治地位,象征着王权稳固、四方安和,礼仪流程中乐器成为具有特定"乐象"意义的话语符号。

一　"器制"：金奏"庸"的文化考古

"金声而玉振之，有德者也。"① "金奏"是指青铜材质的钟类乐器，用于周王、诸侯举行的礼乐演诗活动，是王权独尊的象征，因此也是重要的礼器。出土发掘证实，至晚在商代晚期就已开始在礼乐仪式中使用"金奏"乐器，晚商阶段的钟类乐器统称为庸。考古发掘提供的资料表明，庸大都出自殷商王室成员或诸侯、贵族的墓葬，出土地点大都在殷都或附近地区，即河南安阳附近，还有少数墓葬分布在殷王朝统治中心地带的河南北部以及山东南部，例如1958年安阳大司空村殷墟文化后期墓葬出土的三件庸乐器，以及1983年安阳大司空村东南殷墟文化二期后段墓葬出土三件一组的编庸。此外，在1976年，安阳小屯妇好墓出土了五件庸，共出还有特磬、编磬和埙等乐器，这足以证明庸应是晚商时期王与诸侯及其家族成员生前就经常享用的乐器。这些庸埋藏在地下已有三千多年，都有不同程度的残损锈迹，有的已经毁坏，乐音多浑浊，庸的内壁都很光平，无锉磨痕迹，因此一般认为当时的乐器的设计者、制作者已经在一定程度上掌握了庸体各部分尺寸、比例对音高音准的制约作用，这些因素在铸造前的制范阶段已被充分考虑（当然是限定在当时的音乐水平范围内），铸成后无须再以锉磨的方式校音。但有学者认为这些庸根本就不是旋律乐器，只适用于简单的节奏，这意味着庸更多是作为王权象征的礼器而使用。

商庸的调式少于五声，音色浑浊短促，出土时是三件、四件或五件同出，李纯一在《上古出土乐器综论》一书中曾根据测音结果以及外部形制分析认定为是作为旋律乐器使用的编庸，这一观点对后来的研究影响较大。按照乐器的基本发展规律，一般认为是先有特庸，然后发展为编庸，但是至今未发现特庸，因此重新审视这些共出的成套庸乐器变得很有必要，而且学术界相关的讨论也较多。近年，较多

---

① 李零：《郭店楚简校读记》，北京大学出版社2002年版，第9页。

学者认为这些编庸还不能认定是旋律乐器，认为应该还是作为节律乐器使用，主要是象征政治权力、地位的礼器。同时学者们越来越多地注意到商代还有一种大型庸，这些体型较大的庸出土地点集中分布在长江流域一代，多数都出自湖南，通常断定这种大型庸钟是古越族特有的一种铜制打击乐器，几乎都是在山丘巅坡或川泽岸边的窖藏出土，又多是单件，即使个别是共出的，但是在大小比例以及纹饰上也没有呈现规律性的相似与差异，而且多数只能发出单音，音色雄浑，确定不是旋律乐器。据此，学者们一般判定大型庸是单独使用的，而不是配合使用，应该用于山川祭祀之类的活动，这说明在商代，南方的祭祀活动也很发达。与中原地区的庸相比，这种大型庸的出现表面上具有突然性，但实际上南方的大型庸很可能就是来源于北方庸。对此陈荃有《中国青铜乐钟研究》一书专门对两者的关系问题进行了较为详细的探讨："中原先进的青铜铸造技术曾影响带动了南方青铜业的发展，种种因素叠加在一起，使我们有充足的理由证明镛器来源于庸器。"[①] 其实越来越多的考古资料充分证实在商代或商代之前，"中原地区与南方一直都有较密切的往来，特别是在青铜文化上的交流促进已经得到证实"[②]，而且目前较多学者称中原的小型庸为小铙，称编庸为编铙，称大型庸为大铙，这恰好表明多数学者已经认同商代南北庸的内在联系。与此同时，有学者将长江流域的大型庸定名为镛以示区别，但"庸"是"镛"的古字，笔者以为南北庸这样区别定名反倒复杂，毋宁统称为庸，以此表明南北在青铜文化方面的交融促进，也便于对商代祭祀活动的繁盛以及涉及的地域有更全面的了解，便于梳理商、周两代钟类乐器的发展脉络。以上考古发掘成果表明，庸在铸造、形制、编组、种类等方面的发展都取决于其在商王祭祀仪式中的重要角色，并在晚商时期已经呈现由特庸向编庸发展的趋势，雄浑厚重的庸乐成为商王、贵族向天地、自然神与祖先表达崇拜与诚

---

① 陈荃有：《中国青铜乐钟研究》，上海音乐出版社2005年版，第18页。
② 向绪成：《试论长江中游与黄河中游原始文化的关系》，《考古与文物》1988年第1期。

敬的象征"乐语",同时作为商王贵族专享的"金奏"之乐随着商代祭祀活动的频繁举行凝固为统治权力的象征,成为商王尊贵身份与财富的象征。

由商入周,首先是周部族在武力上战胜大商部族获取政治统治权力,在这个历史进程中,西周宗法政治意志较商代大大提升,与西周政治制度密切相关的"乐德"教化体系也同时完善与成熟起来,乐器因此获得全面而均衡的发展。钟类乐器作为彰显统治者政治威仪的礼乐重器,其发展尤其迅速,主要表现为以特钟与编钟代替晚商时期的庸构成当时礼乐仪式中的"金奏"乐悬体系。例如1960年陕西宝鸡市竹园沟M7出土的一组三件编钟,断代为西周早期后段的康、昭之际,考古学者根据这一组编钟的甬柄形态命名为甬钟,这是迄今为止考古发现年代最早的编甬钟。编甬钟从西周初期出现以后,外部形制基本保持不变,音乐性能日益改进,编列数目不断增加,由西周初期的3枚一组逐渐发展为8枚一组。青铜钟类乐器的种类也不断丰富,这些青铜乐钟器形不同,击奏方法也不尽相同,但都是青铜材质的单击板体体鸣乐器,腔体为合瓦形或椭圆形,都有着一脉相承的祖先,西周习惯上把它们统称为钟。除编甬钟外,从出土实物来看,有稍早于甬钟的镈钟,有与甬钟同时的铎,还有稍后甬钟的钲、铙等,还有西周晚期出现、独领风骚的编钮钟。

西周早期编钟虽然在礼乐活动中作为旋律乐器参与演奏,但并不用来演奏完整的曲调,主要是用来演奏旋律中的骨干音,以加强节奏感,烘托气氛。如《国语·周语》云"钟不过以动声……金石以动之,丝竹以行之"①,实际上,在礼乐活动中,演奏的主体乐器应是琴瑟笙管类乐器,"金奏"之音以其凝重、舒缓、悠远的音色在尊贵、庄严的典礼中用以渲染气氛,表达对部族祖先的崇拜、对天子的敬仰,金奏乐器的政治象征意义相对突出。考古发现自殷商至西周穆王时期的编钟等钟类乐器多为3个一组,音阶的构成也较简单。而且自从西周初期出现3个一组的甬钟,至西周中、晚期,编钟发展到诸

---

① 徐元诰:《国语集解》,中华书局2002年版,第108—111页。

如柞钟8个一套，甚至如晋侯苏编钟的16个一套，其音列组合还只是宫、角、徵羽四声，没有商音。自春秋始，天子势力沦落，诸侯崛起，僭越礼乐的事时有发生，编钟不用商音的状况也逐渐改变。1978年湖北随县擂鼓墩一号墓出土的曾侯乙编钟，无论规模、数量、音乐性能及文化科技含量都可谓前所未有，65件青铜钟，出土有纽钟、甬钟、镈钟三种，分上、中、下三层8组悬挂于架上，井然有序。上层为3组纽钟，中层为3组甬钟，下层为2组大型甬钟，另有镈1件，大小依次排列，共65件。全套钟五声俱全、音色优美、音域宽广、音列充实。下层大钟的声音低沉浑厚，音量大，余音特长；中层里较大的钟声音圆润明亮，音量较大，余音较长，较小的钟则声音清脆，音量较小，余音稍短；上层纽钟声音透明纯净，音量较小，余音稍长。65件钟镈放置有序，条理分明，钟架达到饱和状态，也给演奏者以适宜演奏的便利，充分体现了当时乐师构思的巧妙严谨，堪为先秦编钟的巅峰之作。

纵观上古时期金奏乐器的出土发掘情况，不难发现一条庸—镛—甬的基本发展脉络，"金奏"乐器在商代就已经是祭祀活动中实际使用的重要乐器，而且是王室成员举行礼乐仪式时专用的乐器，并在死后作为陪葬，这充分说明"金奏"乐器同时是政治地位与权力的象征，在当时已然充当着政治定位的准星。由商入周，西周宗法政治制度日益理性与完善，客观上促进了"乐德"教化体系的成熟，这为音乐的发展创造了极大可能，西周音乐的进步成果在"金奏"乐器上得到了集中显现。西周的"金奏"乐器无论是数量、编列、音色，还是形制、种类，都可谓极大丰富，超乎想象。这充分说明，"金奏"钟类乐器的发展水平与方向是由"乐德"教化的走向直接决定的，"金奏"钟的艺术形态既表现出各个不同时期之间的延续性，同时呈现独特性，"金奏"钟的艺术形态客观真实反映了西周礼乐精神风貌。

二 器象："金奏"的礼仪形态

象征作为思想、情感的重要表述方式，往往与特定时代政治、文化传统密切相关而衍生特定的意义指向，并且这一意义在一定的群体内部已获得共识，因此象征的特定意义至少在特定时代对于固定群体无须过多言语的解释说明就能胜任表述、沟通的使命。伴随着人类的文明进程，文化内涵在不断丰富，表述方式更加多样化，象征只是其中重要的一种方式而已。但回溯到久远的西周，象征在表述方面涵盖的意义更为丰富并极其重要，这一点在祭祀仪式的"金奏"环节体现得尤为明显。礼乐仪式以乐诗、乐奏、乐舞统合的艺术演诗形式对天子、诸侯、群臣以至国人实施"乐德"教化，凭借音乐得天独厚的艺术象征特质建构政治秩序的示范体系，因此"乐"的艺术呈现与象征意义生成全面受到周礼制度的规范和制约。"金奏"乐器是王者政治地位的象征，因此乐钟的制造、管理和演奏都由专门的职官分管，无论管理、制造、演奏都必须遵循严格的礼乐制度。

（一）凫氏与"金奏"乐钟的艺术锻造

周礼制度对演诗仪式的乐奏规格有严格规定，"金奏"是周王、诸侯的专用乐奏规格，在周王或诸侯祭祀礼、大飨礼和大射礼等重要礼乐活动中使用，这大大促进了"金奏"乐器制造工艺的快速成熟。如《周礼·考工记》不仅记录了当时钟的构造、制作程序，而且对使用过程中的音响效果以及调整音律等问题都有详细的说明。乐钟的构造如下：

> 两栾谓之铣，铣间谓之于，于上谓之鼓，鼓上谓之钲，钲上谓之舞，舞上谓之甬，甬上谓之衡，钟县谓之旋，旋虫谓之幹，钟带谓之篆，篆间谓之枚，枚谓之景，于上之攠谓之隧。[1]

乐钟主体分为十三个部位，分别是铣、于、鼓、钲、舞、甬、衡、旋、幹、篆、枚、景、隧，钟口的两棱角称作"铣"，钟口两铣之间的弧形圆周就是"于"，在于上是钟体的下段，是演奏时的击打之处，故称作"鼓"，在鼓的上面是钟的上段，上段的正面就是

---

[1] 《周礼注疏》，《十三经注疏》，中华书局1980年版，第916页。

"钲",钲的上面是钟顶,这部分被称作"舞",舞的上面有用来悬钟的钟柄,称为"甬",甬的顶端是"衡",环绕在甬上的还有一圈突起的环带就是"旋",旋上所设置的用于悬挂钟钩的虫形的纽称为"幹"。同时乐钟钲体部分也有明确的分界,每面首先四围有大框,然后纵向从中分开两部分,每一部分又横向分成三大两小的五格,小格就是钟带,上面有篆文因此称为"篆",两篆之间的大格设置的就是"枚",即钟乳,由于钟枚突起部分泛着华美光泽故又称为"景",在"于"上的发光的击奏之处是"隧"。通过这则文献足以了解到西周乐钟由整体到局部,甚至最细小的部位都有明确的称名,显然是工匠与乐工在长期的设计、铸造过程中以及礼乐仪式的演奏中不断总结经验并最终约定俗成下来的基本结构,这说明当时的铸造技术已经将这些部分作为影响乐音效果的因素考虑在内。不仅如此,钟体各部分的比例也有明确规定。

> 十分其铣,去二以为钲,以其钲为之铣间,去二以为之鼓间。以其鼓间为之舞修,去二分以为舞广。以其钲之长为之甬长。以其甬长为之围,参分其围,去一以为衡围。三分其甬长,二在上,一在下,以设其旋。①

工匠在制作时对乐钟各部分的尺寸、比例掌握得很精确,乐钟由钟体与钟柄两大部分构成,乐钟的钟口是合瓦形,这样在钟体自上而下形成两角,这两角就是上面文献中提到的"铣",两铣之间的距离就是钟口的最长直径,这样钟体下段两正鼓之间的距离就是最小直径。制作时首先将铣的长度十等分,去掉两分就是钲的长度,钲的长度又恰是两铣之间的距离,再去两分就是两鼓之间的距离,然后按照鼓间的距离确定舞的最长直径,去掉二分是舞的直径。此外,甬(钟柄)的长度与钲的长度相等,甬与舞的连接处是"围",甬的长度正好是围的圆周尺寸,由于甬柄下段被称为"围"的部分要与舞(钟

---

① 《周礼注疏》,《十三经注疏》,中华书局1980年版,第916页。

顶）连接，出于坚固耐用的考虑，这部分较粗壮，至于甬的顶端，也就是衡，则相对偏细，衡的圆周就只有"围"的周长的三分之二。甬柄上另一个关键部件是旋，位置在在甬柄底部往上三分之一处，旋以及与其相配的干使得乐钟可以悬置，演奏也更加灵活方便，因此旋可以说是最能体现周代乐钟形制特点的部件。工匠如此精确地掌握了钟的结构及各部分的比例尺寸，足以证实他们已经试图利用钟体的厚薄、大小来调整音响效果，已经充分注重在设计环节、铸造技术阶段就开始干预钟的音色、音质。

> 薄厚之所震动，清浊之所由出，侈弇之所由兴，有说。钟已厚则石，已薄则播，侈则柞，弇则郁，长甬则震。是故大钟十分其鼓间，以其一为之厚。小钟十分其钲间，以其一为之厚。钟大而短，则其声疾而短闻。钟小而长，则其声舒而远闻。①

在制作过程中，可以通过调整钟体的薄厚，钟口的大小、甬柄的长短控制震动的频率、乐音的清浊。钟体过厚则钟音沉闷无声，如果钟体太薄则钟音发散不聚，钟口过大则声大无度，钟口过小则乐音淤滞不舒扬，甬柄太长则钟音动荡不正，因此大钟薄厚的正确尺寸应该是鼓间距离的十分之一，小钟的厚薄应是两钲之间的十分之一。还要注意的是，钟体太大而且钟形短则声音短促急躁，如若钟体太小而且钟形长，那乐音就会舒远不止。

通过分析我们不难看出，专业的工匠深谙钟的薄厚、大小、构件的位置都会影响乐钟的音色、音高、音强、音长等因素，因此在铸造过程中通过严格控制钟体各部分的比例关系，保证多枚乐钟合理地编组分列，构成和谐的音列与音程模式，在"金奏"乐钟的铸造阶段就杜绝避免沉闷、发散、无度、淤滞、动荡以及短促急躁、舒远不止等乐音缺陷，追求平和清透、圆润雅正的乐音，正如诗云"喤喤厥声、肃雍和鸣，先祖是听"，"金奏"编钟喤喤的美音营造着敬肃雍

---

① 《周礼注疏》，《十三经注疏》，中华书局1980年版，第916页。

和的祭祀氛围，先祖在优美的乐音中歆享子孙的供奉，永世福佑子孙，凫氏工匠如此精心的设计、铸造绝不仅是以娱乐为目的，也不是片面追求视听享受，其首要目的是力求乐钟的音色、形制符合在礼乐演诗仪式中的相应规格以及演奏要求，也就是说工匠是在着力发挥"金奏"乐钟的"乐德"教化功能的基础上，充分挖掘乐钟的艺术魅力。《周易·系辞》谓："制器者尚其象"，"金奏"乐器是王者中正敦厚、祗敬庸和的精神品格的象征，这应是工匠需要考虑的重要因素。"金奏"乐钟在制作细节上全面注重"乐德"教化与艺术水准的完美结合，"金奏"的礼乐象征意义也因此得到进一步凸显，这充分反映了艺术观念的"致用"性。

（二）乐官与"金奏"乐象的艺术显现

周礼制度规定，周王举行的祭祀活动必须在大司乐的掌理下进行，运用六律、六同、五声、八音、六舞构成的"大合乐"祭祀天地鬼神，通过祭祀活动不仅能够紧密团结邦国贵族、和谐民众，而且有利于安抚远方友邦，怀柔藩国诸侯，感化天下四方百物，显然周王的祭祀盛乐是巩固政治局面、实行"乐德"教化、营造和谐政治氛围的重要途径。因此，西周时期，钟、鼓、磬、竽、琴瑟、笙簧等八音乐器俱全，一方面集中体现了音乐艺术水平的非凡造诣，另一方面也说明乐器不仅是为音乐为艺术的，乐器最终是"乐德"精神的载体。《荀子》有云："鼓似天，钟似地，磬似水，竽笙、箫和、管龠似星辰日月，鞉、柷、敔、拊、鞷、椌、楬似万物。"[①] 八音乐器犹如自然中的天、地、水、星、辰、日、月、万物一样处于主次分明、相互依存的定位系统中。从通常意义上讲，系统定位的依据是制度，八音乐器主次分明的相对位置象征性地展现了贵贱有别的等级制度。可见周礼制度意图通过诸多相对次要元素的陪衬，着力彰显政治主宰者的权力、地位。"金奏"乐器作为王者威仪的象征在八音乐器群体中的地位尤其重要，青铜乐钟外形厚重稳健，寄托着永葆统御大业的

---

① （清）王先谦：《荀子集解》，《新编诸子集成》，中华书局1988年版，第383—384页。

政治期待，瑰丽典雅的纹饰透射出对自然神明与伟大先祖的敬奉与膜拜，加之悠远和美的乐音，仿佛在呼唤大地生灵的皈依和交融，因此《荀子》将"金奏"乐钟比作广袤无垠的大地，映照着统治者江山稳固的政治自信以及化成天下的广阔胸怀。

据"周礼"规定，凡逢大祭，"金奏"都是重要环节，如《周礼·春官·大司乐》载：

乃分乐而序之，以祭，以享，以祀。乃奏黄钟，歌大吕，舞《云门》，以祀天神。乃奏大蔟，歌应钟，舞《咸池》，以祭地示。乃奏姑洗，歌南吕，舞《大韶》，以祀四望。乃奏蕤宾，歌函钟，舞《大夏》，以祭山川。乃奏夷则，歌小吕，舞《大濩》，以享先妣。乃奏无射，歌夹钟，舞《大武》，以享先祖。[①]

这段文献分别描述了祭祀天神、地示、四望、山川、先妣、先祖仪式的正乐环节。首要环节是由钟师击钟镈"金奏"作为正乐的基调节拍，预示正乐开始，祀天神以黄钟为调，黄钟是阳声之首，金奏黄钟曲调是为了表达对天神的至上尊崇。祭地示以大蔟为调，祀四望以姑洗为调，祭山川以蕤宾为调，享先妣以夷则为调，享先祖以无射为调，大蔟、姑洗、蕤宾、夷则、无射五种曲调分别是阳声的第二、三、四、五、六，可见当时周王祭祀活动无论是分类、规格都经过细致、系统地筹划设计，从中也不难看出周王对自然神、先祖的顶礼膜拜并不亚于商王。

祭祀仪式的正乐由"金奏"开启，也是为祭祀礼乐仪式奠定了音乐基调，基调确定即决定了歌诗、合舞的乐曲，如祀天神的主要正乐流程分三部：首先击"金奏"作为整套曲系的节拍，之后堂下击钟镈"金奏"及编钟配堂上大吕调歌诗，然后堂上、堂下合众舞乐舞《云门》，即黄钟调"金奏"—大吕调歌诗—大舞《云门》为一系固定的套曲。至于祭地示、祀四望、祭山川、享先妣、享先祖都有各自

---

① 《周礼注疏》，《十三经注疏》，中华书局1980年版，第788—789页。

固定的套曲,如下表所示。

正乐	金奏	歌诗	合舞
祀天神	黄钟	大吕	《云门》
祭地祇	大蔟	应钟	《咸池》
祀四望	姑洗	南吕	《大韶》
祭山川	蕤宾	函钟	《大夏》
享先妣	夷则	小吕	《大濩》
享先祖	无射	夹钟	《大武》

在周人看来,乐就是象征,《周礼·春官》谓:"分乐而序之",意谓乐的规格对应人的等级,礼乐仪式的用乐秩序和规格对应的正是政治集团的权力分配体系,《礼记·乐记》谓:"乐者,所以象德",所谓有德者就是得天下者,得天下者制礼作乐,故郭店简《性自命出》谓:"《诗》,有为为之也。《书》,有为言之也。礼乐,有为举之也。"有为的王者成就天下,因此必然是礼乐仪式中艺术表现的中心,由此标举王权。《周礼·春官》载:"大祭祀……王出入则令奏《王夏》,尸出入则令奏《肆夏》,牲出入则令奏《昭夏》……大飨不入牲,其他皆如祭祀。大射,王出入,令奏《王夏》;及射,令奏《驺虞》。"① 大祭活动中,周王作为主祭进出庙门都要击"金奏"《王夏》,并分别表示祭祀仪式的开始与结束,可见"金奏"是天子至尊威仪的象征。如果是祭祀先祖,必须通过卜筮在诸孙中选定一位扮演亡亲的神主,称为"尸","尸"进出庙门时击"金奏"《肆夏》,以此表达对先祖的尊崇、敬奉。不仅如此,祭祀中进献的牺牲进出庙门时击"金奏"《昭夏》,而且牺牲进庙门要由主祭负责迎接,对牺牲如此敬慎尊重,是借以传达对神明、祖先的诚敬之心。总之,在周王大祭活动中,无论是周王,还是"尸"和牺牲进出庙门都是祭祀仪式的重要环节,之所以重要以及重要的程度完全取决于实际的政治利

---

① 《周礼注疏》,《十三经注疏》,中华书局1980年版,第790—791页。

益。周王是现实统治集团的核心，金奏《王夏》曲目是《九夏》首篇，尊崇不言而喻，"尸"是先祖的化身，享金奏《肆夏》，尊奉先祖是当然的，此外更可以昭示辉煌家史，发挥强大的政治制约力，但出于对实际政治利益考虑必须维护王者至高无上的地位，因此金奏《九夏》的次篇——《肆夏》，象征屈于现世周王之后。至于牺牲享有的尊贵礼遇实际由周王及其宗族的政治地位赋予的，故金奏《九夏》第三篇——《昭夏》。由此看来，虽然三者都享用"金奏"，但是还要根据政治地位、政治利益具体划分等级，确定"金奏"规格，选定"金奏"曲目。周王享用的就是最高规格的"金奏"曲目，这一点在大射、大飨礼乐活动中也有突出的表现，如《周礼》载："大飨不入牲，其他皆如祭祀。大射，王出入，令奏《王夏》；及射，令奏《驺虞》。"[①] 依据文献的记载，周王在大飨、大射仪式中都在出入时享用"金奏"《王夏》，特别是在大飨礼、大射礼仪式期间无须"尸"与"牲"参与，"金奏"全面昭示了周王在诸侯、百官构成的政治集团中唯我独尊、不容僭越的政治地位。

  鉴于"金奏"在西周礼仪体系中的重要意义，乐官在"金奏"乐钟的管理方面分外严格，职守明确，分工细密。首先大祭礼、大飨礼、大射礼等礼乐活动中的"金奏"环节由大司乐执掌，每一个具体环节都设专职人员负责。据《周礼·春官》记载，大司乐总掌乐官体系，负责成均大学的教学与组织管理工作，统筹管理国子以及俊选之士的乐德、乐语、乐舞教育，培养政治宰辅、国家栋梁，同时亲自参与总掌周王祭祀天神、地祇、先妣、先祖等祭祀活动以及天子宴飨、乐射等礼乐活动。在上述礼乐活动中，大司乐要根据尊卑等级确定用乐规格，并在这些活动举行的前一天巡视检查乐悬乐器的陈列并扣听乐音，禁止在仪式流程中发出淫声、过声、凶声、慢声等不和谐音符。而且每逢国家遭受重大灾难也由大司乐发布指令，撤下通常悬挂在簨簴上的钟鼓磬等乐器，在国有大丧时、大葬时指挥相关负责人陈列乐器，并在大葬时将乐器随主人入葬。大司乐的事务可谓面面俱

---

  ① 《周礼注疏》，《十三经注疏》，中华书局1980年版，第791页。

到，但其中最为醒目的工作莫过于负责执掌"金奏"环节。大司乐负责指挥周王、"尸""牺牲"出入时的"金奏"环节。此外，大司乐还在周王大射时下令演奏《驺虞》曲目，在大飨礼时令奏钟鼓。军队出师有功，回朝要先向祖先告祭，"金奏"献功恺乐也由大司乐指挥。当然，大司乐主要负责检查监督，其统辖下的乐官各自负责执行具体事务，辅助大司乐完成"金奏"及其相关环节。例如乐师要辅助大司乐检查乐器的陈列数量、次序，还要修正乐音，凡是盛大的礼乐活动直接听令于大司乐，乐师还要在小型祭祀仪式中发布命令奏"金奏"，"金奏"曲目结束向大司乐报告。小胥按照政治级别审定钟鼓磬等乐悬乐器的规格，辨别乐音。大师的职责是掌管六律六同，审音调乐，按照乐法调和"金奏"的阴声与阳声，而具体的演奏是由经过严格专业训练的钟师负责。可见"金奏"是由诸多专职乐官共同负责完成的规范化、专业化的礼仪规程。随着上述礼乐活动的频繁举行，"金奏"与王者之间建立起固定的"象—意"话语系统，赋予"金奏"固定政治象征意义，彰显周王在统治集团内部的地位与权力。"金奏"的高扬之音警示天子尊奉天命、守成天下，同时对位卑者而言则是发出敬奉尊者、守序有等的告诫教诲。因此"金奏"响起，君王位崇而威，臣子位卑而敬，各居其位，各守其职，政治秩序一旦确立、巩固下来就作为一种常态而延续，成为对德与行具有强大制约力、规范力的礼仪范式。《周颂·有瞽》云："喤喤厥声，肃雍和鸣，先祖是听。""金奏"喤喤，八音合乐，礼仪敬和，"金奏"乐象仿佛奏响了部族浴血奋斗的历史以及文王励精图治的强大精神意志，激励着周公永葆大业的政治决心。"金奏"回荡、萦绕在参礼者的耳间心中，祭祀、飨宴与乐射活动的"金奏"乐象为"乐德"教化空间确立了祗敬肃雍的品格范式，"金奏"乐象作为特殊的象征乐语，传达着"乐德"教化的重要思想理念——"祗敬庸和"。

三 "金声"："祗庸"教化的乐语

西周在国都设国学，在乡设乡学，国学又分为小学和大学两个阶段。乡学的教习内容相当于小学，乡学与小学的区别在于乡学是针对国人设置的，而小学是专为国子设立的。乡学每三年举行一次选拔，胜出的俊选之士与小学毕业的国子一同升入大学，乡学与小学相对于大学而言属于基础教育阶段，以"六艺"（礼乐射御书数）的教习为主，为继续接受大学的礼乐教化奠定基础。大学是最高学府，专门针对大学学子进行"乐德""乐语""乐舞"的教化，"乐语"是礼乐流程中传达"乐德"理念的重要话语方式，这是由于相对于舞蹈与音乐而言，语言具有便于明确表述的优长，正因为如此"乐语"成为礼乐教化体系规定的重要教育内容之一。礼乐仪式主要以歌诗、弦诗、舞诗、赋诗、说诗等多种演诗形式明确传达政治理念，由此可以肯定《诗》是作为重要的礼仪"乐语"被结集和使用的，从这个意义上而言，《诗》是对礼乐文化生活全景式的艺术显现，"金奏"乐象在《诗》中也成为着力表现的对象，艺术化再现了"金声"乐语的礼仪实践形态。

"祇庸"乐德是大学教育的重要培养目标，关于"祇庸"，郑玄注云："祇，敬。庸，有常也。"贾公彦疏云："并训而见其义也。"这说明"祇庸"品格教化强调的是以祇敬为核心的常态化的政治行为规范。首先"庸"字与商、周两代礼乐仪式中的庸钟密切相关。庸钟是目前出土发掘中所见最早的钟类乐器，而且甲骨文材料也显示"庸"是商王祭祀仪式的重要乐器，虽然称为乐钟并不完全取决于卓越的音乐性能，而是主要因为其在商、周两代礼乐仪式中具有标志意义的礼器地位。从目前的相关研究成果可以断定，在商代，庸已经由单独使用向成编使用发展，但并不是说发展中的编庸取代了特庸，因为在祭祀仪式中，特庸与编庸是配合使用的，正如礼乐仪式也是特钟与编钟配合使用，编庸与编钟的出现体现了钟类乐器制造技术与演奏技艺的进步，编钟的音列组合与音色等方面的音乐效果代表着当时最高的音乐技术水平，最大限度地满足了王侯、贵族为巩固政权、为礼乐教化而生发的审美理想。但是不成编的钟类乐器并没有因为成编乐钟的使用及音乐水平较高而退出礼乐活动。特别是在商代，正是青铜乐器的发轫期，青铜乐器的音乐水平很有限，商代后期的庸虽然已有成编的趋势，但是通过对考古发掘的商庸实际测音，结果表明这些同出的三枚一组、四枚、五枚以及更多同出的套庸（残损的除外）并没有明显的音列与音程关系，很难想象会成编作为旋律乐器使用，因此目前基本可以判定，庸在商代祭祀仪式中是作为节奏乐器使用的，即使成套使用也是为了用数量多寡象征统治阶级政治地位的高低。但乐钟由节奏乐器向旋律乐器发展是必然规律，西周祭祀仪式中就是节奏"金奏"与旋律乐器编钟配合使用。但在殷人看来，即使只能用于节奏的庸钟也是他们取悦天地、祖先的美妙音乐，例如在《商颂·那》云：

猗与那与，置我鞉鼓。奏鼓简简，衎我烈祖。汤孙奏假，绥我思成。鞉鼓渊渊，嘒嘒管声。既和且平，依我磬声。於赫汤孙，穆穆厥声。庸鼓有斁，万舞有奕。我有嘉客，亦不夷怿。自古在昔，先民有作。温恭朝夕，执事有恪。顾予烝尝，汤孙之将。

《那》是"诗三百"中对祭祀仪式描写最为详细的一首诗，对我们研究商代祭祀仪式很有价值，诗中出现了庸、鼓、磬、管四种乐器，对于"庸"，毛传云："大钟曰庸"，郑笺云："庸如字，依字作'镛'，大钟也。"这说明在商代祭祀仪式中，"庸"的体积较大，这种大体型的"庸"在殷商王畿地区或附近都未被发现，但在长江流域却有大型"庸"出土。近年较多学者认同长江流域的大型庸源于黄河流域成套的小型庸，因为黄河流域的小型组庸实际是由体型较大的庸演变而来，这种大型"庸"在祭祀用乐中作为节奏乐器，主要着力于彰显商王的政治地位，礼器的意义相对突出，这应该就是毛传和郑笺中提到的"大钟"，与西周代时期的"金奏"钟的实用性质是相同的。综上，金奏庸的礼器地位显然重于作为乐器的角色，或者说由于庸在礼乐仪式中是王者政治威仪的象征，因而其礼器意义被有意放大。

另外，"庸"与"颂"的称名关系密切。根据乐器考古资料证实，"庸"在商代是王室祭祀仪式中的重要乐器，直至周公"制礼作乐"，天下初定，专门的礼乐人才又非一时培养而成，因此周初祭祀活动的展开与《周颂》的创作与使用必然是在殷商旧有专业人才的参与下完成的，这足以表明殷商时期的祭祀文化已获得了高度发展，《商颂》就是殷商祭祀文化最具代表性的成果，这已是近年学术界的共识。"庸"是祭祀仪式君王专享的乐奏规格，"颂"也是君王祭祀仪式中歌诗曲目的特定称谓，商作《商颂》，周制《周颂》，"庸"与"颂"的政治意义指向是相同的。如《仪礼·大射礼》谓："颂磬东面"，注云："西方钟磬谓之颂，古文颂为镛。"王国维也充分讨论过《颂》的音乐，其云："窃谓《风》、《雅》、《颂》之别，当于声求之。《颂》之所以异于《风》、《雅》者，虽不可得而知，今就其著者言之，则《颂》之声较《风》、《雅》为缓也。何以证之？曰：《风》、《雅》有韵，而《颂》多无韵也。"[1] 上博简《诗论》亦谓："《颂》，平德也。……其乐安而迟，其歌引而逖。"[2] 可见，古字"镛""颂"通假，镛乐和缓低回，作为祭祀仪式歌、奏、舞等重要环节的节奏乐器，在祭祀仪式开始就奠定整体流程的音乐基调。同时，综合西周祭礼的相关文献也可以证实，西周祭祀仪式的正乐首先是在堂下击"金奏"，之后击鼓，再与堂下钟鼓磬筦等乐器协奏，然后与堂上弦乐合奏，祭祀正乐的最后环节是合舞，合舞环节也要先击"金奏"，然后众乐齐奏，称为"大合乐"。

鉴于商、周两代祭祀文化的密切继承关系，因此西周代祭祀用乐主要环节对于研究商代祭祀仪式具有重要的参照意义。慎重起见，我们并不能根据"金奏"乐钟在西周祭祀仪式中诸环节的角色一一对应式地模拟呈现商王祭祀仪式中"庸"的角色，但《那》诗有云："庸鼓有斁，万舞有奕。"又《甲骨文合集》有"其置庸鼓于既卯"[3]（30693），以上两处文献都是庸鼓并提，因此至少可以肯定庸与鼓配合使用，而且庸鼓也为万舞奏乐，庸在前鼓在后，突出的正是清越厚实的庸乐，加之震撼感很强的鼓声，舞万舞取悦商王先祖，低回庄

---

[1] 王国维：《观堂集林》，中华书局 1959 年版，第 111—112 页。

[2] 李学勤：《〈诗论〉的体裁和作者》，《上博馆藏战国楚竹书研究》，上海书店出版社 2002 年版，第 60 页。

[3] 李纯一：《上古出土乐器综论》，文物出版社 1996 年版，第 106 页。

肃、撼天动地的庸鼓合奏,似乎在声情并茂地重现"尚声"的大商时代。而且"庸"在西周时期仍然用于周王举行的礼乐仪式中,如《大雅·灵台》有云:"虡业维枞,贲鼓维镛。於论鼓钟,於乐辟雍",描写了周王在辟雍举行的大射礼仪式,诗中的"镛"即上面提到的庸,"镛"只是在字形上加上了"金"字旁,突出庸的青铜材质,《灵台》一诗表明在西周时期,庸与鼓仍是配合使用的重要乐器。直至随着钟乐器的发展,钟取代了庸,西周礼乐仪式中"金奏"钟与编钟也就各自承担职责。相比而言,编钟毋庸置疑是作为旋律乐器使用,而"金奏"钟则是不编之钟,由钟师专门掌奏,在礼乐仪式的各个环节的开始、结束时击奏,显然仍是作为节奏乐器使用,这充分说明商代庸的角色几乎是相当于西周的"金奏"钟,即商庸的仪式形态基本决定了西周"金奏"的仪式形态。于是理所当然,商代祭祀仪式中"庸"作为当时极为贵重的乐器与商王身份的匹配而形成的话语象征意义也持续发生在西周礼乐仪式中的"金奏"与周王之间,因此商代的"庸"与西周的"金奏"是分别象征性地确立了商、周两代官阶制度的顶级形态,并且这一顶级形态成为其他级别官阶形态的核心参照标准,进而形成上下有别、尊卑有序的官阶制度,以成熟的常态机制持续发挥有效的政治约束与规范作用,因此庸与"金奏"是商、周政治秩序的象征,"庸"的乐象话语意义的生成也直接关系到"金奏"乐象意义的丰富与深化,商代祭祀乐语称为《商颂》,西周在此基础上创作了新的祭祀乐语《周颂》,"祗庸"乐德也成为《周颂》的核心内涵。

《周颂》是周王祭祀礼仪的重要乐语,此外由于飨礼活动通常都是为了接待诸侯而举行,仪式过程盛大、整肃,允许仪式规格根据具体政治需要相应提升,因此在周王的飨礼乐仪式中同样可以歌《颂》诗,如《礼记·仲尼燕居》载:"大飨有四焉……入门而金作,示情也。升歌《清庙》,示德也。下而管《象》,示事也,是故古之君子不必亲相与言也,以礼乐相示而已。"[①]孔子认为天子与诸侯按序揖

---

① 《礼记正义》,《十三经注疏》,中华书局1980年版,第1614页。

让入门时的"金奏"是表达亲厚有别的相敬之情,升歌《清庙》是以文王之德为典范彪炳当世,管吹《象》乐,舞《大武》《大夏》,是对周族祖先奋斗历程的回顾,因此不难看出,这三个重点环节各有侧重地彼此分担"乐德"教化使命。"金奏"示情,《清庙》示德,《象》乐示事。由商入周,周人对于"乐"的理解与运用远比我们想象的理性、深刻,"金奏"的韵律很简单,但已经足够以节律的差异在参礼者入门时就按照身份等级贴上标签,这一点比表达欢迎之情来的实际重要,确切说"金奏"侧重表达的是礼义有序的相敬之情。管吹《象》乐是运用肢体动作与乐曲充分结合的舞蹈艺术回溯周部族壮大的历史进程,"金奏"与舞蹈都在堂下表演,唯有《清庙》弦歌于堂上,着意突出文王盛德的精神感召力量。《礼记·乐记》谓:"《清庙》之瑟,朱弦而疏越,壹倡而三叹,有遗音者矣。"① 这令人回味悠长的德音绝非仅是就琴瑟弦乐而言,更多的是指诗的内容意味深长:"於穆清庙,肃雍显相。济济多士,秉文之德,对越在天。骏奔走在庙,不显不承,无射于人斯。"祭祀文王的清庙庄严静美,助祭的诸侯敬肃雍和,朝臣济济一堂,秉承文王精神,时时提醒保持优良的德行风范,远途而来的诸侯与朝臣为祭祀文王而来,发扬文王之德,承顺文王之意。文王精神的实质内容在诗中并不提及,重点突出的却是诸侯与朝臣在文王精神感召下的祗敬神情与雍和氛围,显然朱弦伴奏下的《清庙》歌诗是达成"祗庸"乐德教化的重要仪式乐语,而这是音乐与舞蹈难以企及的。弦歌《清庙》是礼乐仪式中最具代表性的环节,这决定《清庙》在《周颂》中的典型意义,正如《乐记》谓:"弦歌《诗·颂》,此之谓德音,德音之谓乐。"② 这意味着《周颂》的文本结构、思想内涵必然由其承担的乐语角色以及"乐德"教化宗旨所决定,"金奏"的话语象征意义也通过《诗经》文本融入"祗庸"乐德教化的乐语体系之中,由此"金奏"乐器完成了由乐象向乐语角色的转化。

---

① 《礼记正义》,《十三经注疏》,中华书局1980年版,第1528页。
② 同上书,第1540页。

郭店简《五行》曰："金声，善也。"[①]"金奏"乐象作为礼乐仪式中的核心环节，往往是《周颂》的艺术表现中心，以此深化"祗庸"乐德教化。例如《周颂·执竞》云："执竞武王，无竞维烈。不显成康，上帝是皇。自彼成康，奄有四方，斤斤其明。钟鼓喤喤，磬筦将将，降福穰穰。降福简简，威仪反反。既醉既饱，福禄来反。"《诗小序》云："《执竞》，祀武王也。"对此《正义》的释义云："《执竞》诗者，祀武王之乐歌也，谓周公、成王之时，既至太平，祀于武王之庙。时人以今得太平，由武王所致，故因其祀，述其功，而为此歌焉。经之所陈，皆述武王生时之功也。"此诗应是周公、成王在天下大定之时祭祀武王的专用乐歌。武王一生功勋卓著，继承文王的政治成果，凭借雄才伟略率领周部族彻底取代商族的政治统治，这是周部族成长壮大历程中最为惊心动魄、最值得恢宏长歌的一段，武王的勇武精神也成为后世的骄傲与楷模。武王去世时传位成王，当时成王年幼，武王之弟周公摄政，平定了叛乱，此时天下太平，在武王庙祭祀武王。《执竞》作为祭祀武王的专用乐歌，首先就回顾武王的历史功绩，盛赞武王卓著的军事谋略与政治才能，如诗云："执竞武王，无竞维烈。不显成康，上帝是皇。自彼成康，奄有四方，斤斤其明。"大意是这样的，勇武强大的武王完成了伐纣灭商的伟大功业，统辖天下，治国有方，明察秋毫，四方安服，完成了几代周王未竟的事业，祖考欢欣赐予周族无限福禄。然后诗云："钟鼓喤喤，磬筦将将，降福穰穰。降福简简，威仪反反。既醉既饱，福禄来反。"这是对祭祀仪式的描绘，仪式期间钟鼓喤喤、威仪反反、既醉既饱，着力展现了"金奏"乐象与周王及其家族至尊身份的匹配关系，并且是仪式中被绝对突出的固定匹配，周王及其家族的绝对政治实力显而易见，这不得不说也是在进行着密切关乎政治统治的"祗庸"乐德的教化，"金奏"乐器的象征话语内涵放大了其礼器功能，充分体现了歌诗、音乐、舞蹈致用于政治、致用于"乐德"教化的艺术特征。

与上面类似的情形在《周颂·有瞽》也有体现。《周颂·有瞽》

[①] 李零：《郭店楚简校读记》，北京大学出版社2002年版，第79页。

云:"有瞽有瞽,在周之庭。设业设簴,崇牙树羽。应田悬鼓,鞉磬柷圉。既备乃奏,箫管备举。喤喤厥声,肃雍和鸣,先祖是听。我客戾止,永观厥成。"《诗小序》云:"《有瞽》,始作乐而合乎祖也。"传曰:"王者治定制礼,功成作乐。合者,大合诸乐而奏之。"这说明《有瞽》的创作与使用都与周公摄政"制礼作乐"这一重大政治举措有关。周公旦是武王胞弟,武王在克殷后二年去世,当时天下未宁,面对如此复杂的政治斗争形势,幼弱的成王难当大任,于是周公摄政,这在《史记·鲁世家》中也有记载:"践阼代成王,摄行政当国。"相关记载还有《礼记·明堂位》:"武王崩,成王幼,周公践天子之位以治天下,六年朝诸侯于明堂,制礼作乐,颁度量而天下大服。"① 周公摄政六年制礼作乐,必是制礼在先,为作乐提供实际操作的标准尺度与政治导向,因此"制礼作乐"标志着周礼制度及其严格制约下的乐教体系的建构,因此《诗小序》特别强调"始作乐",这实际意味着乐与礼相成合一的乐教文化体系的初步建立。在这里必须提到的是,西周乐教体系的建构主要得益于商代祭祀文化的积累,但建构过程中首先是对商代文化的严格过滤,之后是在此基础上的目的明确的不断完善和补充,形成系统化、规范化的政治文化教育体系,这在客观上促进了以音乐、舞蹈、文学、哲学为代表的文化艺术的发展。王国维《殷周制度论》中曾谈道:"殷周之大变革,自其表言之,不过一姓一家之兴亡与都邑之转移,自其里言之,则旧制度废而新制度兴,旧文化废而新文化兴。"② 这里王国维所言文化的兴废首先归因于制度的兴废,新制度的建立必然带来新兴文化的崛起,西周时期正是以"周礼"为代表的宗法政治制度的建立带动了文化朝着理性方向发展。对周人而言,乐礼合一的政治制度是崭新而具有强大生长力的政治教化体系。鉴于此,在周公摄政六年,功业大成、天下治平之时,关乎西周政治稳定的礼乐文化体系建成,必要特向太祖禀告,于是在最为尊贵的宗庙大合诸乐愉悦祖先神明。《有

---

① 《礼记正义》,《十三经注疏》,中华书局1980年版,第1488页。
② 王国维:《观堂集林》,中华书局1959年版,第453页。

謦》展现的正是礼乐仪式中的经典场景——"大合乐",由瞽矇乐官提前准备好悬挂乐器的簨虡,应、田、鞀、磬、柷、圉,还有箫管等乐器都准备就绪,仪式开始钟师先击"金奏",美妙动听的喤喤"金奏"合集众乐俱作,音乐恭敬和谐,不相夺理,象征尊卑有序、长幼有礼。于是先祖神灵降临歆享大乐,前来助祭的二王之后举止得当,闻听和美德音,感化心灵,更加坚定辅佐周王固守天下的忠心。这是一场在乐官严格组织管理下举行的盛大仪式,参与仪式表演的乐工必须经过严格的培训,"大合乐"中尤其突出"金奏"环节,重点描写大乐德音的和谐之美与恭敬之意,不仅先祖歆享,诸侯、朝臣等助祭者在乐音中获得了美与善的精神感召。《礼记·乐记》中曾记载了子夏对祭祀古乐的看法,其间子夏曾引用《有瞽》诗中的一句讨论古乐的教化内涵,子夏云:"《诗》云:'肃雍和鸣,先祖是听。'夫肃,肃敬也。雍,雍和也。夫敬以和,何事不行?"显然"敬以和"是对"祗庸"乐德教化意义的准确解读。一场由金奏之音开启的音乐盛典实际是以"祗庸"乐德为教化宗旨的政治集会,周王借此向所有参礼者展现的是王霸天下的雄心、守成基业的自信以及怀柔宁远的政治胸怀,象征王室尊贵地位的喤喤"金奏"成为达成"祗庸"政治理念教化的重要仪式乐语。

从商代的庸到周代的钟,"金奏"表演随着"乐德"教化的实行不仅经历了艺术水准的提高,更在礼乐仪式实现了由"乐象"向"乐语"转化的过程,即"器以藏礼"的乐奏形态成就了"诗以言礼"的乐语形态,频繁举行的礼乐演诗活动促成了"金奏"乐象与"祗庸"思想理念之间的意义对接,仅此足以证实演诗与"乐德"教化意义之间的对应性,决定了《诗》与政治、与文化、与艺术始终结伴而行的艺术形态与思想形态。诗乐舞统合的演诗艺术的政治"致用"意义在诸子时代仍然得到重视,如孔子诗教对"好德"的赞许,《礼记·乐记》对"成德"的提倡,《荀子·乐论》对"德治"的憧憬,郭店简《六德》对夫德、妇德、父德、子德、君德、臣德的分析与阐释,郭店简《五行》对德、志关系的讨论,郭店简《老子》提出的"建德"观点,上博简《诗论》对《诗经》"平德""盛德"

"小德"艺术风貌的评价，帛书《周易经传》提出的"卫国以德"的思想，凡此种种不计其数，统合传世文献与简帛文献足以证明诸子时代"致用"文学精神的全面成熟。

第二节 "中"的元象与"致用"艺术观的形成

"文字由绘画起的，所以愈早的象形字和象意字，愈和绘画相近"①，特别是经由漫长的史前时代迈进殷、周时代，"立象以尽意"②就成为商、周先民传情达意的基本途径，不仅思想、情感采取立象尽意的言说方式，文字也呈现为由象形而象意的发展趋势，这使得中国的古老文字在形象与意义之间存在密切的对应性。中国早期汉字"立象以尽意"的符号特征是中华民族传统的"意象"思维习惯的反映。然而历经辗转演进，汉字的"元象"日益抽象为简单的笔画，汉字的本义也隐而不彰，仅凭汉字抽象的笔画判断文字与文化之间曾经的紧密联系变得艰难，导致目前汉字符号系统与中国文化、民族精神的部分断裂。因此回望汉字的"元象"符号系统，回溯立象尽意的历史记忆，恢复汉字的"象—意"思想延伸系统，对中华民族而言是极具价值的民族文化寻根。否则，就像卡西尔所担忧的那样："没有符号系统……就会找不到通向'理想世界'的道路——这个理想世界是由宗教、艺术、哲学、科学从各个不同的方面为他开放。"③ 汇聚着中华先民灵动遐思的汉字"元象"世界是昭示中国文化精神的永恒符号系统，在这个宏深博大的文化符号体系中，"中"字具有极为特殊的意义。它的特殊在于，"中"代表了政治意味的封建"中国"的建立，"中"是民族灵魂的出处，是民族品格的典范，是"中和"审美观念的核心。如果说"象意"汉字犹如中国文化长空的点点繁星，那么"中"就是一颗最晶莹闪烁的启明星，"中"的元象是开启中华

---

① 唐兰：《古文字学导论》，齐鲁书社1981年版，第85页。
② 《周易正义》，《十三经注疏》，中华书局1980年版，第82页。
③ ［德］恩斯特·卡西尔：《人论》，甘阳译，上海译文出版社2004年版，第52—53页。

民族精神世界的钥匙。

一 "中"的元象与"立中"政治实践

"意象"思维是中华民族最原初、最具民族辨识度的思维方式，商、周时期的甲骨文、金文呈现的"象意"世界正是对中国早期诗意象征文化特质的生动反映。甲骨文、金文的创造和使用与王权、与政治活动密切相关，商、周时期常常因重大政治活动或日常事务而占卜吉凶或祭祀祈福，特别是殷商时期以淫祀著称，可谓无事不卜。贞人占卜吉凶需将具体事宜和结果记录在龟甲或兽骨上，是谓甲骨文。金文又称钟鼎文，这些文字通常涉及重要的礼乐活动，叙述记录重大的政治事件。西周金文凭借古朴庄雅的青铜载体、豪气高韵的艺术形态、峻拔遒劲的笔力镌刻着政治的、艺术的、文化的一代宗周，是礼乐文明的重要标志。甲骨文、金文的创造与具体的使用情形决定了"元象"符号与王权、政治的紧密联系，"中"的元象也不例外。

甲骨卜辞和金文的"中"字写作""""或""，象旗竖立，中间的竖画为旗杆之象，向右或向左的四条流线型笔画是旗帜上的游之象，罗振玉曾云："象四游之形"①，因此"中"本旗帜之象，其意义也由旗帜之象而生成、延伸。如唐兰在《殷虚文字记》中所谈到的：

> 余谓中者最初为氏族礼会之徽帜……盖古者有大事，聚众于旷地，先建中焉，群众望见中而趋附，群众来自四方，则建中之地为中央矣。列象为阵，建中之酋长或贵族，恒居中央，则群众左之右之望见中之所在，即知为中央矣。然而中本徽帜，而其所立之地，恒为中央，遂引申为中央之义，因更引申为一切之中。后人既习用中央等引申之义，而中之本义晦。②

---

① 唐兰:《殷虚文字记》，中华书局1981年版，第50页。
② 同上书，第53—54页。

第五章 "备物致用"：论诸子时代"经世致用"文艺观的形成

依据唐兰先生的释义，甲骨卜辞"中"的元象符号及其意义的生成源于氏族的建中政治实践活动。建"中"之人与"恒居中央"的人是氏族的酋长或贵族，是四方民众集结趋附的中心，而四方之众由其统领，"中"字列阵成象无非是以"徽帜"宣示"中"位对于四方的绝对权力，如卜辞云："中不离众"①，一语道出"中"位确立的目的在于为民众提供趋附的明确方位，"中"的"徽帜"之象作为统治中位的象征进而确立氏族首领的"正"位，如吴大澂云："中，正也。"② 而且甲骨卜辞中"立中"（7371、7365、7367）③ 出现往往又与征伐卜辞出现在同一版，对此胡厚宣断定："立中者，当为军事驻扎，武装垦殖，或者是原始氏族社会立旗圈地开辟疆土的孑遗。"④ 由此不难推断，"中"字最初的"元象"符号是模拟原始氏族"立中"政治实践活动的具体样态与意义而创造的，"中"在征伐集众、垦殖圈地的政治活动中既是"中"位的标志，也是首领统御"正"位的象征，"中"字的原初意义明确指向了政治层面。又如《诗》云："定之方中"⑤，以方圆之"中"的建立象征王权"中正"地位的确立，这正是"中"对于封建"中国"的实质意义。

"中"的元象所传达的政治"立中"之义在清华简《保训》中能够得到进一步证实。文献记载文王在病重之际向武王面授政治大计，文王几番强调"中"对于西周王权确立的重要意义，并且讲述了舜、上甲微围绕"得中""求中"展开的政治实践活动，如《保训》载：

> 昔舜旧作小人，亲耕于历丘，恐求中。自稽厥志，不违于庶万姓之多欲。厥有施于上下远迩，乃易位设稽，测阴阳之物，咸顺不逆。舜既得中，言不易实变名，身兹备，惟允。翼翼不解，用作三降之德。帝尧嘉之，用授厥绪。呜呼，祗之哉！昔微假中

---

① 唐兰：《殷虚文字记》，中华书局1981年版，第50页。
② 同上书，第51页。
③ 于省吾：《甲骨文字诂林》，中华书局1996年版，第2942页。
④ 同上书，第2943页。
⑤ 《毛诗正义》，《十三经注疏》，中华书局1980年版，第315页。

于河,以复有易,有易服厥罪。微无害,乃归中于河。微志弗忘,传贻子孙,至于成汤,祗服不解,用受大命。呜呼!发,敬哉!朕闻兹不久,命未又所延。今汝祗服毋解,其有所由矣,不及尔身受大命,敬哉,毋淫!日不足惟宿不详。①

舜善于总结生产、生活实践中的经验,顺应民意,制定了可以实施于上下远近的纲纪,和于阴阳天道,天下和顺,此谓"得中",取得了天下四方竞相趋附的统治地位,可见舜所制定的具有普适价值的政治策略之所以重要,完全是因为"得中"这一政治佳绩,即舜出色地完成了"立中"的政治目标,并因此得到尧的赞赏。这里的"中"以徽帜之象标志部族统治权力的确立,具有鲜明的政治意味。学者周凤五就曾明确指出"中"是政治权力的象征:"舜向尧借来象征最高权力的旗以治民施政。"② 舜得"中"而拥领天下四方,文王大赞曰:"祗之哉",这里"中"显而易见是政治"中"位的象征。同时还应看到文献提到上甲微向河伯求"中"而制服了有易,上甲微追思感戴而传于子孙,传至成汤,由于成汤领会"中"的精髓,对"中"谨守祗敬,终于建立大商王权。这里"中"表面来看似乎是河伯赐予的神力,带有天命意味,而真正目的是借虚拟的"天命""神意"证明现实统治权力的必然性、合理性。正因为"中"是统治地位的象征,文王才多番叮嘱武王重视"中"对周部族的未来发展所具有的重要意义,反复叮嘱"敬哉","勿淫"。这说明在文王看来部族首领的尊荣与权力不仅来自天命神授,更缘于先祖经年的积累以及和顺四方的气度,文王训导武王对"中"保持永不懈怠的祗敬,绝不允许丝毫僭越与过分的行为,而武王谨遵文王嘱托,伐商立周,完成了"立中"的政治大略。周武王在取得殷商政权之后就谨遵文王的"立中"战略着手建立并巩固以周王为权力核心的政治制度,

---

① 清华大学出土文献研究与保护中心:《清华大学藏战国竹简》(一),中西书局 2010 年版,第 143 页。
② 周凤五:《清华简〈保训〉重探》,《中国人民大学国学院五周年纪念论文集》,2010 年 10 月。

并由周公继承发扬。如何尊还记载:"惟武王既克大邑商,则廷告于天曰:余其宅兹中或(国),自之乂民。"①"宅兹中国"具体为兴建洛邑,建成的洛邑作为天下四方诸侯、群臣、民众趋就顺附的政治文化中心更是西周王权的象征。而且这一具有鲜明的政治象征意义的都城建成之前,周公持续展开了一系列的"立中"行动,周公对外平定了殷商旧势与外族的侵扰,对内和合宗族力量,按照血缘亲疏分封诸侯,亲者近,疏者远,巩固保卫有周天下,一切就绪,才开始营建洛邑。洛邑建成,标志着西周王权基本稳定,即"中"的成功建成,《史记·周本纪》这样记载这段历史:"此天下之中,四方入贡道里均。"②《周易·师》也有"在师中,吉"③的记载,可见地域上的"中"位是军事统治"正"位的象征,因此洛邑也称成周,这里"中国"虽然具体是指西周都城,其意义虽然与今之所谓"中国"不可同语,却明显带有封建政治"中国"的意味。透过"中"的元象符号首先捡拾的是关于早期部族"立中"实践活动以及营建封建"中国"的政治图景,从中不难发现"中"的元象与早期"立中"实践政治意义的对应性,这直接决定了"中正"理念鲜明的政治色彩。

"中"以氏族集结的徽帜作为象形符号标志出四方民众趋附的中心,象征氏族首领的绝对统治地位,因此文王对"中"反复强调,武王谨承文王训教而对"中"祗敬不懈,可见象征意味的统治"中"位即王权的"正"位。所以还应看到,"中"的元象不仅是具体有形的王权标志,而且还是部族首领凝聚四方、平成天下的精神信仰——"中正"政治理念的生动反映,可见由"立中"的徽帜之象而至"中正"理念的思想路径,是由"中"的元象生发的意义延伸结果,由此揭示出"中正"理念的生成与西周政治实践的内在联系,这是"中正"理念能够充分融入礼乐文化核心思想体系的重要文化原因。

---

① 王辉:《商周金文》,文物出版社2006年版,第41页。
② (汉)司马迁:《史记》,中华书局1959年版,第133页。
③ 裘锡圭:《长沙马王堆汉墓简帛集成》(三),中华书局2014年版,第26页。

二 "中"德教化与"中和"政治理念的艺术显现

"中"的象意符号既是以徽帜之象标志王权统治的"中正"地位，同时又隐含四方集结于"中"的和同之象，这显然说明"中正"与"和同"之间的密切关联源始于氏族"立中"政治实践活动，"中"的元象符号通过揭示"中正"与"和同"联袂合一的原始力量而将"中"字的符号意义向"中和"延伸。因此，高扬"中正"理念的同时，"和同"天下必然作为同一主题的序曲或尾声出场。西周"乐德"教化为了彰显周王"盛威于中国"[1]的统治地位，"中正"品格的教化在礼乐仪式中首先得到了浓墨重彩的艺术展现，如《周礼·春官》载："以乐德教国子：中和祗庸孝友。""中正"品格的养成是礼乐教化的首要德育目标，这成为王权中正地位确立的标志，反映出统治集团的政治自信与威严。与此同时，西周统治者并没有沉醉于过往的胜利，而是迫不及待地以文化姿态消解伐取天下的狰狞面目，渲染美好的政治理想，礼乐文化登上了政治舞台，如《礼记·乐记》云："合和父子君臣，附亲万民也，是先王立乐之方也。"辉映着王者威仪的"中"德精神在洋溢着合敬欢爱的礼乐演诗仪式中艺术化地憧憬着君臣和敬、长幼和顺、父兄和亲的理想境界，"中"德与"和"德交融的礼乐演诗艺术集中反映了周人的"中和"政治理念，"中和"成为中国政治思想体系中最恒久最具影响力的话语。

《大武》是周王祭祀仪式"大合乐"表演的经典曲目，通过诗乐舞统合的盛大演诗叙述、记录武王率领精锐之师战胜殷商政权的辉煌历史，是对武王功烈精神的着力赞颂，简言之，"《大武》的首要内容为耀扬武功"[2]。喷薄着恢宏气象的《大武》表演是西周王权初步建立的标志，礼乐仪式将"中"德作为艺术表现的主旨，其中《大武》舞最具艺术魅力。《大武》舞剧围绕伐商立周的历史展开主要情节，以牧野之战为舞剧表演的高潮，以周武王为主角，辅以太公望、

---

[1] 《礼记正义》，《十三经注疏》，中华书局1980年版，第1542页。
[2] 姚小鸥：《诗经三颂与先秦礼乐文化》，北京广播学院出版社2000年版，第73页。

周公、召公等配角，武王极天蟠地的"中"德人格在舞剧艺术表演中得到极力渲染，将"中"德的精神力量发挥到了极致。《礼记·乐记》有这样的描述：

> 宾牟贾侍坐于孔子，孔子与之言，及乐，曰："夫《武》之备戒之已久，何也？"对曰："病不得其众也。""咏叹之、淫液之，何也？"对曰："恐不逮事也。""早，何也"。对曰："及时事也。"……夫乐者，象成者也。总干而山立，武王之事也。发扬蹈厉，大公之志也。《武》乱皆坐，周、召之治也。且夫《武》，始而北出，再成而灭商，三成而南，四成而南国是疆，五成而分周公左、召公右，六成复缀以崇。天子夹振之而驷伐，盛威于中国也。分夹而进，事蚤济也。久立于缀，以待诸侯之至也。

第一场是"始而北出"，第二场是"再成而灭商"，第三场是"三成而南"，第四场是"南国是疆"，第五场是"五成而分周公左、召公右"，第六场是"复缀以崇"，这是以舞剧形式艺术化模拟式呈现武王克殷的战斗场景与战事发展进程。舞剧开始前，先是击鼓警众，之后很久才开始表演，是象征性演绎武王审慎等待伐商战机的睿智冷静，舞剧表演中的歌诗演唱或吟咏，或长叹，象征武王对伐商未得众心的忧虑。此外，《乐记》记载了孔子对舞剧表演中"总干而山立""发扬蹈厉""《武》乱皆坐""夹振驷伐""分夹而进""久立于缀"等舞蹈动作象征意义的阐释。下面笔者结合武王伐商的历史，部分还原上述舞蹈动作模拟展现的战争场景与武王的威武雄姿。

其一："总干而山立"与"久立于缀"，是舞剧中的"立"位表演，舞人于舞列中持盾如山一般挺立，而且保持很长时间，象征武王持盾站立以待诸侯和同伐商，表现武王与诸侯在孟津会盟后准备渡河出兵北上，这是第一场"始而北出"的基本舞蹈动作。

其二："发扬蹈厉"与"天子夹振驷伐"，舞蹈动作是手足发扬，猛烈蹈地，"周王"夹于舞列中央，击铎作为舞蹈的节奏，每奏一铎击刺四次,是模拟式再现了战斗场景,象征武王凭借威武的功烈盛德拥领中国,以及太公望辅佐武王伐纣时威武鹰扬的风姿,这是舞剧的第二场,呈现"灭商"的战斗场景,也是舞剧的高潮部分。

其三:"分夹而进",在表演时,舞者按照部曲分列表演,再现武王乘胜分四路南下,连克南国诸侯,象征大业早成,是第三场的"而南"与第四场的"南国是疆"的表演。

其四:"《武》乱皆坐",是舞剧的"坐"位表演,表演时舞者回转移动,队列散开,舞人皆坐,"坐"象征周公、召公辅佐武王以文德治理天下,这是舞剧第五场"周公左,召公右"的场景,而居中的正是"武王"。

最后在舞剧结尾"复"舞位,舞者返回舞剧开始时的舞列形态,即武王"总干山立"夹于舞列中央,象征四方天下以武王为"中",体现对武王天下共主政治地位的绝对尊崇,如《史记》有载:"武王持大白旗以麾诸侯,诸侯毕拜武王,武王乃揖诸侯,诸侯毕从。"[①] 舞剧正是以牧野之战为典型场景史诗化再现了武王中正刚毅的伟岸精神,舞剧中的"武王"无异于特定语境中的中心人物,承载着舞剧的核心精神理念。

《大武》舞剧通过六场舞蹈表演、四种主要舞蹈动作重现了武王灭商这一重大历史事件的基本轮廓,有"始而北出"的发兵场景,有"灭商"的战斗高潮,有"而南""南国是疆"的乘胜追击,有"周公左,召公右"的战事尾声。《大武》表演统合了歌诗、乐奏、舞蹈、扮演等多种艺术表现形式按照固定的起承转合式的情节设计舞蹈队列的形态与动作,模拟式呈现战争场景,并在每场用歌诗表演加强思想意蕴的传达,武王伐商的政治功绩与伟岸的精神人格自始至终是彰显发扬的重心。舞剧为了突出武王的英武果敢与雄才伟略,特别设计了以武王为中心的舞阵表演,象征诸侯、百官、民众被武王伟大的功烈精神所征服,团结一致环绕在武王周围,武王的指令有如天意,诸侯、百官、民众无一不发扬蹈厉、同仇敌忾,甲子日一举灭

[①] (汉)司马迁:《史记》,中华书局1959年版,第124页。

商,又四次向南出击,可谓战果辉煌。六场舞剧围绕武王的"中"德精神人格展开宏大叙事,气势恢宏的《大武》舞剧极具震撼的艺术表演充分显现了"中"德人格的精神感染力量,堪称周代"立中"政治实践斗争的艺术显现。《周颂·桓》云:"桓桓武王,保有厥士。于以四方,克定厥家。"武王在对商战斗中尤为重视集结诸侯军事力量、协和人心,这是周部族占据中原、平定四方、巩固天下具有决定意义的政治策略,因此武王一举取得胜利本身正是对"中和"人格政治意义的有力证明。"为政以德,譬如北辰,居其所,而众星共之。"[1] 在周族王室历经长期艰苦的政治实践之后,"中"除了仍具有王权象征的意义之外,更重要的是代表了周族王室夺取天下、保有四方所必备的政治品格——"中和"。

随着政权巩固,"中和"精神理念则以更为平衡的模式得到艺术展现,如清华简所见《周公之琴舞》主要呈现了周公、成王为巩固王权而展开的礼乐德化活动,共十篇诗,排列很有规律,明显经过了精心编排。李学勤认为:《周公之琴舞》"堪与倍受学者重视的《大武》乐章相比。……是与之结构相仿的乐诗。"[2] 虽说结构相仿,《大武》乐章执干戚而舞,为武舞。周公的琴舞艺术表演形态虽无从知晓,但琴为弦乐器,艺术表现细腻、灵动,琴的乐音流离善变,可婉转、可高亢、可似飞瀑直下、可似山峦起伏,而且《周公之琴舞》属于颂乐,也是周王祭祀仪式的"大合乐"曲目,必须符合庄肃平和的祭乐基调,必然力求发挥琴乐平易和缓的艺术风格,与舞蹈、歌诗相和,传达曲折悠长的理性沉思,因此《周公之琴舞》应为文舞无疑。而且除了《周公之琴舞》外,《大磬》也是文舞的代表曲目,如《论语》曾载孔子在齐国闻《磬》乐三月不知肉味,并对《磬》乐发出尽善尽美的赞叹,而称《武》乐尽美未尽善。其原因在于,相传舜揖让而取天下,无须干戈,天下归一,而后作《磬》乐,《磬》乐是对舜的崇高精神品格的艺术显现,因此孔子称赞《磬》乐

---

[1] 《论语注疏》,《十三经注疏》,中华书局1980年版,第2451页。
[2] 李学勤:《新整理清华简六种概述》,《文物》2012年第8期。

尽善尽美；《武》乐着力展现武王伐取天下的功烈精神，艺术化地完美诠释了武王的勇武气概，其艺术表现形式可谓美极，但由于难掩武力夺取天下的血腥，在精神品格上难免逊于揖让有礼的《韶》乐。孔子所采取的美善兼顾的审美标准充分印证了"中和"政治理念对审美观念的深刻影响。

《乐记》云："揖让而治天下者，礼乐之谓也。"① 西周统治者在取得政权之后，首先就面临政权巩固的重大问题，暴力伐取天下固然利于政治威信的确认，但血腥残忍的面目亟待温情面纱的美化，"偃干戈，振兵释旅，示天下之不复用也"。② 代之而起的是礼乐文化，文化的登场正是为了消解《武》乐表演中过度张扬的武力与戾气，这意味着武王的勇武中正人格精神的发扬需要揖让式的"庸和"融汇其中。遗憾的是，我们对《大韶》乐章的艺术形态所知甚少，因此《周公之琴舞》对于周代演诗艺术研究有重要价值。《大武》乐章与《周公之琴舞》分别作为武舞与文舞的代表在风格气韵方面的差异是很明显的，《大武》舞剧与乐章以彰显武王雄霸天下的威仪气度为核心，而《周公之琴舞》则着重呈现西周统治集团围绕如何维护王权而进行的理性思考，周公、成王与百官在祭祀先祖的仪式中集结一处，庄肃恭谨、敬慎自省、相互勉励，琴舞与组诗相和，歌诗主题彰显祗敬忠孝、和合团结的政治精神，而琴舞的配合使得沉思审慎、励精图治的王者形象呼之欲出。《周公之琴舞》首先由周公代成王儆毖多士，"多士"即"众士"③，这里指在朝的百官。"毖，慎也"④，诗云："无悔享君，罔坠其孝，享惟慆帀，孝惟型帀。"⑤ 勉励济济一堂的百官诚敬祭祀先祖先君，恭敬谨慎地奉行"孝"德，祭祀时仪容和悦，以"孝"德为天下立范。显然，这里的"孝"德不是止于室

---

① 《礼记正义》，《十三经注疏》，中华书局1980年版，第1529页。
② （汉）司马迁：《史记》，中华书局1959年版，第129页。
③ 《尚书·多士》孔传云："所告者即众士"，见（唐）孔颖达《尚书正义》，中华书局1980年版，第219页。
④ 《毛诗正义》，《十三经注疏》，中华书局1980年版，第600页。
⑤ 凡书中所涉《周公之琴舞》原诗皆从李学勤主编《清华大学楚竹简》（三），中西书局2012年版。

家之内的孝道，而是由即一家、一族的孝道伦理放大至国家政治层面的忠诚祗敬。

由于居安思危、恭谨勤勉、汇聚天下是成王在执掌王权之后的政治着力点，因此九篇儆毖诗主要围绕敬天勤勉、孝敬庸和两方面内容展开。

（1）敬天勤勉：周人"敬鬼神而远之"的天命观说明绝对依赖天命、神示的时代逐渐远去，天命神意成为王者守成天下、和同四方的最佳说辞和借口。如元纳启曰："敬之敬之，天惟显帀，文非易帀。"成王"敬天"的目的显然不是虚幻盲目地祈求天地的护佑，而是发出警示，谨记文王教诲，号召百官共同迎接文化取代武力的礼乐政治时代。组诗中类似诗句如：

> 天多降德，滂滂在下。
> 崇威在上，警显在下。
> 畏天之载，勿请福之愆。

西周王者一方面借天命确立政治地位的合理性，另一方面又以天命自警自省，发出夙夜为公、勤勉执政的誓言："遹我夙夜不逸，儆之，日就月将，教其光明。"这说明统治者充分认识到统治地位的取得与稳固根本取决于自身以及政治集团整体政治品格的养成，王者不再依赖天命赐予的"神力"，转而以夙夜勤勉迎接上天的监督，衬托王权在政治舞台上的主导地位，显现出王者意志的自觉与理性。

（2）孝敬庸和：这是《周公之琴舞》组诗的另一主题，诗云："思毖彊之，用求其定，欲彼熙不落，思慎。"成王以身作则倡导百官自觉规范日常及政治行为，注重恭谨孝敬品格的养成，忠心维护以周王为权力核心的宗法政治秩序，实现家国恒昌、天下安定的政治理想。诗亦谓：

> 业业畏忌，不易威仪，在言惟克，敬之。

> 遹余恭害㞷，孝敬非㞷荒。
> 遹我敬之，弗其坠哉，思丰其复，惟福思庸，黄耈惟盈。

可见周部族在长期生活与政治实践中充分体会到伦理孝道对敬德守成的政治意义，试图以"孝敬"为情感基础实现宗族内外恭谨有礼、和睦有序，实现国家安泰、王权永固，"孝敬"思想中明显涵盖着成就"中正""庸和"政治品格的思想动机。

通过阐释《周公之琴舞》组诗的思想意蕴不难发现，周公与成王以更为敦厚庸和的胸怀迎接守成天下的政治重担，热衷以礼乐文化取代武力征伐，面对天命显现出空前的能动性，政治行为的自警自省正是政治思想理性自觉的反映，这些为西周初年政治思想平添了鲜明的人文色彩，诗歌、音乐、舞蹈成为普适"中和"精神的载体，印证了致用于政治、社会、文化建设的艺术观念的成熟，"中"的"象意"延伸路径印证了"中和"审美理想与"致用"艺术观的交融生长，由"中"的元象发出的暗示始终或隐或现于中华民族的文明进程中。

因此，回溯"中"的元象并不是止于汉字本身的考察，而是试图超越时空的局限展开了汉字与艺术、与政治、与文化整体融通的历史过程，中正—中德—中庸—中和不仅仅是语词的连缀，而且呈现了由"中"的元象生发的思想延伸系统所成就的中华民族的精神脊梁，动态呈现了汉字、诗歌、音乐等中国古典艺术所承载的"中和"审美理想。正是在"中"的元象召唤下，在"中正"精神传统的激励下，"经世致用"成为中国一代又一代的知识分子坚守的梦想，"中和"化成中国文化阶层的精神动力，中正勇武、温柔敦厚的品质铸就了中华民族的灵魂。纵观中国文化的发展历程，"中和"审美理想每每与生命相伴，与世事相随，与国家民族的命运共呼吸，"致用"艺术观便跨越时空、辗转跟随于中国文化发展的始终，为历代文化精英提供了"经世致用"的人生路向以及理想化的人格境界。"汉字开辟的审美空间指向着辽阔浩渺的世界"①，但黑格尔说："中国因为语言和文字分了家，所以文字很不完善。"② 面对这样的误解，"中"的"象意"思想延伸系统势必能够客观呈现汉字的完善与汉字的思想力量。

三 "中和"审美理想与"致用"艺术观的形成

"中正无邪礼之质也。"③《诗》是语言的艺术，也是表演的艺术，更是传承"中和"精神的载体，是刚毅中正、温柔敦厚精神品格养成的最为直接有效的方式，也是实现"中和"政治理想的重要途径。对于"中和"德化的礼乐意义，孔子有深入的分析，如《中庸》云："喜怒哀乐之未发谓之中，发而皆中节谓之和。中也者，天下之大本也。和也者，天下之达道也。致中和，天地位焉，万物育焉。"④ "中"在这里简直就是人类心灵的代称，它不仅全面涵纳着人的喜怒哀乐等情感内容，而且包蕴着人的思想理念世界。由此而言，"中"拥有统摄人的政治行为、社会行为乃至文化行为的本质力量，因此对"中"的有效节制成为西周建国之初所要解决的首要政治问题。而显然"和"是解决这一问题的关键，"和"为周人思想、情感有礼有节地表达提供了最佳路径，能够有效防止"中"的无序混乱状态。因此孔子认为"中"为礼乐教化的实施提供了根本条件，"和"则是礼乐教化实践的理想途径，唯有"致中和"是政权恒寿永昌的保障。也正因为如此，文王反复叮嘱武王坚守"中"德毋懈，武王、周公始终秉承文王"中"德精神经年征战而终建"中"于洛邑。历经几代圣王政治实践的检验，"中"德如同引领部族英雄开创未来的旗帜，对周代王权确立与巩固发挥了重大的精神鼓舞力量。但仍不能改变的事实是，"中"德不足以独自担当维护王权恒久的政治使命，辅以温柔敦厚的政治胸怀显然更有利于坐拥天下、长治久安，因此

---

① 骆冬青：《象形、象意与表意——论汉字审美符号的存在方式》，《南京师范大学学报》（社会科学版）2014 年第 5 期。
② ［德］黑格尔：《历史哲学》，王造时译，上海书店出版社 2007 年版，第 125 页。
③ 《礼记正义》，《十三经注疏》，中华书局 1980 年版，第 1530 页。
④ 同上书，第 1625 页。

"和"德与"中"德的相辅相成才真正堪称礼乐教化的全景目标。

正如所见,礼乐演诗艺术的"治心"目标首先指向了"中"德养成,因为毕竟要首先确立王权的"中正"之位,并为"和"德建立明确的政治坐标圆点,即"中"德精神内涵的明确对"和"德的意义生成具有决定意义,可见"中和"德化正是西周统治者以维护王权为前提、以合和天下为目标的政治理想的集中体现。"中和"不仅是王权始终致力于实现的政治理想,也代表了有周一代至为推崇的人格境界,"中和"精神理念伴随礼乐教化深入人心,移风易俗,化成天下,"中和"审美理想也蔚然而兴。如《左传·襄公二十九年》曾记载吴公子季札遍观周乐,季札对周乐的评价涉及《诗经》之《国风》《小雅》《大雅》《周颂》,季札用了二十一个"A 而不 B"的短语赞叹礼乐艺术演诗的"中和"之美。

  《周南》、《召南》:"勤而不怨。"
  《邶风》、《鄘风》、《卫风》:"忧而不困。"
  《王风》:"思而不惧。"
  《豳风》:"乐而不淫。"
  《小雅》:"思而不贰,怨而不言。"
  《周颂》:"直而不倨,曲而不屈,迩而不偪,远而不携,迁而不淫,复而不厌,哀而不愁,乐而不荒,用而不匮,广而不宣,施而不费,取而不贪,处而不底,行而不流。"
  《大夏》:"勤而不德。"①

一系列"A 而不 B"的短语中 A 与 B 的意义相反,由此显示出"和"对综合 A、B 二者意义的作用,但更关键的问题在于两种相反的情感表现,或者人格品质,或者行为方式的调和必须以"中"德的确立为前提,"中"是"正反之间达到和谐、达到平衡,不走向极

---

① 杨伯峻:《春秋左传注》,中华书局 1990 年版,第 1161—1165 页。

致,不陷入极端"① 的参照标准,以此保证"和"是有度有序的调和,"五声和,八风平,节有度,守有序"②,"中"德是"中和"的审美理想的灵魂,是西周礼乐精神的核心,也是"致用"艺术观形成的思想基础。如《乐记》有云:"礼乐不可须臾去身,致乐以治心,则易直子谅之心生则乐。乐则安,安则久,久则天,天则神,天则不言而信,神则不怒而威,致乐以治心者也。"③ 在王权集团看来,诗乐舞统合的周乐是道德教化的手段,频繁举行的礼乐演诗活动的实际目的在于借助精湛优美的艺术表演形式展开思想观念、精神人格的教化,实现对"心灵"层面的掌控。

综上说明,政治制度、社会生活与文化体制建设在为人类早期艺术提供发展空间的同时,既已决定了艺术的"致用"性,即艺术的表现内涵与呈现形式被要求符合政治制度、社会生活以及文化建设的需要,如《乐记》云:"礼以道其志,乐以和其声,政以一其行,刑以防其奸。礼、乐、刑、政,其极一也,所以同民心而出治道。"④ 礼义引导志向,礼乐协和心声,法度规范行为,刑罚防范凶奸。礼义、礼乐、刑罚、法度四者的目标是一致的,这四者相互配合从而实现民心和同、天下大治。鉴于此,礼乐演诗活动绝非为艺术而艺术的表演活动,而是以"中和"德化为宗旨的政治活动,乐器的形制规格、舞蹈曲目、歌诗曲目、乐工的表演流程都在以不同方式传达君臣有位、尊卑有礼、长幼有序、男女有别的"中"德精神意蕴与化成天下的政治理想,其中不乏通过叙述历史塑造人格典范,试图对人的政治观念、精神品格产生直接深刻的影响,最终建立品格与行为的常态评价体系。《荀子·乐论》有云:"金石丝竹,所以道德也。乐行而民乡方矣。故乐者,治人之盛者,而墨子非之。"⑤ 礼乐仪式中的

---

① 傅道彬:《诗可以观——礼乐文化与周代诗学精神》,中华书局2010年版,第282页。
② 杨伯峻:《春秋左传注》,中华书局1990年版,第1164页。
③ 《礼记正义》,《十三经注疏》,中华书局1980年版,第1543页。
④ 同上书,第1527页。
⑤ (清)王先谦:《荀子集解》,《新编诸子集成》,中华书局1988年版,第253页。

金石丝竹表演不是以欢愉、娱乐为主要目的，是对参礼者思想行为的规范制约，是品德养成的重要手段，因此王权集团将礼乐活动由王畿向乡里四方辐射，教化的范围也由政治核心向乡人延伸，以此巩固王权。同时荀子对墨子"非乐"的批判也充分说明儒家看重的正是礼乐演诗艺术的"致用"功能，"中和"政治理想对"致用"艺术观的形成所发生的影响由此可见一斑。

既然歌奏舞统合的礼乐教化从根本而言是作为政治统治的特殊手段发挥着行为制约与品德养成的作用，那么"致用"的创作动机就成为周代艺术发展的主要动力。换言之，正是由于文艺的发展符合统治者在政治外交、社会生活、文化传承等方面的"致用"需求，于是统治集团有目的、有计划地培养了大量专门人才，礼乐活动也遍及政治、文化、日常生活各个层面。"致用"的目标使礼乐仪式一方面以演诗为核心，注重发挥诗的思想感召力，对表演流程、乐奏规格、音乐风格、舞蹈形式也有严格规定，政治理念由此得以明确；另一方面礼乐仪式又是高超的演诗艺术，仪式中担任表演的乐工技艺代表当时奏乐、舞蹈、歌诗艺术的最高水平，观乐者也是当时最有艺术鉴赏水准的群体，而歌诗、音乐的制作者与整理者也同属于当时艺术造诣最高的团队，即"致用"的初衷并没有压制音乐、舞蹈、诗歌的发展，反而促使艺术创造力得到超乎想象的发挥。与此同时艺术表现形式的成熟又利于礼乐思想的传达，如上博简《诗论》云："乐亡隐情，诗亡隐志，文亡隐言。"[1]《礼记·中庸》亦谓："虽有其位，苟无其德，不敢作礼乐焉。虽有其德，苟无其位，亦不敢作礼乐焉。"礼乐教化通过乐与诗统合的表演艺术由情而入心灵，规范情感走向，提升情感境界，与此同时，礼乐教化更是对王权中正地位和王德精神的昭示，以实现"中和"政治人格的塑造为终极目的。《荀子·乐论》谓："乐中平则民和而不流，乐肃庄则民齐而不乱，民和齐则兵

---

[1] 马承源：《上海博物馆藏战国楚竹书》（一），上海古籍出版社2001年版，第127页。

劲城固，敌国不敢婴也。"① 大意为：中正的音乐和合万民，整肃庄正的音乐使万民归一，雅正的音乐关乎国家兴亡。这俨然是一幅王权一统的合和政治画面，其中闪现着的"中和"精神不得不说大有孔子"中庸"之道的精神风范。荀子生活在战国晚期，其间诗乐分离，礼乐文化的盛世早已不再，但显然荀子更为直白地强调了礼乐演诗传统对政治巩固、军事斗争、民风倡导的实际意义。至汉代，《毛诗序》将"致用"艺术观极致化为以"中"德为考量标准的"美刺"诗学观念："先王以是经夫妇、成孝敬、厚人伦、美教化，遗风俗。……上以风化下，下以风刺上，主文而谲谏，言之者无罪，闻之者足以戒。"② 礼乐仪式借助艺术演诗不仅确立夫妇、父子间的宗族人伦之"中"，更重要的是延伸为君臣间的政治尊卑之"中"，从而真正成就夫妇、父子的室家和谐，期待真正实现君臣合和、天下大同的政治理想，可见"致用"的艺术观与"美刺"诗学观念之间的内部关联性。而且"美刺"观对后世影响深刻，汉代杨雄就认为文学创作应该以儒道为本，依经立范，并且因为汉大赋"劝百讽一"无益于讽谏教化而加以严厉的批评，视汉大赋为壮夫不为的"雕虫篆刻"，其明道、宗经、征圣的"致用"文学观念显而易见。刘勰更是在《文心雕龙》中特设专篇讨论原道、征圣、宗经，明确指出儒家经典为"恒久之至道，不刊之鸿教"。③ 并逐一评说《周易》《尚书》《春秋》、"三礼"等礼乐文化经典的艺术成就，颇多溢美之词，明确传达了对文学"致用"价值的肯定。唐代孔颖达奉诏主持撰修《五经正义》，试图以这种方式统一经学，其目的不外乎正德修身、通经致用。直至明清时期，经世致用思想的影响力仍很强大，如魏源云："盖诗乐之作，所以宣上德而达下情，导其郁懑，作其忠孝，恒与政治相表里"④，通过诗乐艺术一面传达政治制度规约下的德行标准，

---

① （清）王先谦：《荀子集解》，《新编诸子集成》，中华书局1954年版，第253页。
② 《毛诗正义》，《十三经注疏》，中华书局1980年版，第270—271页。
③ 周振甫：《文心雕龙今译》，中华书局2006年版，第26页。
④ （清）魏源：《御书印心石屋诗文录叙》，《魏源集》，中华书局1976年版，第243页。

一面反映民情疾苦，疏导郁结的愤懑，成就忠孝之德。毋庸置疑，魏源认为诗乐艺术是上下沟通的桥梁，是实施思想道德教化的重要手段。

徐复观曾谈道："由人生的艺术性，而鼓动、并支持了人生的道德；这也是美与善的统一。……孔子为人生而艺术的文学观，实即由于把文学彻底到根源之地而来的文学观。"① 由此而言，"致用"艺术观是兼顾理想与现实、美善兼修的"为人生而艺术"的文学观，这种艺术观向我们展露了中国文学精神的根源之地——"中"德，也展示了对诸子时代儒家思想体系的深刻影响。

由于中国早期汉字的元象符号是通向汉字"意义"延伸路径的原点，也是探寻汉字文化意义、哲学意义的起点。"中"的元象符号形态鲜明地呈现与原始部族"立中"实践具体活动样态的一致性，以徽帜之象标志军事集结的中位，象征政治统治的正位，说明"中"的"元象"是"中正"理念的最初反映。伴随由商入周的历史进程，"中正"理念成为西周政治思想体系的核心理念，如"执中而获天下"②，又如长沙马王堆汉墓帛书《周易经传·缪和》载："上顺天道，下中地理，中适人心。"③ 就执政而言，所谓"执中"直接指向的是执掌四方天下的统御权力，具体以地域的中心为标志，但随之将凝聚"人心"作为更为长远的政治目标，这足以说明所谓"中正"已然超越"立中"实践活动的"元象"而展现出理性精神的力量，对诸子时代的文学艺术形态、审美观念以及哲学思想产生重大影响。如《诗大序》有云："雅者，正也，言王政之所由废兴也，政有大小，故有小雅焉，有大雅焉。"④ "雅"即"正"，"正"与"政"通，《诗大序》简短却经典地道出了"中正"思想与西周宗法政治制度的内部统一性。在"中正"思想理念的影响下，文学、艺术所肩负的家国使命与社会责任从未间断，从这个意义上而言，中国本不存在

---

① 徐复观：《中国艺术精神》，华东师范大学出版社2001年版，第21页。
② 《大戴礼记·五帝德》。
③ 裘锡圭：《长沙马王堆汉墓简帛集成》（三），中华书局2014年版，第129页。
④ 《毛诗正义》，《十三经注疏》，中华书局1980年版，第272页。

"为艺术而艺术"的时代，反而存在"致用"艺术观贯穿始终的历史，并伴随"中和"审美理想而不断出场。

第三节 "六经"确立与"经世致用"诗学精神的成熟

郭店简《尊德义》云："仁为可亲也，义为可尊也，忠为可信也，学为可益也，教为可类也。"①《尊德义》倡导的仁义忠信思想与孔子思想具有明显的相通之处，而且充分肯定了学习、教化对于人格养成的重要意义，从中可见《尊德义》对礼乐文化精神的继承。不仅如此，《尊德义》亦谓："知礼而不知乐者，无知乐而不知礼者。"②而孔子曾云："兴于诗，立于礼，成于乐。"由于西周国学教育体系有小学、大学之分，贵族阶层自幼就开始习《诗》，并且接受严格的礼仪训练，完成小学的课程之后方可进入大学，大学主要针对"国子"展开全面的"乐德""乐语""乐舞"教习，因此"乐教"是西周最高层次的课程内容，"知乐"代表了人格养成、艺术修养的最高境界。由是观之，"致用"文艺观仍深刻影响着诸子时代文化阶层对《诗》、对艺术、对人生的价值判断，以孔子为代表的儒家群体尤其热衷于礼乐文化精神的传承，他们积极整理、阐释礼乐文化成果，大大促进了《诗》《书》《礼》《乐》《易》《春秋》文化经典地位的确立，促进了"经世致用"诗学精神的成熟。

一 "乐官"与演诗艺术的致用性

礼乐演诗艺术的致用性集中体现为乐官体系对演诗艺术流程的全面掌理。演诗是西周礼乐仪式的重要流程，是由歌唱、奏乐、舞蹈统合参与的艺术表演，担任管理、教学、表演的人员不仅具有专业的艺术技能，而且谙熟礼仪流程，精通礼乐思想阐释，人格境界高尚，他

---

① 李零：《郭店楚简校读记》，北京大学出版社2002年版，第139页。
② 同上。

们就是主要由"有道有德者"构成的乐官群体。乐官是西周政治职官体系的重要组成部分,执掌、管理礼乐仪式流程,是礼乐政治制度的践行者。《周礼·春官》谓:"大司乐掌成均之法以治建国之学政,而合国之子弟焉,凡有道者、有德者使教焉……以乐德教国子,中、和、祗、庸、孝、友;以乐语教国子,兴、道、讽、诵、言、语;以乐舞教国子,舞《云门》、《大卷》、《大咸》、《大韶》、《大夏》、《大濩》、《大武》。"大司乐总掌的"成均之法"的具体教习内容包括"乐语""乐舞",目的在于达成以"中和祗庸孝友"为思想内涵的精神品格,称为"乐德"孝文化,可见"乐德"教化实质上是诗歌艺术、舞蹈艺术、乐器演奏技艺发展成熟的主要动力。随着礼乐活动在西周、诸子时代的频繁有序展开,"乐德"教化所秉承的中正和合、诚敬雍和、孝顺友爱的精神品格不断得到高扬,"中和祗庸孝友"体系化为有周一代思想品德建设的整体目标,直接影响礼乐演诗艺术"致用"特征的形成。

在乐官统辖下,礼乐演诗的艺术呈现流程必须遵循固定的程序,演诗艺术流程的有序化、规范化、专门化是其致用性的重要表征。据《周礼》记载,大司乐及其统领下的乐官、乐工各司其职,分工合作,不仅严格保证礼乐次序,而且全面执掌、具体负责乐奏、歌诗、乐舞的艺术表演环节。据《周礼·春官》载,"金奏"表演由大司乐典掌:"王出入则令奏《王夏》,尸出入则令奏《肆夏》,牲出入则令奏《昭夏》。"[①] 具体演奏则由钟师、镈师负责,如《周礼·春官》载:"钟师掌金奏",又谓"镈师掌金奏之鼓"。由于"金奏"表演目的主要是彰显王者威仪,因此乐奏和曲目的规格更为重要,演奏主要突出节奏感,演奏技艺并不复杂。相比而言,旋律较为复杂的乐奏表演主要是乐悬演奏和管乐、弦乐,小胥具体监管演诗流程中乐悬演奏的规格,周王四面乐悬,诸侯三面,卿大夫两面,士一面:"正乐悬之位,王宫悬,诸侯轩悬,卿大夫判悬,士特悬。"[②] 其中编钟的演

---

① 《周礼注疏》,《十三经注疏》,中华书局1980年版,第790页。
② 同上书,第795页。

奏由磬师负责，编磬由视瞭演奏，王权在"金声玉振"礼乐声中获得至上的荣光。管乐、弦乐演奏对专业技艺的要求最高，由瞽矇乐工负责演奏，如《周礼·春官》谓："瞽矇掌播鼗、柷、敔、埙、箫、管、弦、歌。讽诵诗，世奠系，鼓琴瑟。掌九德六诗之歌，以役大师。"由此可见，瞽矇是礼乐演诗活动的主要演艺人员，他们人数众多，分工明确，配合默契。如《仪礼·燕礼》载：

> 席工于西阶上，少东……小臣纳工，工四人，二瑟。小臣左荷瑟，面鼓，执越，内弦，右手相。入，升自西阶，北面东上坐。小臣坐授瑟，乃降。工歌《鹿鸣》、《四牡》、《皇皇者华》……笙入，立于县中，奏《南陔》、《白华》、《华黍》……乃间歌《鱼丽》，笙《由庚》；歌《南有嘉鱼》，笙《崇丘》；歌《南山有台》，笙《由仪》。遂歌乡乐：《周南》：《关雎》《葛覃》《卷耳》；《召南》：《鹊巢》、《采蘩》、《采蘋》。大师告于乐正曰："正歌备。"

诸侯燕礼演诗艺术流程的表演形式灵活多样，气氛也活泼生动，瞽矇乐工既负责演奏管乐、弦乐，还负责歌诗表演，瞽矇在礼仪期间的表演程序如下。

演出准备：在演出开始前，瞽矇预先就席于西阶。

鼓瑟弦歌：瞽矇四人由眡瞭引领登堂，二人歌《鹿鸣》《四牡》《皇皇者华》伴奏，二人鼓瑟伴奏。

笙乐套曲：瞽矇乐人在眡瞭带领下至堂下，立于乐悬乐器中间，按序笙吹《南陔》《白华》《华黍》套曲。

笙奏间歌：瞽矇乐工弦歌与笙奏相间演出。分别是：鼓瑟弦歌《鱼丽》，笙奏《由庚》；鼓瑟弦歌《南有嘉鱼》，笙奏《崇丘》；鼓瑟弦歌《南尚有台》，笙奏《由仪》。

二南乡乐：瞽矇鼓瑟弦歌《周南》之《关雎》《葛覃》《卷耳》和《召南》之《鹊巢》《采蘩》《采蘋》。

正歌完成：大师向乐正禀告正歌完成。

上述分析表明，礼仪"演诗"流程是由大量乐官、乐工协作完成的，每一个表演环节都在乐官体系的掌控之下。在盛大的礼乐活动中，除了乐奏和歌诗表演环节外，乐舞表演必不可少，参与乐舞表演的人数也不在少数，大舞表演人数众多，"国子"也参与其中，如大胥就负责在表演"六大舞"时校正舞位，监督"六大舞"表演进场和退场的秩序："以六乐之会正舞位，以序出入舞者。"① 因此不难看出，虽然礼乐流程中的艺术表演丰富多彩，但是演出次序固定、曲目固定，乐工经过严格的专门的培训，无论是撼天动地的金奏、鼓乐，还是弦歌曲目、舞蹈占位，无不纳入乐官体系严格的规范管理范围之内，礼乐艺术流程自始至终都在专职乐官的执掌之中，由专门、专业的乐人担任表演之职，而且艺术表演显然是礼仪流程的重要组成部分，演诗艺术是作为致用于礼乐教化的重要手段而获得了生长、发展的实践空间，这极大地促进了"致用"艺术观的成熟。

乐官体系之所以严格掌控演诗艺术，是由于演诗艺术流程的规格、次序是政治秩序的象征，规格偏差、次序错谬是对既定政治秩序的违背，是严重的政治失误。如《左传·襄公七年》曾记载卫国孙文子的失礼事件。孙文子至鲁国聘问，按照君臣相见的礼节，在登阶时必后于鲁君，但是襄公登阶时孙文子也登阶，孙文子作为臣子丝毫不让襄公，于是穆叔作为相礼不仅及时制止了孙文子的失仪行为，并且指出孙文子的失礼之处，明确提示孙文子"诸侯之会，寡君未尝后卫君"，意谓鲁君与卫君同为国君，孙文子理应以国君之礼侍奉鲁君，但是孙文子既不道歉也毫无羞愧、悔改之意。因此穆叔盛怒，曰："孙子必亡。为臣而君，过而不悛，亡之本也。"礼仪次序即政治秩序的象征，是"礼"的强有力体现，一旦违礼、错谬就将成为家国灭亡的预兆。另外较有代表性的还有"孔张失礼"、庆封被嘲等事件。众所周知，春秋时代是被称为"礼崩乐坏"的时代，但就是这样一个王纲解纽的时代，这样一个礼乐时常被僭越的时代，礼乐仪式仍由乐官全面掌控，乐官的管理规范是礼乐演诗艺术实践环环相扣、

---

① 《周礼注疏》，《十三经注疏》，中华书局1980年版，第794—795页。

礼备告成的重要保障，因此礼乐活动既是一场歌奏舞融合的异彩纷呈的艺术表演，又是一场秩序井然的礼仪示范，礼乐活动的艺术表演特质充分放大了政治秩序的示范力量，如郭店简《五行》谓："唯有德者，然后能金声而玉振之。"① 这充分体现了诸子时代对"致用"艺术观的继承。

二 《耆夜》歌诗与《诗》的"经典"意义生成

《诗》自汉以后始称《诗经》，但《诗》的"经典"地位是随着礼乐文化的传承而确立起来的，诸子时代文化群体对礼乐文化的传承之功有目共睹。西周礼乐文化无疑是《诗》的礼仪形态生成的原始语境，礼乐精神的传播不仅促进了歌诗艺术的成熟、《诗》的结集，而且带动了诸子时代文化阶层学诗、习礼、知乐的热情，诸子时代文化阶层在政治外交活动展开了赋诗、讽诗、诵诗、说诗、论诗、引诗等一系列的诗乐教化活动，对于他们而言，围绕着《诗》而进行的艺术实践、理性反思和理论体系建构，都是向礼乐文明无限接近的精神旅程，《诗》作为礼乐文化"经典"深刻而直接地影响着诸子时代文化阶层人生路向的选择与生存意义的确立。

《诗》在诸子时代"经典"地位的确立得益于礼乐仪式歌诗艺术的成熟。随着歌乐舞统合的礼乐演诗艺术实践的兴盛，歌诗艺术在演诗流程中的重要地位凸显，"歌之为言也，长言之也"②，歌诗艺术综合了音乐与语言的艺术表现优长，精于明确传达丰富、深刻的"乐德"思想内涵，是"乐德"教化最为有利的艺术形式，这使得歌诗艺术成为礼乐演诗艺术流程的核心表演环节。《礼记·乐记》就曾这样描述："歌者在上，匏竹在下，贵人声也"，笙簧箫管的伴奏均在堂下，唯有歌诗在堂上表演，故歌诗也称"升歌"，可见歌诗艺术对于"乐德"教化的重要意义。清华简《耆夜》记载了武王伐黎之后在文王太室举行饮至典礼的具体环节，展现了较为具体的歌诗艺术环

---

① 李零：《郭店楚简校读记》，北京大学出版社2002年版，第79页。
② 《礼记正义》，《十三经注疏》，中华书局1980年版，第1545页。

节，印证了《诗》作为"乐德"教化的载体对于维护王权的实际意义。武王伐黎大胜而归，在文王太室举行饮至典礼，行礼期间歌诗唱和、宴饮觞酬，武王以主人身份首先舍爵酬毕，歌《乐乐旨酒》，诗云："乐乐旨酒，宴以二公；烝仁兄弟，庶民和同。方臧方武，穆穆克邦；嘉爵速饮，后爵乃从。"① 诗的大意是：用欢乐的美酒款待毕公、周公，兄弟之间诚信仁爱，万众子民和谐同心。将士强壮、军队勇武，取得了伐耆的重大胜利，快快干了这杯，再饮无算。透过诗句能够感受到武王对毕公、周公的赞赏器重，并寄予兄弟友爱、精诚团结的期望。武王认为兄弟之间、宗族内部的和同团结与将士的忠诚勇武是征战取得胜利的决定性因素，诗中明显传达出忠诚友爱、和合团结的政治理念。接着武王酬周公，作歌一终曰《輶乘》，诗云："輶乘既饬，人服余不胄；虞士奋甲，系民之秀；方臧方武，克燮仇雠；嘉爵速飲，后爵乃复。"诗歌写周公整顿战车、穿戴盔甲，率领军士勇猛杀敌取得胜利，赞美周公忠勇善战、运筹帷幄。这是武王对周公政治谋略与品格的全面表彰。武王的两首诗表面上以庆贺、赞美为先，实质上意在向在座诸公集中强调忠勇赤诚、团结友爱的执政精神。

接下来周公以主宾身份连续歌诗三首，充分表明周公在武王健在时已经发挥重要的辅政作用。如周公酬毕公《赑赑》云："赑赑戎服，臧武赳赳。毖精谋猷，裕德乃救。王有旨酒，我忧以颩。既醉又侑，明日勿稻。"周公在诗中一面大赞毕公勇武，一面似乎又在劝导毕公不要做赳赳一介武夫，而是要注重政治谋略与宽和品德的养成，讽谏毕公饮酒已经醉饱，达到宴饮和乐的效果，应该适当节制以防淫乐自伤。周公一席劝谏的话语与武王《乐乐旨酒》的"方臧方武，穆穆克邦"句交相呼应，一方面说明毕公确实骁勇善战，在征战中屡立战功；另一方面正如武王《乐乐旨酒》云："烝仁兄弟，庶民和同。"武王委婉地提醒毕公注重宗族兄弟之间的团结，希望兄弟之间

---

① 文中所引《耆夜》诗句皆从李学勤主编《清华大学藏楚竹简》（一），中西书局2010年版，第150页。

友爱和睦，为天下庶民立范。武王、周公凭借简短温婉的歌诗将宗族内部友爱和谐的伦理情感瞬间提升为维护西周王权巩固、和同天下的政治人格精神。可见对西周统治集团而言，友爱、诚信、忠勇、宽和的人格修养不仅关涉宗族内部的和谐团结，更是四方统一、国家昌平的必备政治品格。接着周公作祝诵一终《明明上帝》："明明上帝，临下之光，丕显来格，歆厥禋盟，於□□□□。月有盈缺，岁有歇行，作兹祝诵，万寿亡疆。"意为武王心怀诚敬祭祀上帝，上帝有光明之智慧，歆享祭祀，护佑周族王权万寿无疆，字里行间洋溢着对武王祗敬庸和精神气度的赞颂。最后周公歌《蟋蟀》，诗云：

蟋蟀在堂，役车其行；今夫君子，不喜不乐；
夫日□□，□□□荒；毋已大乐，则终以康，
康乐而毋荒，是惟良士之方。
蟋蟀在席，岁聿云莫；今夫君子，不喜不乐；
日月其迈，从朝及夕，毋已大康，则终以祚。
康乐而毋荒，是惟良士之惧。
蟋蟀在舒，岁聿云□，□□□□，□□□□，
□□□□□，□□□□。毋已大康，则终以惧。
康乐而毋荒，是惟良士之惧。

诗中辉映的不仅是一代英雄"大喜大乐"的万丈豪情，同时展现了一代杰出政治家的卓越政治智慧，"康乐而毋荒，是惟良士之惧"是在劝诫得胜还朝沉浸在胜利喜悦中的君王以及全体将士切莫享乐无终，勉励政治伙伴居安思危、勤勉戒惧。诗中蕴含的强烈忧患意识不仅表现出西周统治者摆脱天命制约的自信与勇气，同时闪现着一代政治家对家国前景的理性哲思。

《耆夜》呈现的歌诗唱酬不仅是庆功、慰劳的赞歌，而且是高扬忠勇诚敬、团结友爱、勤勉戒惧、恭敬雍和政治理念的"乐德"教化，其间不乏真诚的赞许、悉心的劝导、殷切的期望，政治上的些许不和谐在礼乐歌诗的艺术氛围中转化为求同存异的和睦团结，"不学

诗，无以言"，歌诗言志与"乐德"教化之间的对应关系显而易见。更为重要的是，以武王与周公为代表的西周政治集团显然对"乐德"思想理念达成了基本共识，这份共识直接影响了周公"制礼作乐"的基本宗旨，从根本上决定《诗》作为"乐德"教化的重要载体而创作、合乐、使用并结集，进而奠定了《诗》在礼乐文化中的重要地位。《耆夜》所载的五首歌诗中唯有《蟋蟀》一首与毛诗《唐风·蟋蟀》字句略同、大意相同，其余四首均不在毛诗本中，这一方面说明《诗》的结集过程中确实存在作诗、删诗等情形，即西周时期曾用于各类繁复礼乐仪式的歌诗曲目远超现在所见的三百零五篇，因此《诗》中辑录的礼仪歌诗是经过诸子时代的文化阶层精心筛选后的经典之作。另一方面从中不难见出歌诗艺术的成熟以及歌诗在礼乐仪式中核心地位的确立与"乐德"教化的直接关联，因此《诗》无异于诉诸"乐德"教化的"经典"，不断激励诸子时代文化阶层传承礼乐精神，投身"经世致用"的人生征程。

进入诸子时代，王权旁落，加速了礼乐崩坏的进程。在这一进程中，象征王权威仪的礼乐仪式由于愈发缺少实践的需要，致使仪式感极强的古乐与乐舞在诸侯间的征战烽烟中销蚀，但是凝聚着礼乐精神的文化经典：《诗》《书》《礼》《乐》《易》《春秋》仍不断引起诸子时代文化阶层的关注与阐释，在此略举数例。

《论语·季氏》："不学诗，无以言。"

《礼记·经解》："温柔敦厚，《诗》教也。疏通知远，《书》教也。广博易良，《乐》教也。洁净精微，《易》教也。恭俭庄敬，《礼》教也。属辞比事，《春秋》教也。"

郭店简《六德》："观诸《礼》、《乐》，则亦在矣。观诸《易》《春秋》，则亦在矣。"[1]

郭店简《语丛》（一）："《诗》，所以会古今之志也。《书》……者也。《礼》，交之行序也。《乐》，或生或教者也。

---

[1] 刘钊：《郭店楚简校释》，福建人民出版社2005年版，第108—109页。

《易》，所以会天道人道也。《春秋》，所以会古今之事也。"①

《庄子·天运》："丘治《诗》、《书》、《礼》、《乐》、《易》、《春秋》六经，自以为久矣。"

《庄子·齐物论》："《春秋》经世，先王之志。"

《周易·系辞上》："备物致用，立成器以为天下利，莫大乎圣人。"

上述文献多处《诗》《书》《礼》《乐》《易》《春秋》并举，《庄子》明确称为"六经"，且特别提到《春秋》的"经世"意义，《春秋》为"六经"之一，被先王当作能够成就"经世"志向的经典，可见"六经"之名应缘于先王制定的"经世"理想。又据《易传》所云，圣人树立有利于天下的人生理想，从而将"备物""致用""成器"作为衡量生存意义、人生价值的重要标准。综上不难看出，诸子时代不仅是"六经"确立的"经典时代"，而且是文艺的"经世"意义以及"致用"价值不断得到认同、发扬的文化时代。在这个时代，诸子对"六经"或赞赏或阐释，或戏谑或批判，但这辗转三百年间的不同声音正向我们表明：《诗》《书》《礼》《乐》《易》《春秋》是作为"经世""致用"的经典被敬奉或被质疑，而《诗》为"六经"之首，凝聚着礼乐精神的核心思想理念，尤其当繁复的古礼和古乐不再盛行，贯注礼乐精神的《诗》更是成为诸子时代文化阶层瞻仰、走进礼乐精神不可多得的文化"经典"，因此以孔子为代表的儒家群体尤其热衷于阐发《诗》的"经典"意义，孔门积极开展诗教，孔门四科实质上是结合诗教而进行的德行、言语、政事、文学的综合性教育，这深刻影响了后代文化阶层对文学、对艺术的价值判定以及审美标准的建立，"经世致用"始终成为文化阶层对文艺的要求，《诗》的"经典"意义即在于此。

---

① 刘钊：《郭店楚简校释》，福建人民出版社2005年版，第181页。

三 "礼乐管乎人心":"经世致用"诗学精神的成熟

西周时期礼乐兴盛,歌诗、乐器演奏、舞蹈等艺术形式统合于礼乐仪式的流程中,致力于政治品格的养成与思想教化,正如《礼记·乐记》云:"致乐以治心",歌诗、乐奏、舞蹈统合的演诗艺术是因礼乐文化的需要而按照特定的形态存在、生长而日臻成熟起来的。因此《诗》的语言形式和思想内涵一方面要服从"乐"的整体艺术表现特征;另一方面也是最为重要的是,《诗》作为"乐"的核心组成部分,其内容受到礼乐教化政治宗旨的全面规定。这意味着《诗》——中国最早成熟的诗歌范本无论是创作、合乐、增删、结集以及精彩的艺术呈现都是为了完成礼乐文化所规定的思想教化、品格养成等政治、文化目标,《诗》的礼乐"致用"身份显而易见。随着礼乐仪式在政治、日常社会生活中的频繁展开,演诗艺术实践活动致力于建立、维护宗法政治秩序的价值得到进一步放大,这对于诸子时代文学观念产生了重要影响。换言之,综合演诗艺术致用于礼乐文化的文学现象客观反映了"致用"艺术观念的形成,并且这一观念在诸子时代转化为更为明晰充分的诗学表述,这是"经世致用"文学精神成熟的重要标志。

由于以孔子为代表的儒家文化群体仍延续将礼乐与《诗》作为致用于人格养成、社会伦理、政治理想建构的重要文化范本并极力推崇,儒家传世典籍中常见对礼乐的讨论,说诗、论诗的例子也很多,只是往往散见于典籍。《礼记》和《荀子》都曾集中讨论礼乐文化对政治巩固、伦理秩序、对人格养成的致用价值,上博简《诗论》则是对《诗》的"致用"意义的集中阐释,郭店简《六德》《缁衣》《尊德义》都不同程度论诗、论乐,讨论中不乏关于"六经"义理的讨论,由此进一步印证了礼乐文化以及《诗》的"经世致用"意义。这时期的诗论往往出于政治文化、人格养成的考量阐释《诗》的意义,注重《诗》的"言志"和"成德"功能。

孔子教《诗》也是出于传承礼乐文化的目的,在诗教实践中密切结合西周礼乐文化语境还原《诗》在礼乐仪式中、在"乐德"教化中的核心地位，深度阐释《诗》的礼乐思想内涵，并将学《诗》作为君子达政事、明人伦、品格提升的重要途径。如《论语·子路》载："诵《诗》三百，授之以政，不达；使于四方，不能专对，虽多，亦奚以为？"在孔子看来，诵诗、学诗并不是出于闲情逸致，而是为了出使专对、不辱使命，这正是君子所应肩负的重要社会责任、政治使命。可见，在诸子时代，诵诗的目的并不在于怡情畅志，诵《诗》是将《诗》的礼乐内涵烂熟于心的方法，也是政治交往、应对中传达政治思想、意图的方式，但根本目的是深刻参悟《诗》的礼乐思想精神，便于在政治外交中灵活用《诗》，为君王效力奔走，这说明孔子实际看中的是《诗》的政治"致用"价值。孔子对于《诗》的礼乐政治意义的阐释在上博简《诗论》中也有较为突出的反映，如简5、简6载：

> 又成功者何如？曰："《颂》是也。《清庙》，王德也，至矣。敬宗庙之礼，以为其本，秉文之德，以为其业。……（济济）多士，秉文之德，吾敬之。《烈文》曰：'亡竞维人，丕显维德'，呜呼前王不忘，吾悦之。"[1]

《清庙》《烈文》两篇皆出自《周颂》。据《毛诗小序》，《清庙》为祭祀文王的歌诗曲目，《烈文》当是因成王即政而举行朝飨礼时的歌诗曲目。《清庙》是对文王政治精神品格的称颂，对此孔子不仅发出"至矣"的赞叹，而且做了简洁清晰的阐释说明：《清庙》反映了后代君主对宗庙之礼的谨慎恭敬，表现后代君王秉承文王的政治精神、巩固家国大业的强烈政治使命感，文王精神也深得孔子的敬仰。《烈文》表现成王即位后谨记文王、武王的伟大功绩，谨记任人唯贤、服人唯德的教诲，孔子认为这也是值得称道的。孔子对《清庙》《烈文》的诠释是围绕礼乐政治内涵展开的，并突出了《诗》的"崇

---

[1] 马承源：《上海博物馆藏战国楚竹书》（一），上海古籍出版社2004年版，第131—133页。

德"思想特征,可见孔子解《诗》充分结合了礼乐演诗艺术的政治"致用"功能,换言之,礼乐演诗艺术的政治"致用"性决定了《诗》的政治"致用"意义。

孔子认为《诗》还是人伦教化的重要范本。如《论语·阳货》载孔子这样教导子思:"人而不为《周南》、《召南》,其犹正墙面而立也与。"《周南》、《召南》出自《国风》,属于王畿之乐,又称"二南",这些诗篇主要阐发昏礼思想,围绕夫妇之道感发歌咏。在周礼体系中,昏礼通过建立婚姻制度合两性之爱、合两姓之好,将人类的繁衍行为情感化、礼制化,这是人伦之本,是成人的起点,关乎室家和乐、宗族团结、邦国安定,因此孔子提醒子思重视对"二南"夫妇之义的理解。"二南"诗篇以《周南·关雎》最具代表性,如《诗大序》云:"风之始也,所以风天下而正夫妇也,故用之乡人焉,用之邦国焉。"《关雎》为《国风》的首篇,诗言君子得遇淑女,但见色起意故求偶不得,后因遵循昏礼而终至婚姻圆满,诗的第四、五两章云:

参差荇菜,左右采之。窈窕淑女,琴瑟友之。
参差荇菜,左右芼之。窈窕淑女,钟鼓乐之。

诗以琴瑟和谐之象暗示君子对淑女的爱源自天性,如上博简《诗论》云:"以琴瑟之悦拟好色之愿。"[①] 钟鼓之乐为礼乐德音,象征君子循古礼敬慎对待婚姻,终与淑女成就天作之合,共同敬奉宗族祭祀。诗以"钟鼓"暗示君子的政治地位为诸侯以上,又《诗小序》云:"后妃之德也",可见,《关雎》是以君王和后妃的爱情、婚姻范式诠释夫妇礼义。"二南"其余诗篇也多言及妇德、求女、婚姻等内容,如《葛覃》表现后妃勤于女功,谨遵后妃之本,《卷耳》咏叹后妃思君之情,《鹊巢》赞美国君夫人的品德,《采蘩》表现国君夫人

---

① 李学勤:《〈诗论〉的体裁和作者》,《上博馆藏战国楚竹书研究》,上海书店出版社2002年版,第58页。

采摘水中蘩草辅助国君祭祀先祖,《采蘋》是写卿大夫妻子遵循法度与卿大夫共同侍奉家族祭祀。"二南"从不同侧面生动鲜活地反映了昏礼制度及其礼义内涵,由此可见《诗》也肩负着人伦教化的使命。

不仅如此,在孔子看来,"六经"是培养君子人格的最佳教学范本。如《礼记·经解》载孔子语:"入其国,其教可知也。其为人也,温柔敦厚,《诗》教也。疏通知远,《书》教也。广博易良,《乐》教也。洁静精微,《易》教也。恭俭庄敬,《礼》教也。属辞比事,《春秋》教也。"在诸子时代,"六经"仍然在教育活动中普遍使用。据目前所见的典籍不难发现孔子教学中对诗教颇为重视,这使《诗》的经典地位在诸子时代文化群体中得以延续并发扬,如郭店简《六德》云:

> 故夫夫、妇妇、父父、子子、君君、臣臣,六者各行其职,而谗谄无由也。观诸《诗》《书》,则亦在矣;观诸《礼》《乐》,则亦在矣。观诸《易》、《春秋》,则亦在矣。亲此多也,钦此多也,美此多也。道御止。①

《六德》所言的夫德、妇德、父德、子德、君德、臣德的养成目标主要通过学习《诗》《书》《礼》《乐》《易》《春秋》而达成,"亲""钦""美"充分说明"六经"对于人伦品格、政治品格养成的重要意义,且《诗》居"六经"之首,不正说明在礼乐盛世过后的诸子时代,与其他"五经"相比,《诗》对于礼乐精神的承继、对于成就"六德"目标具有不可替代的特殊意义。

《论语·泰伯》谓:"兴于诗,立于礼,成于乐。"孔子认为人格养成过程主要有三个阶段:第一阶段从学《诗》开始;第二阶段要精熟礼仪环节,深入理解礼义思想,确立礼义价值观念;第三阶段是通过参与各种礼乐实践活动加深对礼乐精神的体悟,实现精神人格的养成。在以上三个阶段的学习中,即无论是学礼还是学乐,《诗》都

---

① 李零:《郭店楚简校读记》,北京大学出版社2002年版,第131页。

不可或缺，笔者不妨逐一说明。

其一，"兴于诗"。《诗》是中国最早的蒙学教材，如《论语·阳货》载孔子云："诗……可以多识鸟兽草木之名。"《诗》中可谓兴象万千，日月垂丽、繁星点缀、鸟兽腾跃、草木丰茂，自然万物包罗其中，故上博简《诗论》有云："《邦风》其纳物也博，观人俗焉，大敛材焉。"[①] 桃之夭夭、荇菜蘩草、葛覃卷耳、螽斯蟋蟀、鸤鸠鸿雁、麒麟驺虞、日居月诸、嘒彼小星，仅十五国风就已涵纳万象、遍观风俗、囊括大千世界！因此《诗》无异于"小学"课本，借以认识宇宙自然，初步体察人生，因此"国子"自幼习诗。

其二，立于礼。《诗》以"礼"为灵魂。周礼不仅表现为既定的仪式流程，更是关于西周宗法政治思想、人伦观念的总结，仪式流程中贯注着礼义思想，演诗是礼仪流程的重要组成部分，进而决定了《诗》的思想意蕴与"礼"的对应关系，如《小雅·鹿鸣》云："呦呦鹿鸣，食野之蘋。我有嘉宾，鼓瑟吹笙。"诗中展现了君王慰劳、礼待臣下的热忱、真诚，同时又不失君王威仪。又如《小雅·宾之初筵》就分别呈现了大射礼、大祭礼、燕礼的主要场景，如其首章云："射夫既同，献尔发功。发彼有的，以祈尔爵。"这是大射礼场景，用以表现"其争也君子"的人格风范。大射礼是训练高级贵族以君子的方式展现勇武气度，将礼乐精神贯注到竞技中，既表现刚健之气又不失风雅，成就"文质彬彬"的君子气度。次章云："籥舞笙鼓，乐既和奏。烝衎烈祖，以洽百礼。"这是展现大祭礼的用乐仪式，祭祀仪式用于表达对烈祖的孝敬、对先王功业的敬重。第三章有云："宾之初筵，温温其恭。其未醉止，威仪反反。曰既醉止，威仪幡幡。"据周礼制度，大祭礼之后必须举行燕礼，这章主要呈现的是燕礼的无算爵环节，经过射礼的竞技、祭礼的敬慎，诸侯、臣子需要适当放松，宾主之间也要融合情感，化解、弥合在竞技和祭祀中形成的胜负、尊卑差距，因此特别在大祭礼之后举行燕礼仪式，燕礼的无算

[①] 李学勤：《〈诗论〉的体裁和作者》，《上博馆藏战国楚竹书研究》，上海书店出版社2002年版，第58页。

爵环节可以醉酒，但不能失仪失态。用无次无算的宴饮环节可以营造欢乐融洽的情感氛围。综上可见，礼仪流程与礼义思想的共生关系在《诗》中体现得尤为集中、突出。因此，诸子时代文化阶层在讨论"礼乐"问题的时候往往会关涉《诗》的讨论，引《诗》、说《诗》不胜枚举，足见《诗》在诸子时代的重要文化意义。

其三，成于乐。《诗》是"乐"的艺术表现中心。"乐"是西周礼仪的艺术表演流程，因此"乐"既是礼仪的一部分，也是演绎、诠释礼义思想的艺术空间。虽然音乐、舞蹈擅长为礼仪流程营造或平和肃穆，或宏大隆盛，或欢快热烈的情境，但是音乐、舞蹈在思想传达方面显然有较大局限性。特别是在表意方面，音乐、舞蹈与《诗》相比具有较大不确定性、模糊性的特征，而《诗》的话语方式更易于明确传达丰富深刻的思想内涵。如《礼记·祭统》这样记载祭祖礼的表演流程："夫大尝禘，升歌《清庙》，下而管《象》，朱干玉戚以舞《大武》，八佾以舞《大夏》，此天子之乐也。"礼乐仪式流程中的"乐"实际上是诗歌、音乐、舞蹈共同参与的综合艺术表演，唯有歌诗表演是升至堂上表演，文献中所举的曲目《清庙》为《周颂》的首篇，诗有云："于穆清庙，肃雍显相。济济多士，秉文之德，对越在天。"大意是：在美好的清庙，仪态敬肃雍和的诸侯赶来助祭，众多士卿济济一堂，秉承文王盛德，敬奉祭祀文王在天之灵。笔法简洁，落处却雍容凝重，宏阔的天地之间仿佛映现出文王伟岸慑人的形象，上博简《孔子诗论》赞叹道："《清庙》，王德也，至矣。"[1] 周王的祭祖礼歌《清庙》曲目一方面以文王的精神力量激励诸侯、卿士忠诚于大周社稷，另一方面更是以昭示敬祖孝道为契机和合团结诸侯、群臣，从而达成维护、巩固王权的目的。因此祭祖礼创设的仪式空间也是教化的流程，周王、诸侯与群臣在具体的礼乐仪式表演中共同参与到温柔敦厚、祗敬庸和、孝顺友爱政治品格的教化情境中，实现政治品格的塑造。不仅祭祖礼有礼乐歌诗表演，根据西周礼制规

---

[1] 李学勤：《〈诗论〉的体裁和作者》，《上博馆藏战国楚竹书研究》，上海书店出版社2002年版，第60页。

定,无礼不乐,礼乐相须,而有乐必有歌诗,如大飨礼歌诗曲目多选自《周颂》《大雅》,燕礼和乡饮酒礼的歌诗曲目选自《小雅》《国风》,《诗》在表意方面的优长使得歌诗能够充分传达"乐"的礼义核心思想,因此《诗》始终伴随在各种礼乐仪式的实践活动中,也伴随在西周贵族人格养成的各个阶段,《诗》对于西周礼乐教化的意义可以想见。

诸子时代虽然列国间政治角逐不断,兵戎相见也很寻常,但《诗》对于传承礼乐精神的价值、对人格养成的意义始终得到诸子时代文化阶层的重视,特别受到儒家学派的推崇,如孔子提出的"兴观群怨"就充分肯定了《诗》的"经世致用"意义,"兴观群怨"说深刻影响了"经世致用"艺术精神的传承。如《礼记·乐记》提出"致乐以治心",又云:"致礼乐之道,举而错之天下无难矣。"郭店简《尊德义》云:"教以礼,则民果以劲。教以乐,则民淑德清壮。"①《荀子·乐论》云:"乐和同,礼别异。礼乐之统,管乎人心矣。"礼乐通过对人的精神品格、伦理观念的深度干预进而达成"治人"的目的,致力于实现揖让之间而天下安和的治世理想。因此在礼乐精神尚存的诸子时代,虽然诗歌、音乐和舞蹈演绎的综合演诗艺术渐趋远去,"礼乐"被"新乐"代替,但是《诗》与礼乐精神传统的内在融通仍然延续着。在诸子时代,无论是在赋诗、歌诗、引诗、说诗中,还是在诗教、诗论中,《诗》都是作为"经世致用"的典范被高扬或被质疑,这只能说明"经世致用"诗学精神的成熟。

---

① 刘钊:《郭店楚简校释》,福建人民出版社2005年版,第124页。

参考文献

B

《帛书周易校释》，邓球柏著，湖南人民出版社2002年版。

C

《出土简帛丛考》，廖名春著，湖北教育出版社2004年版。
《出土简帛宗教神话研究》，刘信芳著，安徽大学出版社2014年版。
《春秋辞令研究》，陈彦辉著，中华书局2006年版。
《春秋史》，朱顺龙、顾德融著，上海人民出版社2001年版。
《春秋左传注》，杨伯峻著，中华书局1981年版。

D

《大戴礼记解诂》，（清）王聘珍撰，中华书局1983年版。
《典乐制度与周代诗学观念》，杨隽著，中国社会科学出版社2009年版。
《东方的美学》，［日］今道友信著，蒋寅等译，生活·读书·新知三联书店1991年版。
《东周与秦代文明》，李学勤著，文物出版社1984年版。
《东周与西周》，李亚农著，上海人民出版社1956年版。

E

《20世纪中国历史考证学研究》，陈其泰著，北京师范大学出版社2005年版。

F

《阜阳汉简诗经简论》，胡平生、韩自强著，《文物》1984 年第 8 期。

G

《古本竹书纪年缉证》，方诗铭、王修龄辑证，上海古籍出版社 1981 年版。

《古代乐官与古代戏曲》，黎国韬著，广东高等教育出版社 2004 年版。

《古代宗教与伦理》，陈来著，生活·读书·新知三联书店 2002 年版。

《古典文献论集》，赵逵夫著，中华书局 2003 年版。

《古史辨》，顾颉刚等著，上海古籍出版社 1982 年重印。

《古史论集》，金景芳著，齐鲁书社 1981 年版。

《古史新探》，杨宽著，中华书局 1965 年版。

《古文字与商周史新证》，王晖著，中华书局 2003 年版。

《顾颉刚古史论文集》，中华书局 1996 年版。

《观堂集林》（全四册），王国维著，中华书局 1959 年版。

《管锥编》，钱锺书著，中华书局 1979 年版。

《癸巳存稿》，（清）俞正燮撰，辽宁教育出版社 2003 年版。

《癸巳类稿》，（清）俞正燮撰，辽宁教育出版社 2001 年版。

《郭店楚简校读记》，李零著，北京大学出版社 2002 年版。

《郭店楚简研究》，《中国哲学》第二十辑，辽宁教育出版社 1998 年版。

《郭店楚墓竹简》，荆门市博物馆编，文物出版社 1998 年版。

《郭店竹简与先秦学术思想》，郭沂著，上海教育出版社 2001 年版。

《郭店简与儒学研究》，《中国哲学》第二十一辑，辽宁教育出版社 2000 年版。

《郭店楚简校释》，刘钊著，福建人民出版社 2005 年版。

《国语集解》，徐元诰撰，中华书局 2002 年版。

H

《韩非子集解》,(清)王先谦撰,中华书局1998年版。

《汉书》,(汉)班固著,中华书局1962年版。

J

《简帛·经典·古史》,陈致著,上海古籍出版社2013年版。

《简帛文献与早期儒家学说探论》,徐少华著,商务印书馆2015年版。

《积微居甲文说、卜辞求义》,杨树达著,上海古籍出版社1986年版。

《吉金文字与青铜文化论集》,杜迺松著,紫禁城出版社2003年版。

《甲骨文合集》,郭沫若主编,胡厚宣先生总编辑,中华书局1978版。

《甲骨文与殷商史》,胡厚宣主编,上海古籍出版社1983年版(第一辑)。

《甲骨文字释林》,于省吾著,中华书局1979年版。

《甲骨学商史论丛》,胡厚宣著,成都齐鲁大学国学研究所专刊,1944年版。

《简帛佚籍与学术史》,李学勤著,江西教育出版社2001年版。

《今古文经学新论》(增订本),王葆玹著,中国社会科学出版社1997年版。

《今文尚书考证》,(清)皮锡瑞撰,中华书局1989年版。

《近四十年出简帛文献思想研究》,陈丽桂著,中华书局2015年版。

《金文编》,容庚编著,张振林、马国权摹补,中华书局1985年版。

《金枝》,[英]弗雷泽著,徐育新、汪培基、张泽石译,新世界出版社2006年版。

《经籍纂诂》,(清)阮元等撰,中华书局1982年版。

《经学历史》,(清)皮锡瑞著,中华书局2004年版。

《经学论稿》,钱基博著,华中师范大学出版社2011年版。

《经学通论》,(清)皮锡瑞著,中华书局 1954 年版。
《经义述闻》,(清)王引之撰,江苏古籍出版社 1985 年版。
《君子儒与诗教》,俞志慧著,生活·读书·新知三联书店 2005 年版。

K

《考古学论文集》,夏鼐著,科学出版社 1961 年版。
《孔子的乐论》,江文野著,杨儒宾译,华东师范大学出版社 2008 年版。
《孔子诗论述学》,刘信芳著,安徽大学出版社 2003 年版。

L

《老子校释》,朱谦之撰,中华书局 1984 年版。
《老子评注》,党圣元评注,岳麓书社 2007 年版。
《礼记集解》,(清)孙希旦撰,中华书局 1989 年版。
《礼书通故》,黄以周著,光绪十九年黄氏试馆刻本。
《礼俗仪式与先秦诗歌演变》,韩高年著,中华书局 2006 年版。
《礼仪与兴象:〈礼记〉元文学理论形态研究》,王秀臣著,社会科学文献出版社 2014 年版。
《历代诗经论说述评》,冯浩菲著,中华书局 2003 年版。
《礼乐文化与象征——对两周礼乐文化的象征性艺术精神之考察》,褚春元著,安徽大学出版社 2017 年版。
《礼乐文化与中国审美形态》,周怡著,齐鲁书社 2016 年版。
《两汉思想史》,徐复观著,华东师范大学出版社 2001 年版。
《两周金文辞大系》,郭沫若著,科学出版社 1957 年版。
《六国纪年》,陈梦家著,学习生活出版社 1955 年版。
《吕氏春秋注疏》,王利器著,巴蜀书社 2002 年版。
《论语译注》,杨伯峻译注,中华书局 1980 年版。
《论语正义》,(清)刘宝楠撰,中华书局 1990 年版。
《论语注疏》,李学勤主编《十三经注疏》,北京大学出版社 1999

年版。
《洛阳古代音乐文化史迹》,孙敏、王丽芬著,文物出版社 2004 年版。
《洛阳中州路》,中国科学院考古研究所编,科学出版社 1959 年版。
《两周诗史》,马银琴著,中国社会科学出版社 2006 年版。

M

《毛诗传笺通释》,(清)马瑞辰撰,中华书局 1989 年版。
《毛诗后笺》,(清)胡承珙撰,郭全之校点,黄山书社 1999 年版。
《美的历程》,李泽厚著,中国社会科学出版社 1989 年版。
《孟子译注》,杨伯峻著,中华书局 1960 年版。
《孟子正义》,(清)焦循撰,中华书局 1987 年版。
《孟子注疏》,李学勤主编《十三经注疏》,北京大学出版社 1999 年版。
《墨子间诂》,(清)孙诒让撰,中华书局 2001 年版。
《穆天子传》,(晋)郭璞注,(明)范钦订,四部丛刊初编本。
《明堂制度研究》,张一兵著,中华书局 2005 年版。

Q

《七国考订补》,董说撰,缪文远订补,上海古籍出版社 1987 年版。
《青铜时代》,《郭沫若全集》,人民出版社 1982 年版。
《清华大学藏战国竹简》,李学勤主编,中西书局 2010 年版。

R

《日知录集释》,(清)顾炎武著,黄汝成集释,上海古籍出版社 1985 年版。
《儒家经典与中国文化》,褚斌杰著,湖北教育出版社 2000 年版。

S

《三代吉金文存》,罗振玉编,中华书局 1983 年版。

《三礼通论》，钱玄著，南京师范大学出版社 1996 年版。
《三礼研究论著提要》，王锷著，甘肃教育出版社 2001 年版。
《三礼辞典》，钱玄、钱兴奇编著，江苏古籍出版社 1998 年版。
《商承祚教授百年诞辰纪念文集》，文物出版社 2003 年版。
《商颂研究》，张松如著，南开大学出版社 1995 年版。
《商周祭祖礼研究》，刘源著，商务印书馆 2004 年版。
《商周金文录遗》，于省吾撰，科学出版社 1957 年版。
《商周金文》，王辉著，文物出版社 2006 年版。
《商周史料考证》，丁山著，龙门联合书局 1960 年版。
《商周文化比较》，王晖著，人民出版社 2000 年版。
《商周考古》，北京大学历史系考古教研室商周组编，文物出版社 1979 年版。
《上博馆藏战国楚竹书研究》，朱渊清、廖名春主编，上海书店出版社 2002 年版。
《上海博物馆藏战国楚竹书》（一），马承源主编，上海古籍出版社 2001 年版。
《尚书大传》，陈寿祺辑，四部丛刊初编本。
《尚书今古文注疏》，（清）孙星衍撰，中华书局 1986 年版。
《尚书通论》，陈梦家著，河北教育出版社 2000 年版。
《尚书研究要论》，刘起釪著，齐鲁书社 1984 年版。
《诗古微》，（清）魏源，《清经解度编》本。
《诗经的文化精神》，李山著，东方出版社 1997 年版。
《诗经讲义》，傅斯年著，中国人民大学出版社 2004 年版。
《诗经今注》，高亨著，上海古籍出版社 1980 年版。
《诗经的文化阐释》，叶舒宪著，湖北人民出版社 1994 年版。
《诗经六论》，张西堂著，上海商务印书馆 1957 年版。
《诗经论略》，许志刚著，辽宁大学出版社 2000 年版。
《诗经民俗文化阐释》，王魏著，商务印书馆 2004 年版。
《诗经三颂与先秦礼乐文化》，姚小鸥著，北京广播学院出版社 2000 年版。

《诗经散论》，雒启坤著，商务印书馆 2002 年版。
《诗经学史》，洪湛侯著，中华书局 2002 年版。
《诗经研究反思》，赵沛霖著，天津教育出版社 1989 年版。
《诗经研究史概论》，夏传才著，中州书画社 1982 年版。
《诗经译注》，程俊英著，上海古籍出版社 1985 年版。
《诗经与周代社会研究》，孙作云著，中华书局 1966 年版。
《诗经原始》，方玉润著，中华书局 1986 年版。
《诗经直解》，陈子展著，复旦大学出版社 1983 年版。
《诗可以兴》，彭锋著，安徽教育出版社 2003 年版。
《诗可以观：礼乐文化与周代诗学精神》，傅道彬著，中华书局 2010 年版。
《诗经与周文化考论》，张建军著，齐鲁书社 2004 年版。
《诗品笺注》，（唐）钟嵘著，曹旭笺注，人民文学出版社 2009 年版。
《诗三百篇探故》，朱东润著，上海古籍出版社 1981 年版。
《诗三百题解》，陈子展著，复旦大学出版社 2001 年版。
《诗三家义集疏》，（清）王先谦著，中华书局 1987 年版。
《诗外诗论笺》，傅道彬著，黑龙江教育出版社 1993 年版。
《十批判书》，郭沫若著，东方出版社 1996 年版。
《十三经注疏》（附校勘记），（清）阮元校刻，中华书局 1980 年版。
《实用理性与乐感文化》，李泽厚著，生活·读书·新知三联书店 2005 年版。
《史记》，（汉）司马迁著，中华书局 1962 年版。
《士与中国文化》，余英时著，上海人民出版社 2003 年版。
《释名疏证补》，（清）王先谦撰，上海古籍出版社 1981 年版。
《说文解字注》，（清）段玉裁注，上海古籍出版社 1981 年版。
《释"余一人"》，胡厚宣著，《历史研究》1957 年第 1 期。
《诗书礼乐中的传统——陈致自选集》，陈致著，上海人民出版社 2012 年版。
《说苑校证》，（汉）刘向撰，向宗鲁校证，中华书局 1987 年版。
《思无邪斋诗经论稿》，夏传才著，学苑出版社 2000 年版。

《四海寻珍》，李学勤著，清华大学出版社 1998 年版。
《四库全书总目》，（清）永瑢等撰，中华书局 1965 年版。
《四书章句集注》，（宋）朱熹撰，岳麓书社 1987 年版。

T

《谈艺录》（补订本），钱锺书著，中华书局 1984 年版。
《唐兰先生金文论集》，故宫博物院编，紫禁城出版社 1995 年版。
《通典》，（唐）杜佑撰，中华书局 1988 年版。
《通志二十略》，（宋）郑樵撰，王树民点校，中华书局 1995 年版。
《同源字典》，王力著，商务印书馆 1982 年版。

W

《晚周礼的文质论》，梅珍生著，湖北人民出版社 2004 年版。
《文化人类学》，林惠祥著，商务印书馆 1991 年版。
《文史论集》，郭沫若著，人民出版社 1961 年版。
《文史通义校注》，（清）章学诚著，中华书局 1994 年版。
《文物与考古论集》，文物出版社 1986 年版。
《文献通考》，（元）马端临撰，中华书局 1986 年版。
《文心雕龙注》，（南朝）刘勰著，范文澜注，人民文学出版社 1958 年版。
《文心雕龙注释》，（南朝）刘勰著，周振甫注，人民文学出版社 1981 年版。
《文学与仪式：文学人类学的一个文化视野》，彭兆荣著，北京大学出版社 2004 年版。
《闻一多全集》，闻一多著，上海书店出版社 1989 年版。
《巫术与语言》，李安宅著，商务印书馆 1936 年版。
《吴越春秋》，四部丛刊初编本。
《五经哲学及其文化学的阐释》，严正著，齐鲁书社 2001 年版。
《五礼通考》，秦蕙田撰，文渊阁四库全书本。

X

《西周册命制度研究》，陈汉平撰，学林出版社1986年版。
《西周礼乐文明的精神建构》，李山著，河北教育出版社2014年版。
《西周纪年》，刘启益著，广东教育出版社2002年版。
《西周金文中的祭礼》，刘雨著，《考古学报》1989年第4期。
《西周青铜器年代综合研究》，彭裕商著，巴蜀书社2003年版。
《西周史》，许倬云著，生活·读书·新知三联书店2001年版。
《西周铜器断代》，陈梦家著，中华书局2004年版。
《夏商周考古学论文集》，邹衡著，文物出版社1980年版。
《夏商周年代学札记》，李学勤著，辽宁大学出版社1999年版。
《先秦两汉文化与文学》，王洲明著，山东大学出版社1996年版。
《先秦两汉考古学论集》，俞伟超著，文物出版社1985年版。
《先秦两汉诗经学论稿》，袁长江著，学苑出版社1999年版。
《先秦史》，翦伯赞著，北京大学出版社1988年版。
《先秦社会思想研究》，晁福林著，商务印书馆2007年版。
《先秦文献与先秦文学》，董治安著，齐鲁书社1994年版。
《先秦语言活动之形态观念及其文学意义》，沈立岩著，人民出版社2005年版。
《先秦诸子系年》，钱穆著，商务印书馆2002年版。
《先秦诸子与中国文学》，饶龙隼著，百花洲文艺出版社2002年版。
《现代中国思想的兴起》，汪晖著，生活·读书·新知三联书店2004年版。
《写在简帛上的文明：长江流域的简牍和帛书》，廖名春、张岩等著，浙江大学出版社2011年版。
《〈性自命出〉研究》，李天虹著，湖北教育出版社2003年版。
《象征理论》，[法] 茨维坦·托多罗夫著，王国卿译，商务印书馆2005年版。
《小屯南地甲骨考释》，姚孝遂、肖丁合著，中华书局1985年版。
《新出简帛研究》，艾兰、邢文编，文物出版社2004年版。

《新出简帛与古文字古文献研究》，赵平安著，商务印书馆2009年版。
《新科学》，［意］维柯著，朱光潜译，人民文学出版社1987年版。
《新石器时代》，尹达著，生活·读书·新知三联书店1979年版。
《新中国的考古发现和研究》，中国社会科学院考古研究所编，文物出版社1984年版。
《兴的起源》，赵沛霖著，中国社会科学出版社1987年版。
《徐复观论经学史二种》，上海书店出版社2002年版。
《荀子集解》，（清）王先谦撰，中华书局1988年版。
《荀子译注》，张觉撰，上海古籍出版社1995年版。

Y

《亚当·斯密哲学文集》，［英］亚当·斯密著，石小竹、孙明丽译，商务印书馆2012年版。
《仪礼通论》，（清）姚际恒著，陈祖武点校，中国社会科学出版社1998年版。
《仪礼正义》，胡培翚撰，清经解续编本（上海书店1988年10月缩印本）。
《仪式中的艺术》，何明主编，社会科学文献出版社2011年版。
《艺术的起源》，［德］格罗塞著，蔡慕晖译，商务印书馆1984年版。
《绎史》，（清）马骕撰，王利器整理，中华书局2002年版。
《乐师与史官》，阎步克著，生活·读书·新知三联书店2001年版。
《〈乐记〉与中国文论精神》，薛永武、牛月明著，社会科学文献出版社2012年版。
《易象论》，侯敏著，北京大学出版社2006年版。
《绎史斋学术文集》，杨向奎著，上海人民出版社1983年版。
《逸周书汇校集注》，黄怀信等，上海古籍出版社1995年版。
《逸周书集训校释》，朱右曾撰，光绪三年崇文书局刊本。
《殷代地理简论》，李学勤著，科学出版社1959年版。
《殷契粹编》，郭沫若著，科学出版社1982年版。

《殷墟卜辞综述》，陈梦家著，中华书局1986年版。
《殷周金文集录》，徐中舒编著，四川辞书出版社1984年版。
《银雀山汉墓竹简》（壹），文物出版社1985年版。
《拥彗集》，李学勤著，三秦出版社2000年版。
《原始思维》，[法]列维-布留尔著，丁由译，商务印书馆1981年版。

  Z

《泽螺居诗经新证》，于省吾著，中华书局1982年版。
《战国策》，上海古籍出版社1985年版。
《战国策考辨》，缪文远著，中华书局1984年版。
《战国史》，杨宽著，上海人民出版社1980年版。
《战国从横家书》，文物出版社1973年版。
《战国史料编年辑证》，杨宽著，上海人民出版社2001年版。
《昭昧詹言》，（清）方东树著，汪绍楹校点，人民文学出版社1961年版。
《郑玄诗乐思想研究》，杨允著，辽宁大学出版社2011年版。
《制礼作乐与西周文献的生成》，过常宝著，中国社会科学出版社2015年版。
《中国出土古文献十讲》，裘锡圭著，复旦大学出版社2004年版。
《中国传统文化概论》，薛明扬著，复旦大学出版社2003年版。
《中国古代的祭礼和歌谣》，葛兰言著，张铭远译，上海文艺出版社1989年版。
《中国古代礼仪文明》，彭林著，中华书局2004年版。
《中国古代美学论文集》，朱光潜著，上海古籍出版社1982年版。
《中国古代民俗》，白川静著，春风文艺出版社1991年版。
《中国古代陵寝制度史研究》，杨宽著，上海古籍出版社1985年版。
《中国古代社会研究》，郭沫若著，人民出版社1954年版。
《中国古代社会与古代思想研究》，杨向奎著，上海人民出版社1962年版。

《中国古代文明与国家形成研究》，李学勤主编，云南人民出版社1997年版。
《中国古代舞蹈史话》，王克芬编著，人民音乐出版社1980年版。
《中国古代音乐简史》，廖辅叔编著，人民音乐出版社1964年版。
《中国古代音乐史》（插图本），余甲方著，上海人民出版社2003年版。
《中国古代思想史论》，李泽厚著，人民出版社1986年版。
《中国古代音乐史》，金文达著，人民音乐出版社1994年版。
《中国古代音乐史稿》，杨荫浏著，人民音乐出版社1981年版。
《中国古代宗教与神话考》，丁山著，龙门联合书局1961年版。
《中国经学思想史》，姜广辉主编，中国社会科学出版社2003年版。
《中国考古学研究》（第二集），科学出版社1986年版。
《中国礼仪制度研究》，杨志刚著，华东师范大学出版社2001年版。
《中国礼制史》（先秦卷），陈戍国著，湖南教育出版社2002年版。
《中国历代礼仪典》，何庆先等整理，广陵书社2003年版。
《中国历史纪年表》，万国鼎编，万斯年、陈梦家补订，中华书局1978年版。
《中国青铜器》（修订本），马承源主编，上海古籍出版社2003年版。
《中国青铜器时代》，郭宝钧著，生活·读书·新知三联书店1978年版。
《中国青铜器研究》，马承源著，上海古籍出版社2002年版。
《中国青铜时代》，张光直著，生活·读书·新知三联书店1999年版。
《中国人性论史》（先秦篇），徐复观著，上海三联书店2001年版。
《中国上古出土乐器综论》，李纯一著，文物出版社1996年版。
《中国上古史研究讲义》，顾颉刚著，中华书局1988年版。
《中国审美文化史》，廖群著，山东画报出版社2000年版。
《中国生殖崇拜文化论》，傅道彬著，湖北人民出版社1990年版。
《中国诗歌发生史》，朱炳祥著，武汉出版社2002年版。
《中国诗歌通史》（先秦卷），李炳海主编，人民文学出版社2012

年版。
《中国诗歌通史通论》，赵敏俐主编，人民文学出版社 2013 年版。
《中国诗歌通史》（汉代卷），赵敏俐主编，人民文学出版社 2012 年版。
《中国诗歌艺术研究》（增订本），袁行霈著，北京大学出版社 1996 年版。
《中国思想史》，葛兆光著，复旦大学出版社 2001 年版。
《中国文化史》，柳诒徵著，上海古籍出版社 2001 年版。
《中国文明的起源》，夏鼐著，文物出版社 1985 年版。
《中国文学的文化批评》，傅道彬著，黑龙江人民出版社 2000 年版。
《中国文学精神》（先秦卷），王培元、廖群著，山东教育出版社 2003 年版。
《中国文学批评史》，郭绍虞著，商务印书馆 2010 年版。
《中国学术思想史论丛》，钱穆著，安徽教育出版社 2004 年版。
《中国艺术精神》，徐复观著，春风文艺出版社 1987 年版。
《中国音乐考古学》，王子初著，福建教育出版社 2003 年版。
《中国音乐史》，臧一冰编著，武汉大学出版社 2002 年版。
《中国音乐通史概述》，陈秉义编著，西南师范大学出版社 2003 年版。
《中国音乐通史简编》，孙继南、周柱铨主编，山东教育出版社 1993 年版。
《中国音乐与传统礼仪文化》，杨晓鲁著，吉林教育出版社 1994 年版。
《中华远古史》，王玉哲著，上海人民出版社 2000 年版。
《中国哲学简史》，冯友兰著，北京大学出版社 1996 年版。
《中国哲学史》，冯友兰著，华东师范大学出版社 2000 年版。
《中国制度史》，吕思勉著，上海教育出版社 1985 年版。
《周汉诗歌综论》，赵敏俐著，学苑出版社 2002 年版。
《周代文艺思想概观》，李炳海著，东北师范大学出版社 1993 年版。
《周礼正义》，（清）孙诒让撰，中华书局 1987 年版。

《周汉诗学与文学思想研究》，刘怀荣著，中国社会科学出版社 2008 年。

《周颂考释》，高亨著，《中华文史论丛》第 4、5、6 辑。

《周易译注》，黄寿祺、张善文撰，上海古籍出版社 2001 年版。

《周易尚氏学》，尚秉和著，中华书局 1980 年版。

《竹帛〈五行〉与简帛研究》，陈来著，生活·读书·新知三联书店 2009 年版。

《朱秦礼学》，勾承益著，巴蜀书社 2002 年版。

《朱子语类》，黎靖德编，中华书局 1986 年版。

《朱自清说诗》，朱自清著，上海古籍出版社 1998 年版。

《诸子集成》（世界书局原版重印），中华书局 1954 年版。

《竹书纪年译注》，张玉春著，黑龙江人民出版社 2003 年版。

《庄子集解》，（清）王先谦撰，中华书局 1987 年版。

《庄子集释》，（清）郭庆藩撰，中华书局 1961 年版。

《庄子今注今译》，陈鼓应著，中华书局 1983 年版。

《〈左氏春秋〉叙事的礼乐文化阐释》，单良著，中国社会科学出版社 2015 年版。

《宗周礼乐文明考论》，沈文倬著，浙江大学出版社 1999 年版。

《宗周社会与礼乐文明》（修订本），杨向奎著，人民出版社 1997 年版。

后　记

　　走进不惑之年，愈发感觉时间一年比一年溜得快，每年除了很计较地算一下年龄之外就掂量着一年都做了什么，然后不敢出声地啧啧叹着，惴惴不安，既怕明年很快逝去，又努力地不去悔恨从前，这么矫情着、挣扎着过了七年，书稿也一点点有了模样。

　　本书是国家社科基金一般项目"简帛文献与诸子时代文学思想研究"的汇报成果，当初之所以选择了这个不轻松的研究内容，是因为"诸子时代"是中国传统思想文化建构的重要时期，以君子、乐官、诸子等为代表的文化群体对"六经"确立、中国政治哲学思想体系建构发挥了重大的促进作用，深刻影响了中国文学、艺术、美学思想的生长成熟，这意味着对文学思想、艺术观念的研究绝难脱离诸子时代哲学思想的研究，这极大地吸引了我，每当感到疲倦、厌烦时，就是这种强大的吸引力支撑着我最终坚持下来。

　　而我之所以能够逐渐对此有一些较为成熟的认识，首先得益于我的博士导师傅道彬。我于2004年师从傅老师，博士在读期间完成了题为《典乐制度与周代诗学观念》的论文，写作期间系统阅读了相关古籍原典，充分认识到礼乐制度、礼乐仪式活动、礼乐思想体系对中国传统文化建构的重大意义以及对中国文学、艺术的深刻影响，进而对《诗经》有了切合文化语境的再认识，对"诗言志""乐言情""文质彬彬""中和"等文学的、美学的重要理论命题也有了更为深刻的理解。博士论文中主要以典乐制度为考察周代诗学观念的切入点，结合典乐仪式流程、乐器制度、乐官制度系统呈现歌、奏、舞统合的演诗活动的仪式形态，走进《诗》的原生艺术空间，因为这是理解《诗》的意义、阐释周代诗学观念的必经之路。写作期间，傅老师的一篇题为《乡人乡乐与"诗可以群"的理论意义》的文章给了我很大启发。我至今都很清楚地记得，当时由于文献阅读有限，在脑子中怎么也无法将具体的礼乐活动与"兴观群怨"诗学观念的分析阐释联系起来，研究一度停滞，最终通过反复研读傅老师的这篇文章才找到了继续写作的思路。此外，自20世纪70年代以来，大量出土、发现的简帛文献不断充实着诸子时代文学思想、美学思想的研究材料，二重证据法无疑是诸子时代文学思想研究的重要方法，傅老师平素也总是强调要充分关注出土文献，同时傅老师也不止一次指出这并不意味着出土文献的价值超越了传世文献，如傅老师曾这样说："地下文献之于经典传世文献是丰富而不是颠覆，是补充而不是超越，地下文献的研究还是结合传世文献的研究。"正是在傅老师的引导下，我才逐渐萌生统合简帛文献和传世文献，通过探寻它们之间的内在精神意脉，建构诸子时代文学思想体系的研究构想。

同时，这一研究的展开也得益于另外一段宝贵的学术经历。我于2008年进入中国社会科学院文学研究所博士后流动站，师从党圣元研究员，在站期间完成了《乐教与〈诗经〉文本阐释》的出站报告。在站期间的研究经历启发我思考了很多问题，坚定了我系统研究诸子时代文学思想的决心。当我向党老师汇报这一设想时，得到了认可，在党老师的鼓励和指导下，这个课题的研究方向就在心里扎下了根，研究规划也日渐成熟起来，并于2011年6月申请立项国家社科基金一般项目。在课题研究过程中，党老师多次提示我要加强理论论述，他还希望我能够充分重视中国传统文化的当代价值研究，秉持"国学"的视野和"当代"的眼光，这对我触动很大，并清楚意识到这正是我目前学术研究中的不足。为此，我在后期的研究中也曾经努力弥补这一弱项，时至今日，书就要出版了，这方面仍有待加强。

本项目展开研究主要是在我调转至南京师范大学文学院以后。项目通过立项的时候，我刚刚来到南京不久。当时，既要适应新的生活环境，又要尽快熟悉陌生的工作环境，日子过得充实而繁忙。在这期间，有幸得到文艺学学术带头人骆冬青教授和诸位同事的关怀和鼓励，解决了诸多生活、工作中的疑难问题。而且文艺学专业的整体气氛可谓是恰到好处的宽和、温暖，学术氛围踏实、求真，研究生的课堂教学和指导工作又都能与我的研究内容深度贴合，这无疑是一股重要的动力。当把研究心得与学生们分享时，我能够真切感受到内心涌起的一丝骄傲，那一刻我是快乐的、自信的，随园也因此绽放出格外美丽的光芒。如今，正值冬季，随园仍布满不同深浅色度的绿，孕育着盎然生机，这对于地道的哈尔滨人而言原本是不习惯的，而今伫立随园一隅，心想："还好，此生来此！"不久，迎春花就要开了，那黄色的小精灵会在你路过时随着有节奏的鼻息偷偷钻进你的心坎儿里，或许还就着凉丝丝的雾雨，那种软软的、细细的清香让你惊喜地发现冬天已逝，春天在你心里！

  本书的第五章第二节的核心内容曾于2014年1月在南京师范大学《图像、文字与汉字美学》学术会议上发表，并收录在此次学术论坛论文集中。本书的其余部分内容也曾陆续发表于《古籍整理研究学刊》《江海学刊》《江苏社会科学》《中国高校社会科学》《文艺评论》等学术期刊，在此向诸位期刊编辑致以衷心感谢！在此还要特别感谢中国社会科学出版社的慈明亮编辑及其他编校者，他们的专业精神令人敬佩，由衷感谢他们为本书出版付出的辛勤努力。

于随园书房
2017.12.10